Fernando Pessoa & Cia. não heterônima

FERNANDO PESSOA & CIA. NÃO HETERÔNIMA

ORGANIZAÇÃO DE
Caio Gagliardi

*mundaréu

© Editora Madalena, 2019
© Caio Gagliardi, 2019 (organização, introdução e "Sujeitos à deriva: identidade e alteridade em Soares, Agilulfo e Zelig")
© Eduardo Lourenço, 2019 ("Vergílio e Pessoa: irrealidade e existência", "Pessoa e Saramago" e "Pessoa e Pirandello")
© Leyla Perrone-Moisés, 2019 ("O poeta como herói: Pessoa e Carlyle")
© George Monteiro, 2019 ("City Lights: Lawrence Ferlinghetti")
© Richard Zenith, 2019 ("Quando, onde e como ela passa")
© Maria Helena Nery Garcez, 2019 ("O ortônimo e a tradição mística cristã")
© Ettore Finazzi-Agrò, 2019 ("*Menino (já) antigo:* infância e história em Pessoa e Drummond")
© Joana Matos Frias, 2019 ("O comum horror à realidade: o estranho caso de Ronald de Carvalho e Fernando Pessoa")
© Mariana Gray de Castro, 2019 ("Pessoa byroniano: Lord Byron em Pessoa")
© Rui Miranda, 2019 ("'*quase devagar*' – desvios e choques na estrada aberta de Sintra. Álvaro de Campos ao luar e ao volante na companhia de Marinetti, Apollinaire e Alberti")
© Rodrigo Lobo Damasceno, 2019 ("Traduzir-se em tradição")
© Flávio Rodrigo Penteado, 2019 ("O drama estático pessoano e a tradição do *theatrum mentis*")
© Daiane Walker Araujo, 2019 ("O drama de não-ser de Jorge de Sena")
© Alex Neiva, 2019 ("Genialidade e autoria: Pessoa-Shakespeare ou um Shakespeare pessoano")
© Adam Mahler, 2019 ("Caeiro, Khayyám e a poética da indiferença")
© Raphael Valim da Mota Silva e Victoria Nataly Alves Lima, 2019 (trad. George Monteiro, "City Lights: Lawrence Ferlinghetti")

COORDENAÇÃO EDITORIAL
Silvia Naschenveng

CAPA
Tadzio Saraiva

DIAGRAMAÇÃO
Bianca Galante

REVISÃO
Fábio Fujita e Vinícius Fernandes

Edição conforme o Acordo Ortográfico
da Língua Portuguesa (1990).

Dados Internacionais de Catalogação na Publicação (CIP)
(Câmara Brasileira do Livro, SP, Brasil)
Angélica Ilacqua CRB-8/7057

Fernando Pessoa & Cia. não heterônima / organização de
    Caio Gagliardi. — São Paulo : Mundaréu
(Editora Madalena Ltda. EPP), 2019.

    328 pp.

    ISBN: 978-85-68259-23-8

    1. Literatura portuguesa 2. Pessoa, Fernando, 1888-1935 -
Crítica e interpretação I. Gagliardi, Caio

18-2265   CDD P869.09
            Índice para catálogo sistemático:
        1. Literatura portuguesa: crítica e interpretação

EDITORA MADALENA LTDA. EPP - MUNDARÉU
São Paulo — SP
www.editoramundareu.com.br
vendas@editoramundareu.com.br

SUMÁRIO

Introdução
Caio Gagliardi 7

1 VERGÍLIO E PESSOA: IRREALIDADE E EXISTÊNCIA
  Eduardo Lourenço 13

2 PESSOA E SARAMAGO
  Eduardo Lourenço 27

3 PESSOA E PIRANDELLO
  Eduardo Lourenço 31

4 O POETA COMO HERÓI: PESSOA E CARLYLE
  Leyla Perrone-Moisés 35

5 CITY LIGHTS: LAWRENCE FERLINGHETTI
  George Monteiro 47

6 QUANDO, ONDE E COMO ELA PASSA
  Richard Zenith 69

7 O ORTÔNIMO E A TRADIÇÃO MÍSTICA CRISTÃ
  Maria Helena Nery Garcez 83

8 *MENINO (JÁ) ANTIGO:* INFÂNCIA E HISTÓRIA EM PESSOA E DRUMMOND
  Ettore Finazzi-Agrò 95

9 O COMUM HORROR À REALIDADE: O ESTRANHO CASO DE RONALD DE CARVALHO E FERNANDO PESSOA
  Joana Matos Frias 107

10 SUJEITOS À DERIVA: IDENTIDADE E ALTERIDADE EM SOARES, AGILULFO E ZELIG
  Caio Gagliardi 133

11 PESSOA BYRONIANO: LORD BYRON EM PESSOA
  Mariana Gray de Castro 151

12 "*QUASE DEVAGAR*" — DESVIOS E CHOQUES NA ESTRADA ABERTA DE SINTRA. ÁLVARO DE CAMPOS AO LUAR E AO VOLANTE NA COMPANHIA DE MARINETTI, APOLLINAIRE E ALBERTI
  Rui Miranda 179

13 TRADUZIR-SE EM TRADIÇÃO
   Rodrigo Lobo Damasceno 203

14 O DRAMA ESTÁTICO PESSOANO E A TRADIÇÃO DO *THEATRUM MENTIS*
   Flávio Rodrigo Penteado 217

15 O DRAMA DE NÃO-SER DE JORGE DE SENA
   Daiane Walker Araujo 245

16 GENIALIDADE E AUTORIA: PESSOA-SHAKESPEARE OU UM SHAKESPEARE PESSOANO
   Alex Neiva 267

17 CAEIRO, KHAYYÁM E A POÉTICA DA INDIFERENÇA
   Adam Mahler 299

SOBRE OS AUTORES 317

INTRODUÇÃO

Caio Gagliardi

I

Fernando Pessoa & Cia. não heterônima foi, inicialmente, um curso de extensão universitária que os integrantes do grupo Estudos Pessoanos ministraram na Universidade de São Paulo em abril e maio de 2016. É um título que propõe também um jogo de palavras com a edição póstuma que reúne a crítica de Jorge de Sena sobre o poeta, *Fernando Pessoa & Cia. heterônima* (1982, org. Mécia de Sena). O objetivo daquele curso era o mesmo da presente reunião de ensaios: promover o diálogo entre a obra de Fernando Pessoa e as de outros escritores, sejam anteriores, contemporâneos ou posteriores a ele.

A partir dos anos 1990, o interesse de parte dos estudiosos de Pessoa voltou-se a seu espólio, de onde surgiram edições em cascata de um mesmo heterônimo — o caso exemplar é Álvaro de Campos —, para não falar do *Livro do desassossego*, que em 1982 se deu a conhecer entre muitas edições subsequentes. Com a transferência dos direitos do espólio do autor para domínio público, nos anos 2000 tornou-se visível em Portugal o florescimento de uma geração de críticos ecdóticos pessoanos (portugueses e não portugueses), movidos pelo objetivo de recuperar o texto pretendido pelo escritor. De sua arca estampou-se uma grande quantidade de documentos desconhecidos e de muitos outros revisados. As antigas obras completas tornaram-se escandalosamente imprecisas e incompletas e as revisões de há pouco não geraram *edições definitivas*, mas foram novamente revistas em um *continuum* talvez sem par na literatura de língua portuguesa.

Paralelamente a esse cenário fervilhante, nos últimos dez anos algumas publicações passaram a sinalizar uma tendência hermenêutica na fortuna crítica do autor, caracterizada por sua aproximação de outros autores. Para ficarmos apenas nas reuniões de estudos a esse respeito, basta citar *Fernando Pessoa's Modernity without Frontiers: Influences, Dialogues, Responses* (Londres, 2013); *Nietzsche, Pessoa e Freud: colóquio internacional* (Lisboa, 2013); e, sem querer estender-nos em exemplos, a revista *Portuguese Literary & Cultural Studies*, n. 28, intitulada *Fernando Pessoa as English Reader and Writer* (Massachusetts, 2015).

O presente volume segue essa mesma tendência, sendo provavelmente a primeira proposta deste gênero no Brasil. O que se procura é colocar outros livros sobre a mesa e folheá-los em conjunto com os de Pessoa, seja porque ele um dia os percorreu, seja por compartilharem consigo um mesmo *Zeitgeist*, um clima intelectual comum, ou, finalmente, por terem se valido de Pessoa como referência. Pessoa é aqui, portanto, o centro do sistema em torno do qual gravitam muitos outros autores.

Pela amplitude dos temas aqui debatidos e pela importância de seus colaboradores, este volume não apenas dá sequência como amplia consideravelmente os propósitos daquele curso inaugural.

II

Uma vantagem desta proposta editorial é oferecer diferentes contextos de leitura para a obra de Pessoa. O que seria de se esperar, dado o nosso velho hábito de abordar um autor segundo o panorama que a história literária de seu país lhe empresta, é um duplo enquadramento: balizar sua leitura nos acontecimentos históricos e culturais delimitados por uma fronteira geográfica e justificar sua posição canônica a partir de relações de decorrência e antecipação. Já neste volume a obra de Pessoa é lida sem uma demarcação cultural rígida. Dentre os 24 autores principais com os quais é relacionado, apenas quatro são portugueses. Se não considerarmos seus países natais, mas sim a literatura que representam — porque ninguém associaria Calvino à literatura cubana, Marinetti à egípcia ou Appolinaire à italiana, apesar de terem nascido nesses países —, são aqui cinco ingleses, dois espanhóis, três italianos, dois norte-americanos, dois brasileiros, um persa, um francês, um belga, um norueguês e um sueco. Essa diversidade e as múltiplas possibilidades de leitura que oferece sintonizam-se, para além do enquadramento historiográfico, com um velho sonho de Goethe, a *Weltliteratur* ou literatura mundial. Pessoa é um autor com uma consciência vigorosa das diferentes tradições que conformaram seu universo literário. Em sua obra, embora as exaltações nacionalistas estejam presentes — mas de um modo muito particular —, é salientando o seu intelectualismo sem fronteiras que melhor compreendemos sua singular complexidade.

Nesse campo diversificado predominam claramente os autores modernos, uma vez que nove são do século XIX e oito do século XX. Há ainda três autores do século XVIII, três do século XVI e um do século XI. A tabela abaixo apresenta essa rica distribuição:

séc. XI	séc. XVI	séc. XVIII	séc. XIX	séc. XX
Omar Khayyám (1041-1131)	Anônimo / Santa Teresa de Jesus (1515-1582)	Thomas Gray (1716-1771)	Henrik Ibsen (1828-1906)	Carlos Drummond de Andrade (1902-1987)
	Francis Bacon (1561-1626)	Lord Byron (1788-1824)	August Strindberg (1849-1912)	Rafael Alberti (1902-1999)
	William Shakespeare (1564-1616)	Thomas Carlyle (1795-1881)	Maurice Maeterlinck (1862-1949)	Vergílio Ferreira (1916-1996)
			António Nobre (1867-1900)	Jorge de Sena (1919-1978)
			Luigi Pirandello (1867-1936)	Lawrence Ferlinghetti (1919)
			Filippo Tommaso Marinetti (1876-1944)	José Saramago (1922-2010)
			Guillaume Apollinaire (1880-1918)	Italo Calvino (1923-1985)
			Ezra Pound (1885-1972)	Woody Allen (1935)
			Ronald de Carvalho (1893-1935)	

Neste volume, o poeta, filósofo e matemático persa Omar Khayyám (1041-1131) é o antecessor mais remoto de Pessoa, ao passo que António Nobre (1867-1900) pode ser identificado como seu antecessor mais imediato. Embora nascido no mesmo ano de Nobre, Pirandello (1867-1935) é já um contemporâneo de Pessoa: enquanto Nobre foi lido por Pessoa e se tornou uma referência importante e consciente para si, com Pirandello não há uma marca de contato, mas uma afinidade especial — a despeito de suas importantes diferenças — no tocante à temática do eu e seu mascaramento. Contemporâneos de Pessoa são, igualmente, Marinetti (1876-1944), Apollinaire (1880-1918), Pound

(1885-1972) e Ronald de Carvalho (1893-1935). Já Drummond (1902-1987) pode ser considerado seu sucessor mais imediato e Woody Allen (1935) o mais distante.

É claro que distância e proximidade, tal como se aplicam, são aqui meros indicadores temporais. Já as noções de antecessor, contemporâneo e sucessor são, no caso de alguns autores, fruto de interpretação e, como tais, passíveis de revisão, mas sua delimitação desse modo está afinada com as leituras doravante realizadas.

III

Os textos aqui publicados são inéditos no Brasil e, quando não debatidos diretamente com seus autores, foram gentilmente autorizados por eles. Os artigos de Eduardo Lourenço saíram em periódicos populares de Portugal e são relativamente desconhecidos. Esta é a sua primeira reunião em livro. A ideia de publicá-los em conjunto deve-se ao interesse que esses textos possam suscitar, bem como à menor extensão de dois deles. "Vergílio e Pessoa: irrealidade e existência" foi publicado na revista *Vária Escrita*, v. 9, Sintra (2002). "Pessoa e Saramago" foi publicado no jornal *Terras da Beira*, Guarda (26.11.1998). "Pessoa e Pirandello", cuja escrita é datável da década de 1980, foi recentemente publicado, com algumas gralhas e interferências, em *JL jornaldeletras.pt Letras/15* (28.9 a 11.10.2016). A publicação desses textos só foi possível devido à colaboração de Pedro Sepúlveda, coordenador do projeto *Estranhar Pessoa* e atualmente pesquisador do Acervo de Eduardo Lourenço na Biblioteca Nacional de Portugal.

O ensaio de Ettore Finazzi-Agrò foi apresentado no *Simpósio Internacional Pessoa e Drummond* (São Paulo, 2005), publicado em *Letteratura D'America: Rivista Trimestale* (Roma, 2005) e revisado pelo autor para esta publicação. Do mesmo modo, o ensaio de Leyla Perrone-Moisés é a versão original da fala apresentada no Colóquio *Fernando*

Pessoa, Influences, Dialogues, Responses, realizado no King's College London, em dezembro de 2008, e publicada em *Fernando Pessoa's Modernity without Frontiers: Influences, Dialogues, Responses* (Londres, 2013). O ensaio de George Monteiro é a tradução de "City Lights: Lawrence Ferlinghetti", capítulo de seu livro *The Presence of Pessoa: English, American and Southern African Literary Responses* (Lexington, 1998). Ainda cabe referir que uma versão resumida do ensaio com que contribuí para o livro foi apresentada no *Congresso Internacional Fernando Pessoa* (Lisboa, 2017) e publicada naquele mesmo ano nos anais do evento.

Os ensaios de Richard Zenith, Maria Helena Nery Garcez, Joana Matos Frias, Mariana Gray de Castro, Rui Miranda e Adam Mahler são integralmente inéditos e alguns deles escritos especialmente para este livro. São também inéditos os trabalhos de integrantes e ex-integrantes do grupo Estudos Pessoanos, que coordeno na Universidade de São Paulo: Alex Neiva, Daiane Walker Araujo, Flávio Rodrigo Penteado e Rodrigo Lobo Damasceno. Nestes casos, trata-se de capítulos ou partes de capítulos de suas dissertações de mestrado e teses de doutorado, finalizadas ou em andamento, que tive e tenho a oportunidade de orientar na Universidade de São Paulo.

Um agradecimento especial devo a minha editora Silvia Naschenveng, pela generosidade com que acolheu este projeto e pela leitura atenta de suas páginas. E a meus orientandos Raphael Valim da Mota Silva e Victoria Nataly Alves Lima, que traduziram com meticulosidade o ensaio de George Monteiro, compartilharam comigo a revisão de alguns dos capítulos deste livro e cotejaram as transcrições que fiz dos ensaios de Eduardo Lourenço.

São Paulo, maio de 2018.

Vergílio e Pessoa: irrealidade e existência[*]

Eduardo Lourenço

Nous ne sommes pas au monde
Rimbaud

Grande é o deserto à nossa volta e não para de crescer
Vergílio Ferreira

Algum tempo antes de nos deixar, ou nós a ele, Vergílio Ferreira reiterou uma já antiga preocupação sua, uma espécie de dívida em aberto consigo mesmo: a de ter ainda tempo de se ocupar de Pessoa. Quer dizer, de se ocupar da obra do poeta como só incidentalmente o fizera e, simultaneamente, de apurar, em termos dignos de um e outro, um velho contencioso polémico que deixou nele não apenas um sentimento de frustração crítica com a qual todos

---

[*] Publicado originalmente em *Vária Escrita*, v. 9, Sintra, 2002, pp. 357-367, e revisado para esta publicação.

podemos — mas como que uma pequena ferida de amor próprio nunca inteiramente sarada.

Essa ferida abrira-se, já lá vai meio século, nos primeiros anos da década de 50, no momento em que a obra de Pessoa começava a assolar a paisagem cultural portuguesa questionando, como ninguém o fizera antes dele, não só o funcionamento do nosso imaginário, como a função da poesia e da figura do poeta na própria mitologia cultural do Ocidente. O meio do século vira a sua consagração como referência já icónica da poesia nacional e ao mesmo tempo a sua consagração universitária na ordem crítica. Pessoa deixara de ser a referência mítica da geração que descobrira a sua singularidade (a par da de Sá-Carneiro), quer dizer, um poeta para raros apenas, e convertera-se, nos meados dos anos 40, no que se tornará depois, em presença avassaladora da nossa poesia moderna, como se ele só a representasse e resumisse, e se tivesse apropriado da cena cultural portuguesa. Fenómeno de insolação sem precedentes, este excesso de visibilidade, a espécie de desafio e perplexidade que a sua Obra — como caída de outros céus — instalou no então exíguo palco doméstico, de repente alargado às dimensões do mundo, tinha de suscitar não apenas as normais reticências de ordem literária ou estética, mas interpelar a outro nível as convicções, os pressupostos, os ritos de uma vida cultural então dominada por uma estética da urgência. Quer dizer, a de uma poesia e uma arte em geral empenhadas em denunciar, lírica ou criticamente, a ordem burguesa do mundo, lutando por outra mais conforme com a aspiração humana a uma sociedade mais justa e mais harmoniosa. Pelo menos, era essa então a utopia que as moviam e nessa perspectiva otimista tanto a poesia como a arte encontravam no que se chamava neorrealismo, por não poder designar-se de arte revolucionária, ou militante, ou progressista, a sua expressão dominante e imperiosa.

Custa a compreender que Fernando Pessoa, a sua poesia, os fantasmas que suscitava, pudessem representar para a cultura dominante dessa época, para além da estranheza ou surpresa estéticas, uma espécie de "ameaça" latente, ao mesmo tempo à sua ordem poética e à visão do mundo que alimentava. Mas foi assim. Aquela poesia, aquela espécie de música que vivia do sentimento radical do mundo como contradição, que corroía a expressão imediata dele, que separava a emoção da sua expressão, que tranquilamente separava também as coisas do mundo, os seus rebanhos dos rebanhos da imaginação, foi percebida como pouco compatível, ou mesmo incompatível, com esse mundo que pedia que o transformassem. E antes de mais, que o *aceitassem*.

Talvez não tenha sido logo assim, e por essa razão, que Pessoa e a sua poesia, a sua visão das coisas, suscitaram *reticências* que já não eram como as de Régio meramente estéticas ou críticas, mas de fundo, de incompatibilidade entre mundos. O que Pessoa punha em causa era apenas o estatuto mesmo do que chamamos *mundo*, a realidade. E bastava isso para retirar a toda a arte *realista* a sua boa consciência, se não o seu fundamento.

Foi isto que a geração neorrealista que, a título privado, o podia amar como poeta o compreendeu nesses, hoje, pouco pensáveis anos 50. Que fazer em geral, que *criar* quando a criação, na ótica de Pessoa, é, ao mesmo tempo, um ato *impossível* e a sua Poesia vive da glosa dessa impossibilidade e impotência *pleonástica*. Como é possível ainda *ser poeta* quando o espectáculo do mundo e o próprio mundo são *irreais* ou a sua realidade, mais radicalmente ainda do que o pensamos, é *absurda*, porque só nós lhe poderíamos conferir *sentido* e nós não somos o dono dele?

Mais tarde, Vergílio Ferreira será sensível, embora de outra maneira, a este sentimento de *absurdidade* do mundo, se não nele mesmo, na nossa vida nele de que nunca decifrará o *mistério* — e antes de mais, da sua existência — mas então, nesse começo dos anos 50, jovem romancista partilhando ainda o utopismo neorrealista (que conservará à sua maneira, simbolicamente) reagiu com veemência tanta a essa *Poesia* que, segundo ele, *absurdizava* o mundo, a história, a nossa relação com os outros e *sobretudo*, de uma forma *inédita*, a relação do Eu consigo próprio (ilusão das ilusões). Talvez a maior fraqueza desse momento polémico em relação a Pessoa, tendo sido o seu carácter concertado, grupal, ou objetivamente concertado, como então se dizia, que transformou automaticamente essa contestação da visão do mundo pessoana — ou que assim lhes parecia — em defesa, ou antes ataque de motivação ideológica inane e, sobretudo absurda, por criar, por más razões, uma querela que não podia existir. Não se vencem guerras contra poemas e ao fim e ao cabo era disso que se tratava.

Nessa guerra *fantomática*, Vergílio Ferreira, ainda não de todo distanciado dos seus primeiros amores militantes — de que *Vagão J* é expressão paradigmática —, centra a sua crítica da visão de Pessoa na denúncia do carácter *lúdico* da sua poesia, seria melhor dizer, *histriónico*. Podia ser um elogio, mas no seu espírito e no de muita gente dessa época não o era. O espírito de jogo de Pessoa, a sua profunda percepção de que a *verdade* que nos é *conatural* melhor se revela no *paradoxo* que na expressão imediata do sentimento e da emoção, significava então, para Vergílio Ferreira, falta de *seriedade*, ao mesmo tempo ética, lógica, social e, pior do que isso, e antecipando um pouco, *existencial*.

No melhor dos casos, a poesia de Pessoa e a visão das coisas de onde procedia eram uma forma de *humorismo superior*. Mas isso só realmente o tematizou bem mais tarde, em 1988, como quem se penitencia, na sua contribuição para o centenário do nascimento do poeta no texto intitulado *O riso em Pessoa: que riso?*. Na altura da polémica, o humorismo pessoano era, segundo ele, de natureza mais banal, para não dizer vulgar. Naquele tempo gozava de grande fama, entre nós, um escritor italiano, Pittigrilli, o imortal autor da *Dolicocéfala loura*, e Vergílio Ferreira, levado pelo pendor da polémica à lusitana, ousou a comparação... Adolfo Casais Monteiro, grande crítico da *Presença*, de vezo polémico também acentuado, não perdeu a ocasião de, por sua vez, caricaturar o já então autor de *Mudança*, fingindo crer que Vergílio era um leitor devoto do mesmo inefável humorista hoje esquecido. E encontrava nessas más leituras o motivo da sua incompreensão — da sua, de Vergílio — se não cegueira em relação ao poeta da "Ode à noite", que, por acaso, até era já nessa altura, para Vergílio Ferreira, o autor admirado desse poema.

A peripécia polémica dos anos 50 estaria esquecida se Maria da Glória Padrão, profunda conhecedora de Pessoa e de Vergílio Ferreira, não a tivesse evocado, em 1981, no número 5 de *Persona*, e a não tivesse inserido numa perspectiva de outro alcance, consagrada ao que ela chamou o diálogo sinuoso e embaraçado que o segundo, Vergílio Ferreira, manteve com o primeiro, Pessoa. Mau grado os começos que não pressagiavam nada de bom, nem de fecundo, nem de interessante, esse *diálogo* não só viria a existir, mas para além da sinuosidade e do embaraço transformar--se-ia num dos mais dramáticos e iluminantes confrontos entre duas visões do mundo, ao mesmo tempo distantes e próximas, não tanto de dois autores entre si, mas de dois imaginários que sem se comunicarem — no sentido de Pessoa a contaminação era impossível por natureza — se vão pouco a pouco aproximando ao espaço ideal da literatura e da emoção que ela gera.

Embora então o não soubesse ou inconscientemente o adivinhasse, essa interpelação da *Obra* de Pessoa, tão abissalmente problematizante do sentido da vida, do mundo, do estatuto do Eu, do mais enigmático ainda da criação (dizer artística seria pleonástico na boca de Pessoa), essa galáxia de pensamentos, esse brinquedo sério em que todas as *contradições* se explicitam e vivem do que só de um lado é enunciável para deixar o outro no ocultado de onde emergem, tinha de o perturbar e, realmente, o perturbou. Talvez a sua questão mais do que a de ninguém tenha sido, sem que jamais ele a explicitasse, uma só: como existir? — quer dizer *escrever* — depois de Pessoa ter escrito sem justificação alguma, sem pretextos banais ou sublimes, *anichado* no seu próprio Nada, fazendo dele a *página branca* que é inútil começar e começada, acabar? Como instalar um *sentido*, ter uma vida, não aquela que assim chamamos, mas uma vida ao mesmo tempo sem começo nem fim, quando esta terra é uma praia

onde o mar banha nada

ou o céu uma poesia, uma poeira luminosa

desfraldando ao conjunto fictício das estrelas
o esplendor nenhum da vida?

Nós sabemos que os Malraux, os Sartre, os Camus, os Merleau-Ponty, outros, muitos — Vergílio Ferreira lia mais do que confessou que lia — foram para ele senão mestres, um aguilhão, um excitante, interlocutores imaginários, mas não o foram menos que o rio da prosa e da poesia onde acordou como escrevente e logo escritor, o longo rio tranquilo da nossa língua, a do seu Camões, de Garrett, de Camilo, de Eça, de Raul Brandão. Deles bebeu o que nem ele nem ninguém que nasce a bordo ignora, mas nenhum lhe podia ensinar o que era o segredo, ou a negra intuição do que a barca de Pessoa vinha carregada — que a *Ausência*, a ausência original, é anterior ao ser e que o traço negro, ou se se prefere, o traço de fogo deste espaço inevocável contamina a Vida da sua intrínseca *nulidade*. E, todavia, na nossa tradição judaico-cristã, não há *verdade* mais essencial: a de que Deus tira o mundo do Nada. Mas como a da morte esta é daquelas evidências que não podemos encarar de frente sem que a nossa razão, e com ela o nosso sentimento de existir como se fôssemos *eternos*, vacile.

Desta visão que é a mais negra e que está aquém e além das clivagens do *otimismo* e do *pessimismo*, meras modelações de alcance afetivo, ou efetivo, para uso terapêutico da alma que não pensa senão em função do seu prazer ou desprazer, recebeu Pessoa, se assim se pode dizer, o *sacramento da Irrealidade* como se o mundo fosse puro Sonho ou com mais verdade sonho de ninguém, como a imortal rosa de Rainer Maria Rilke. Como ninguém pode a esse ponto evadir-se da *Realidade*, todos sabemos que ele inventou outras realidades, tão *irreais* como sonhos e delas povoou o mundo. Ao que nunca podia dar verdadeiro *sentido* foi ao que chamamos *existência* ou só lhe dar para se perguntar, antecipando, o mais radical pensamento da Modernidade:

> O que é o existir?
> Não este ou aquele existir
> Mas o existir em si?

Parece impossível imaginar alguém mais distante do nosso poeta-mor da irrealidade do que Vergílio Ferreira, que descobriu na *Existência* o seu sol, como São Paulo o Cristo na estrada de Damasco. Vergílio Ferreira muito fascinado pelos filósofos passa, em Portugal, pelo autor existencialista por excelência. Outros preferem dizer autor *existencial*, não por ter tematizado, na tradição da filosofia *existencial*, uma das versões dela antagónicas ou de diverso alcance — mas por ter centrado e concentrado o essencial da sua visão do mundo não na *existência* como atributo do Ser nem por supor que a *existência* precede a essência (de que seria essência senão do existente?), mas na única realidade que é *real* para ele, originária, a do seu próprio Eu, transcendência irredutível, milagre sem segundo, *pura aparição de si a si mesmo*. A maneira como Vergílio Ferreira descreve essa aparição, essa instalação do Eu no centro do mundo, releva da epifania, mas também do exorcismo. As famosas páginas de *Aparição* onde essa epifania é descrita contêm uma espécie de alegria excessiva, uma espécie de júbilo quase assassino contra a ameaça de algo que paira à volta e que o podia privar ou nos privar desse primado do Eu sobre o tudo o que ele não é.

Filosoficamente, a essência egolátrica do pensamento moderno é a sua mesma essência. Mas o Eu que assume o primado é o *eu pensante*, o que se constitui como leitura e explicação do mundo. Ou mesmo como forma do mundo. Isso significa que a *consciência de si* é o lugar da verdade. Mais tarde, com Hegel, a história do Ser é a História do Ser como consciência de si, quer dizer, do Homem, da Humanidade, ascendendo a graus cada vez mais altos de consciência de si como sujeito ético, social, político. Da ilusão da autotransparência viveu a filosofia moderna, com as raras mas importantes e decisivas exceções de Marx, Kierkegaard e Nietzsche, até a descoberta ou redescoberta de que a *consciência* não tem esse poder de *legitimar o mundo*, de o *afirmar*, pois que ela é, de raiz, consciência do mundo. Não voamos como as pombas de Platão num céu sem ar. É o *ar* que sustenta o voo. É o que se nos opõe que nos constitui. O visível e o invisível, ou mesmo a morte, são só *ausência de nós ao mundo*.

No Ocidente, a resistência ao Idealismo — à supremacia do sujeito pensante mas igualmente operante, pois só o pensamento domina o mundo, através da *técnica* — foi conduzida por Marx, em nome da luta de classes, por Kierkegaard, em nome do indivíduo e da sua relação com um Deus absolutamente outro que o Homem, e por Nietzsche, em nome da Vida, constituída em fonte única dos valores, a Vida como exaltação de si mesma, como energia mas também como assunção do seu carácter trágico, como coexistência de contraditórios. De uma maneira ou outra estas três recusas da visão idealista do mundo visam, talvez com exceção da de Nietzsche, a Verdade e são mesmo, como não metafísicas, prisioneiras da imemorial pretensão de dizer o *ser* e a sua verdade. A pretensão de *universalidade* é-lhe coexistencial. Foi a esta pretensão que a Fenomenologia, com a sua ideia de *consciência como consciência do mundo*, quis pôr termo. A ilusão da autotransparência, da nossa capacidade de pensar a transcendência, de converter o mesmo Deus em objeto, desaparece. Somos nós enquanto *existência* a transcendência mesma. Não existe texto fora de nós — a Criação, a Natureza, a História, a Sociedade, o outro que nos precede e espera de nós que o compreendamos para nos compreender. Esses textos todos somos *nós* que os constituímos e por sua vez por eles somos constituídos. É o fim do *mito da caverna* que é a ideia de que há *dois* mundos, um, só *realíssimo* e *eterno*, e outro, o das aparências — o que espontaneamente tomamos como mundo. Há só um *mundo* inseparável do Eu que é a consciência dele e que decifrando-o se decifra, mas não é o *deus* dele, como o Eu antigo.

Paradoxalmente esta lição de modéstia, este estatuto da existência humana como *dadora* de sentido ao mundo, foi percebida por Vergílio Ferreira como o de outra espécie de *deus*, o deus em que os homens se instituíram na sua ausência. Vergílio Ferreira gostava muito de citar uma das tais formas de Pessoa que em jovem o exasperavam: *não haver Deus é um Deus também*.

O seu *Eu* concentrará em si todo o *sentido* que a ausência de Deus extinguira no mundo. O estatuto do Eu é o da *existência* plena, uma evidência anterior às evidências, que nenhuma denegação, nenhuma dúvida podem problematizar: também Pessoa, em perpétuo balancear entre a angústia e o delírio, chegou a imaginar no seu jardim virtual que *ele mesmo era deus conciencializando-se para humano*, em suma, o divinamente humano. Vergílio Ferreira tomou à letra esta perspectiva vertiginosa. E, mais do que tomá-la à letra, encarnou-a, deu-lhe um corpo de ficção, instituiu a existência — não a existência humana em geral mas *a sua existência* — como paradigma de toda a *realidade*. Não como um ícone *solipsista*, mas como ser e estar no mundo e o mundo com ele e nele.

Esta *revelação* — pois é assim que deve ser tida a *aparição de si a si mesmo*, impossível e mítico desdobramento — é o centro da sua visão do mundo e como se vê do otimismo virtual e real absolutos. Foi, como tanto repetiu, a sua resposta ao que ele chamou a *inverosimilhança da Morte*, quer dizer, à sua *absurdidade*. Mas na verdade a *absurdidade* não é uma vivência tão original como pode parecer: é uma realidade segunda, um espanto, um escândalo intolerável que, absurdamente (para nós), destitui a vida, a nossa vida, da sua eternidade não apenas simbólica mas conatural. É o Deus suposto em que nos constituímos que vive a Morte como *inverosímil*, contingente, *impensável* e inaceitável. Compreende-se pouca coisa da obra tão oblíqua na sua aparência de verdade revelada de Vergílio Ferreira, se não percebemos nela, acaso, a última versão da visão crística do mundo em termos exclusivamente profanos — do cristicismo possível, após a por ele tão comentada e vivida morte de Deus. Todo o seu conteúdo permanece aquele que mítica e simbolicamente o formou no seminário. A sua imaginação com a incarnação do Absoluto no mundo, no tempo, na História, a Morte como lugar da transfiguração e finalmente a ressurreição/redenção além dela mas sempre no interior da Vida — da vida escrita sobretudo — e no círculo do Amor, embora *fugaz*, contém nele, como no de Dante, o sol e as estrelas da nossa existência precária e eterna.

Foi a sua obra séria? Toda a sua obra seria uma espécie de conto de fadas de nova espécie — uma *berceuse* para adormecer a angústia que constitui o fundo da nossa vida inscrita, cercada pela Morte —, pouca gente o terá sabido e descrito tão bem como ele, mesmo que só fantasma e por isso, talvez por isso tão inexpugnável, se no seu horizonte, não como mera ficção mas como a outra verdade de si, a voz de Pessoa, audível no seu silêncio, a voz da Ausência do homem ao mundo, a ideia de que é, afinal, como pensava Platão e não Nietzsche, a Caverna, a forma do mundo, a Irrealidade, o coração do real, não perturbasse os seus fundamentos, o reencantamento do mundo, a *nova criação*, o novo homem que a sua obra celebra e institui.

Ninguém como Pessoa glosou até à exaustão a ideia da Existência em si — ou nossa — como a do ser sobre fundo de Nada. É a ideia da *Caverna* tomada à letra e ao mesmo tempo explicada na sua letra. Nós não podemos contemplar o *Sol* da Verdade como sublimemente Platão o supôs para nos consolar. Só o lugar onde é ela suposta existir, a *sua ausência*. A verdade das sombras que nós vemos no fundo da caverna-mundo é mais *real* que esse sol que nunca contemplaremos. Já o sol real nos ofusca ou nos mata. É para o suportar que construímos, como um refúgio, a fantástica caverna. Platão, supondo que bastava que nós nos voltássemos para a luz que nos ilumina de costas para que as sombras que nós tomamos pela *realidade* se revelassem como sombras e nós acordássemos contemplando a *verdadeira* realidade, a das formas, a dos modelos, segundo os quais o mundo foi feito, aqueles onde a realidade e o sentido se confundem, não estaria longe daquilo que Vergílio Ferreira viria a pensar. Mas, para Pessoa, este movimento, supondo que estivesse no nosso poder efetuá-lo — salvo como o fazemos em sonhos —, não poderia nunca mudar as sombras — o mundo das aparências — em mundo real, a luz que se encontra atrás de todos nós não provém de nenhuma fonte iluminante e criadora — sol ou verdade —, mas de uma espécie de fonte extinta, morte, sol negro, para o qual melhor vale para nós que não voltemos o rosto. No fim de contas, é preferível atermo-nos às sombras — às sensações, às imagens, às coisas, aos sonhos através delas que nos tocam — que a esse mundo que nunca se poderá tornar-se *real* porque *nós* que o olhamos não somos *reais*, mesmo dessa realidade duvidosa que é a do *mundo exterior*:

Sombras com mão de sombras que tocamos
Nosso toque é sombra e vacuidade.

No começo, para Pessoa, é a *realidade*, uma espécie de *antimundo*, mesmo se por momentos — que podemos chamar *solares* — esse não mundo é só a figura invertida do *mundo tal como é* tornado evanescente ou bruma espessa criada pelo nosso medo ou incapacidade de o tomar pelo que parece ser. Se nós tivéssemos olhos para ver o que vemos sem o afastar de nós pela exigência mórbida de lhe pedir uma *significação* — aquilo que chamamos *pensar* — então estaríamos na verdade, melhor, seríamos a *verdade* e seríamos felizes. O poeta, o sonhador deste *não pensamento* mereceria, como foi o caso, o nome de Mestre. Mas Alberto Caeiro — como Vergílio Ferreira o soube ver no seu texto-paródia sobre o riso de Pessoa — é uma criação *irónica*, e mais propriamente é a inversão da *visão platónica*, uma inversão menos agressiva que a de Nietzsche. E a sua tão provocante fórmula:

> O que nós vemos das coisas são as coisas.
> Porque é que devíamos ver uma coisa no lugar de outra,

uma forma de *desespero* no seu angelismo fictício, como o mesmo Vergílio Ferreira soube ver. Mas é também — e isso o devia tocar no mais profundo de si mesmo — a afirmação do olhar mítico da infância, oposto ao olhar consciente, e por isso *falso*, da maturidade humana, afastada da sua condição edénica.

É difícil imaginar dois mundos, ao mesmo tempo tão afastados e tão próximos um do outro como os de Pessoa e Vergílio Ferreira. Só que o de Pessoa, a sua vertiginosa concepção da Realidade sob fundo do Nada, tão oposta à da Revelação existencial de Vergílio Ferreira, ficou às portas do espaço de plenitude, como uma ameaça primeiro e pouco a pouco como uma *música* — voz anterior à voz e a esse título mais primordial do que ela, expressão mítica da *plenitude*, de que a existência só por instantes de graça se aproxima como em *Aparição* e logo nos restantes romances — e quase pelo seu excesso desenhando uma *ausência*, ou sendo dela a paradoxal revelação, aquela que se vai apoderando, irradiando de toda a terra ficcional e toda a teia ficcional de Vergílio Ferreira. Do Nada, Vergílio Ferreira nunca será o desesperado e fulminado cantor como Pessoa, mas do Nada de *tudo* será e cada vez mais a ameaça que vai ao encontro improvável de si, o extraordinário encenador, o autor de *Nítido nulo* — título que poderia ser de Pessoa — até aos romances finais, onde como nunca, fixará *para sempre*, o esplendor desse mesmo Nada, não como *essência mesmo do que chamamos realidade*, mas como mar que a circunda e paradoxalmente a faz resplandecer. Jovem, Vergílio Ferreira ofuscou-se com aquela passagem, com aquele passageiro sem bagagem, aquele fantasma, surgido nos céus da nossa poesia para conduzir como ele escreveu

a carroça de tudo pela estrada de nada.

Em fim de vida, será ele Vergílio Ferreira que conduzirá

a carroça de nada pela estrada de tudo.

As revelações do fim que ele viveu como do *fim de tudo*, de tudo o que lhe importava — Arte, História, Destino, Amores, Felicidade — sem desaguar numa derelicção comparável à de Pessoa — à do Pessoa que mais o tocou, Álvaro de Campos —, banham todas numa melancolia ativa que só o milagre de um Amor mais sonhado do que possuído — contradição de que ele tanto glosou a impossibilidade — e a paixão de todo não extinta do que foi a essência do seu Eu, não a metafísica *aparição* mas a dura conquista de uma obra contra si e contra o tempo e o mundo, não o levaram para as paragens calcinadas, para o *niilismo* incandescente e, ao fim e ao cabo, tão fraterno do autor da *Tabacaria*. A diferença é que Pessoa se viveu desvivendo-se, negando em si o que chamamos vida e separando-se, como se fosse um anjo, do seu próprio *corpo*. Foi por excelência o Poeta da Desincarnação, um homem à procura do seu corpo para sentir nele o que a sua inteligência gelada — a expressão é dele — e a sua profunda consciência de exilado da *Realidade* não lhe consentiam. Em Vergílio Ferreira a *existência*, e nela o Corpo que é a *indescritível* manifestação dela, foi vivida, sofrida, extenuada, como se se tratasse de um deus ressuscitado precisamente da sua antiga ficção de puro espírito, de um deus devolvido à Terra, onde, mais à maneira do homem que ressuscitou de Lawrence do que Nietzsche, conheceu, saboreou, sofreu com paixão e crucifixões ativas, aquelas de quem realmente vive e não é vivido. Mas da Terra o que mais amou — o que mais próximo o trouxe àquela plenitude, àquela felicidade que nem a música — quintessência do tempo, do nada vivo que nos fala nele — foi a terra mesma, como o sol para Pessoa, a face mesma do Deus vivo e desnudo, a indizível doçura de um crepúsculo, a montanha que o contempla e o eterniza nessa contemplação, a praia que lhe põe o tempo e as suas vagas no coração. Também o angélico Pessoa, na sua tristeza, amava a Natureza, sem *gente*. O sentimento da solitude é de outra ordem em Vergílio Ferreira, é antes filho da *decepção* do convívio humano que do seu horror físico e metafísico. Nisto se separaram também. A uni-los, embora de diversa maneira, aquilo que ambos reconheceram como mistério, o de existir sem saber por quê, nem para quê. Pessoa converteu esse enigma em outros enigmas, não para imaginar que era dono deles, mas para se esperar neles enquanto não voltava à casa que não tinha e segundo ele ninguém tinha. Vergílio Ferreira chamou a si esse enigma, deu-lhe o seu nome, confundiu-se com ele, explorou-o, iluminou com ele o mundo dos outros associando-os ao seu, comunicou-se, inventou um espelho — a sua ficção — para se tocar do lado de fora de si, em suma, para existir e se existir. Que maior graça os céus inexistentes lhe poderiam ter concedido que pô-lo no centro da criação, como se fosse o primeiro homem dela e quem o não é, sem ter como ele, a audácia de o supor?

Pessoa e Saramago*

Eduardo Lourenço

Nem o mais extravagante dos ficcionistas poderia imaginar que, na cena midiática em que vivemos, Fernando Pessoa viesse um dia a converter-se no S. João Baptista de José Saramago. Já o era da aura que há uns bons trinta anos, exclusivamente por sua causa, começara a irradiar sobre a cultura portuguesa. Nesse sentido, o sentimento de euforia coletiva que neste momento invade o espaço da literatura e até da língua portuguesa, com a atribuição do Nobel ao autor de *O ano da morte de Ricardo Reis*, tem alguma coisa a ver com a glória universal de Pessoa.

Tornou-se quase ostensiva — e porventura necessária — nos últimos anos, da parte de autores bem conhecidos das nossas letras, manifestar o seu pouco apreço e até retirar algum proveito da sua distância ou desdém pela memória, ou até pela obra de Pessoa. É um reflexo compreensível, velho como o mundo das letras. Acontece, contudo, que

* Publicado originalmente em *Terras da Beira*, Guarda, 26 nov. 1998, p. 15, e revisado para esta publicação.

Saramago não só nunca comungou nesse assassinato virtual, como manteve com a figura, o destino, a mitologia do autor da *Mensagem*, à primeira vista tão estranha à sua visão do mundo, da história, da sociedade, um constante e misterioso diálogo. Bastaria isso para o excluir da longa e nunca escrita história do desconforto e da incompreensão de que o fenómeno Pessoa foi alvo, como para o situar num espaço cultural e literário que pouco tem que ver com aquele que as suas sinceras e insistentemente proclamadas convicções ideológicas facilmente o identificam. Refiro-me, claro, à sua inclusão literária no que foi durante três boas décadas o movimento ideológico e literário dominante da cena portuguesa, o neorrealismo.

É óbvio que só na ordem redutoramente ideológica — embora bem presente no texto como visão simbólica explícita — um livro como *Memorial do convento* se pode integrar num movimento que já estava então, e há muito, extenuado ou morto. Mas não só a poética como a arquitetura do imaginário de Saramago, a partir do *Memorial*, relevavam de uma outra relação entre a escrita e a sua função antirrepresentativa do chamado "real", pelo seu carácter intrinsecamente irónico e lúdico, como mesmo no seu livro de estreia de 1947, em plena vigência da poética neorrealista, não há nada que se conforme à prática canónica dessa época. Estamos diante de uma perspectiva clássica, aliás mais próxima das grandes tradições do século XIX que das do realismo mais ou menos psicologista ou expressionista dos anos 30.

Não é fácil imaginar que veredas, da vida e da literatura, converteram o autor de *Terra do pecado* no de *Memorial do convento* ou *O ano da morte de Ricardo Reis*, quer dizer, o autor dotado para a observação pouco complacente da sociedade e das suas paixões, em arquiteto de grandes narrativas para-históricas destinadas a subverter a memória e a mitologia idealizantes do passado português. Tudo se passou como se de repente, para aceder e compreender um presente que lhe roubava um Portugal por que tanto esperara, tivesse resolvido por sua conta imaginar um outro passado — o passado autêntico — que lhe explicasse melhor a impotência e a derrocada da utopia em que apostara para libertar Portugal dos fantasmas mais nefastos e nunca realmente desvanecidos da nossa cena cultural entre outros ou da intolerância.

José Saramago não é o único autor português que dialogou com Pessoa. Augusto Abelaira, Almeida Faria, o próprio Vergílio Ferreira, que tão cedo se ofuscara com a visão de Pessoa e a idolatria que a inspirou, Agustina Bessa-Luís em *O manto*, são alguns dos nossos autores para quem Pessoa foi um fascínio, um desafio ou um interlocutor. Porventura, nenhum o terá sido mais que Saramago, que não só ficcionalmente revisitou o seu mundo através de uma das suas versões, Ricardo Reis, como se impregnou, paradoxalmente, através dele, de um sentimento quase niilista da vida, tão oposto em termos literários à sua visão positiva da história e do destino dos homens. Para ele, talvez mais do que para ninguém, a galáxia pessoana existiu, a sua travessia impunha-se para chegar à outra margem que lhe estava designada.

O neorrealismo dos anos 40 e 50 privilegiara, em Pessoa, Álvaro de Campos, sobretudo o poeta da "Ode triunfal". José Saramago escolheu o Pessoa mais sóbrio, neoclássico na forma, desprendido de tudo, o Ricardo Reis dos "Jogadores de xadrez", indiferente às tragédias do mundo, o mais extraterrestre dos heterónimos. Mas igualmente o mais "trágico" por não se saber outra coisa do que puro tempo, vida evanescente, não vida, nada. E esta música é a insólita música de fundo do autor não só de *O ano da morte de Ricardo Reis*, como, vendo bem, de toda a sua obra, embora o sopro épico e o sarcasmo justiceiros de *O memorial* a pareçam ocultar. Ela ouve-se por ausência no *Ensaio sobre a cegueira* e embebe essa extraordinária aventura de amor e melancolia que é *Todos os nomes*.

O ano da morte de Ricardo Reis insufla vida e amor ao fantasma de si mesmo, ao homem entre vida e morte que é o poeta das *Odes*. Mas, para além desta chamada à vida, desta espectacular "conversão" de Ricardo Reis ao mundo, seus trabalhos e seus êxtases, o mais pungente nessa ficção é a ficção no interior da ficção, do encontro de Ricardo Reis com o seu irmão criador, Fernando Pessoa, vivo na sua morte. Quem tem uma ideia da imersão e das profundas afinidades entre a visão de Pessoa e de Saramago deve acompanhá-lo nesse encontro de rara emoção ficcional, entre Ricardo Reis e Pessoa. Não é apenas um encontro de ficção. É o encontro mítico entre dois criadores no horizonte de uma mesma cultura, que um marcou para sempre com o selo de uma inquietude sem exemplo, e outro transfigurou em epopeia inquieta.

Pessoa e Pirandello[*]

Eduardo Lourenço

É costume comparar Fernando Pessoa e Pirandello. Eu mesmo já embarquei nessa comparação sabendo que metia água por todos lados. Para me resgatar atribuí — e depressa outros o fizeram — a Pessoa uma atitude não apenas pirandelliana mas superpirandelliana. Pessoa só podia pensar-se em supra e habituou-nos a encontrar natural que além do supra-Camões ou supra-Whitman (e até supra-Shakespeare) nós o imaginemos com maior naturalidade como supra-Pirandello.

Ledo mas não menos cego engano. Na sua literalidade há frases inteiras de um que podiam ser transferidas para o outro. Por exemplo estas:

> Criei em mim várias personalidades. Crio personalidades constantemente. Cada sonho meu é imediatamente, logo ao

[*] Publicado originalmente em *Jornal de Letras*, 28 set. a 11 out. 2016, e revisado para esta publicação. Na publicação original, há uma nota final de esclarecimento: "Este texto, inédito e inacabado, é datável da década de 80".

aparecer sonhado, encarnado numa outra pessoa, que passa a sonhá-lo, e eu não. Para criar destruí-me; tanto me exteriorizei dentro de mim, que dentro de mim não existo senão exteriormente. Sou a cena nua onde passam vários atores representando várias peças.

Também remando um pouco mais fundo podíamos supor que a visão de ambos converge ou nasce de uma fonte comum, a que outros emprestarão igualmente uma encenação que nada encena senão a sabedoria triste de saber que não há nada para encenar porque tudo, antes de começar o nosso próprio jogo, já estava encenado. É a visão da teatralidade inexorável e monótona de cada um de nós que lhes é comum, uma visão que começou naquela época em que a evidência da morte se substituiu barrocamente no esplendor inconsistente da vida.

Mas o que começou para exaltar uma "outra vida" perto da qual esta só podia ser teatro de sombras (Camões, Cervantes, Donne, Shakespeare, Calderón), antes de ser um teatro de sangue (Gracián), acabou por ser teatro puro com o pano descido antes do primeiro ato. O primeiro ato é já o último e todo o teatro "moderno" é um ato mágico de antemão perdido para que o pano se levante e a peça — a nossa vida — possa enfim começar. Ao menos fazer de conta que começa. A esta inversão do ato teatral deu Pirandello o único corpo que o reino crepuscular da humanidade era capaz de conceber. Nunca ninguém fez melhor.

Todo o teatro moderno é uma glosa da não teatralidade do teatro e da teatralidade inesgotável e irrepresentável da simples verdade. De tudo isto Pessoa respirou o perfume, não a substância. A bem dizer ele nunca chegou a entrar na vida, o que se chama vida, e a vida-objeto de uma contemplação cega não terá nunca poder para o tocar senão em sonho. Dos dois, o único trágico é realmente Pirandello. O único dramaturgo também. Pessoa foi um prodigioso ator, mas encenou apenas a sua própria ausência da realidade, não a dos outros como Pirandello. É naquilo que parece uni-los, a visão da existência como máscara, que Pessoa e Pirandello se separam. Os "personagens" pessoanos, meras sombras recortadas na pura ausência e nulidade de si, jamais encarnarão. Os corpos que Pessoa lhes supõe tornam-nos ainda mais irreais do que já eram como possibilidade de encarnação, de descida na realidade do seu impotente romancista.

É o contrário que se passa com os "personagens pirandellianos": eles não podem resignar-se a ser tão inexistentes, tão "outros" como nos outros aparecem. Eles buscam um nome, embora saibam que todos os arquivos da identidade foram queimados. Não se resignam, mesmo aqueles que não têm — como nós não tínhamos antes da morte de Deus — outra identidade que a do autor que os imagina, a não ser "ninguém", quando já são princípio de ser enquanto figuras sonhadas, como os não personagens de *O marinheiro*. Figuras do possível como cada um de nós, no espaço inimaginável que antecedeu a nossa própria chegada ao cair sem nome no que chamamos "mundo", para ter um mundo e um cair, as personagens de Pirandello — como as de várias novelas de Unamuno, bem mais próximo do autor siciliano que de Pessoa — exigem a existência, antes de se perturbar com a sua "identidade", questão dos outros — família, sociedade — e não verdadeiramente de cada qual.

É contra a inexistência — mera e doce metáfora do anonimato universal dos homens como simples indivíduos — que clamam as "personagens" pirandellianas, sobretudo contra o que elas significam como "desamor" da criação por parte daquele que é, pleonasticamente, o "Criador" implausível ou surdo aos clamores das suas criaturas, inventar um teatro que já não seja representação, repetição ritualizada da vida humana, mas puro apelo para que a cena se povoe pela mera necessidade de partilhar com alguém a revelação às avessas da nossa comum inexistência.

Antes de Pirandello, por mais sutil que fosse, havia uma distância ontológica entre "vida" e "teatro". Um começava onde a outra se suspendia e sem essa suspensão e fingimento da mesma vida não podia ter lugar. Com Pirandello é o teatro que se tornou impossível, pois foi a vida que se revelou como teatralidade original. No sentido antigo — lugar onde a vida despe a sua máscara — o teatro não é mais possível. Possível é a glosa interminável da teatralidade da vida, a impossibilidade de separar uma máscara da outra máscara. O "fim" de cada peça de Pirandello é o seu "começo" indefinidamente recomeçável. Mas entre o "começo" e o "fim" a encarnação da possível unidade entre máscara e verdade encontrou uma multiplicidade de destinos, com que cada espectador (ou leitor) se pode identificar para que a própria ilusão teatral, no sentido antigo, reencontre a sua última oportunidade. É o que nunca acontece no que nós — e ele mesmo — chamamos "o teatro" de Pessoa.

As personagens de Pirandello reclamam-lhe a vida, em última análise existiriam na sua plenitude se ele não existisse ou não tivesse descoberto o triste mistério das suas inexistências. Pessoa transfere-se, sem jamais sair de si mesmo, para as únicas personagens que consegue conceber, simples sósias das suas virtualidades hipostasiadas. Para cobrir com real manto a sua ingénita incapacidade de ser dramaturgo, como Shakespeare tão brutalmente o era, Pessoa comparou os seus duplos a Hamlet, o que estaria certo se o autor de *Hamlet* se chamasse (e fosse) realmente Hamlet. Aparentemente ele era Shakespeare que tinha o dom de não saber quem era para poder ser Hamlet, Falstaff, Ricardo III, Othelo ou Lady Macbeth.

O poeta como herói: Pessoa e Carlyle*

Leyla Perrone-Moisés

Sabemos que, em sua adolescência, Fernando Pessoa foi um leitor admirativo de Thomas Carlyle. O escritor escocês constava no currículo escolar do jovem poeta[1], e em sua biblioteca continuou constando, através dos anos, o livro *Sartor, Resartus: Heroes Past and Present*[2]. Esta obra permaneceu viva na memória do poeta, que a refere em alguns escritos. Por exemplo: ele cita a mesma frase de Carlyle em dois fragmentos do *Livro do desassossego*[3].

---

* Tradução inédita da comunicação apresentada no Colóquio "Fernando Pessoa, Influences, Dialogues, Responses", no King's College London, em dezembro de 2008. Publicado em Mariana Gray de Castro (org.), *Fernando Pessoa's Modernity without Frontiers: Influences, Dialogues, Responses*, Londres, Boydel & Brewer, 2013.
1 Ver Alexandrino E. Severino, *Fernando Pessoa na África do Sul*, Lisboa, Publicações Dom Quixote, 1983.
2 Thomas Carlyle, *Sartor, Resartus: Heroes Past and Present*, Londres, Chapman and Hall, 1903.
3 Fernando Pessoa, *Livro do desassossego*, org. Richard Zenith, São Paulo, Companhia das Letras, 1999, p. 155: "'Qualquer estrada', disse Carlyle, 'até

Em seu livro *Fernando Pessoa na África do Sul*, Alexandrino E. Severino dedicou um capítulo à influência de Carlyle sobre Pessoa, em particular no que concerne ao papel do poeta no governo da nação. O que aqui pretendo examinar é, de modo mais geral, a concepção do poeta como herói, e as diversas posições assumidas por Pessoa, como homem e como poeta, com respeito a essa concepção.

A concepção do poeta como herói foi introduzida pelos românticos alemães e levada para a Inglaterra por Thomas Carlyle. Em suas famosas conferências "The Hero as Man of Letters" e "The Poet as Hero"[4], ambas de 1840, Carlyle observava que os heróis de tipo divino ou profético pertenciam a tempos remotos e já não eram cultuados no mundo moderno. E propunha que se considerassem os escritores como os heróis das novas eras.

Curiosamente, a primeira conferência, "The Hero as Man of Letters", contém mais informações sobre a concepção do poeta como herói do que a segunda, intitulada precisamente "The Poet as Hero". Nesta segunda conferência, o ensaísta apenas exemplifica sua tese, apontando Shakespeare, Goethe e Dante como heróis nacionais de seus respectivos países. É na primeira, portanto, que nos deteremos.

As principais ideias expostas por Carlyle são as seguintes:

1) A difusão da imprensa trouxe uma nova forma de heroísmo que se manterá nas eras futuras;

2) O escritor deve ser encarado como a mais importante das pessoas modernas;

3) A vida de um escritor nos permite conhecer melhor o tempo que o produziu e no qual viveu;

▷ esta estrada de Entepfuhl, te leva até o fim do mundo'"; e p. 398: "Qualquer estrada, esta mesma estrada de Entepfuhl, te levará até o fim do mundo" [*Any road, this simple Entepfuhl road, will lead you to the end of the world*] (*Sartor Resartus*, livro 2, cap. 2, "Idyllic").

4 Cito a partir da Sterling Edition de *Carlyle's Complete Works* (digitalizada no Project Gutenberg).

4) A função do escritor é a mesma que as eras passadas atribuíam ao Profeta, ao Sacerdote e à Divindade;

5) A Literatura é uma forma de revelação;

6) A sociedade contemporânea oferece condições difíceis para o escritor, do ponto de vista moral e material; no entanto, ela deveria reconhecer sua importância e dar-lhe o governo das nações;

7) Essa sociedade é miserável e "pestilenta", mas vai melhorar no futuro; o ceticismo moral e intelectual deve ser vencido, porque "o homem vive por acreditar em alguma coisa, não por debater e discutir sobre muitas coisas" [*A man lives by believing something, not by debating and arguing about many things*];

8) Não devemos pensar em salvar o mundo, porque Deus cuidará disso. Devemos olhar para nós mesmos e cumprir o "dever de ficar em casa" [*the duty of staying home*];

9) O Herói-Homem-de-Letras merece ser adorado e seguido por adoradores. Mas permanece tranquilo e indiferente à celebridade;

10) O Herói-Homem-de-Letras não é um vitorioso, mas um herói que tombou [*a fallen Hero*].

Examinemos, agora, em que medida Fernando Pessoa adotou essas ideias de Carlyle. Em sua juventude, ele mantinha a convicção romântica de que a literatura era uma forma de revelação, de que o poeta tinha uma missão transcendente a cumprir e uma vocação imperiosa a honrar: "a terrível e religiosa missão que todo homem de génio recebe de Deus com o seu génio" (carta a Armando Côrtes-Rodrigues, 19.1.1915).

Como afirmava Carlyle, Pessoa acreditava que os homens de letras ("os homens do sonho") deviam ter um papel relevante no governo das nações. Em outra carta ao mesmo destinatário (02.9.1914), o poeta dizia estar escrevendo uma "Teoria da República Aristocrática", à maneira de Carlyle.

Em vários pontos de sua obra, Pessoa lamentou que o mundo de seu tempo não permitisse mais a aliança do sonho com a ação, como ocorrera em Portugal, na era dos Descobrimentos. Esse ideal heroico permanece, em sua obra poética e ensaística, sob a forma de utopia messiânica. É em *Mensagem* que o poeta celebra os heróis de seu país, como inspiração para um futuro "império" português. Sabemos, porém, que as propostas de Pessoa não concerniam diretamente à *res publica*, e que o Quinto Império por ele anunciado seria um império cultural.

A visão de sua época como uma época de decadência também é fartamente expressa em sua obra. A vulgarização da imprensa, como qualquer vulgarização, o desgostava. O pequeno número de suas publicações, em contraste com a espantosa abundância de seus textos inéditos, mostra ao mesmo tempo a alta conta em que tinha o Livro e a baixa expectativa com relação ao público virtual. No *Livro do desassossego*, podemos ler: "Publicar-se — socialização de si próprio. Que ignóbil necessidade! Mas ainda assim que afastada de um *acto* — o editor ganha, o tipógrafo produz. O mérito da incoerência ao menos"[5]. Entretanto, os textos pessoanos mostram o quanto a situação se agravou desde o início do século XIX. Carlyle era cristão, acreditava num Deus providencial. Pessoa considerava o cristianismo uma doença de nossa civilização. Ele viveu o tempo da ausência dos deuses, do silêncio dos oráculos, tempo em que o Poeta não era mais o Profeta e o Sacerdote, mas apenas um emissário sem credenciais.

Ainda religioso, Carlyle acreditava na Verdade com V maiúsculo e considerava a sinceridade como a principal qualidade do Poeta. Pessoa não acreditava na existência de uma verdade única, e relativizou ao extremo a sinceridade do poeta. Finalmente, Carlyle era otimista quanto ao futuro, enquanto Pessoa incorre, muitas vezes, no pecado de niilismo condenado pelo escritor escocês. Quando, no

---

[5] Fernando Pessoa, *Livro do desassossego*, org. Richard Zenith, São Paulo, Companhia das Letras, 1999, p. 216.

fim de *Mensagem*, ele escreve "É a Hora!", essa Hora oculta no nevoeiro é mais uma aspiração do que uma crença. Mais adequada ao poeta, porque mais constante, é a constatação de Álvaro de Campos: "Os deuses vão-se, como forasteiros./ Como uma feira acaba a tradição./ Somos todos palhaços e estrangeiros./ A nossa vida é palco e confusão".

Assim como Carlyle, Pessoa não acreditava nos programas políticos redentores, em especial os programas socialistas. Sua concepção da sociedade é aristocrática, baseada em valores que a massa não poderia absorver. Por isso, os heterônimos cumpriam *"the duty of staying home"*. Todos são caseiros: Álvaro de Campos fica "em casa sem camisa"; Alberto Caeiro permanece em sua casa da colina; Ricardo Reis fica sentado à beira-rio ou beira-mar, contemplando; Bernardo Soares é, literalmente, "o da mansarda". A diferença é que Carlyle deixava o mundo a cargo da providência divina, e Pessoa, em suas várias encarnações, é predominantemente cético.

O Herói-Homem-de-Letras de Carlyle é indiferente à celebridade. Segundo ele, a celebridade é apenas a luz de uma vela [*celebrity is but the candle-light*]. Embora sonhasse eventualmente com ela, o homem Pessoa jamais a buscou, deixando a fama "para as atrizes e os produtos farmacêuticos" (*Ultimatum*, de Álvaro de Campos).

Em vários pontos de sua obra, Pessoa se autoqualifica como um Anti-Herói: "Não sou nada, nunca serei nada", "sou reles, sou vil como toda a gente" (Álvaro de Campos), "sou ninguém" (Fernando Pessoa "ele mesmo" e Bernardo Soares). No *Livro do desassosego*, lemos: "Fui génio mais que nos sonhos e menos que na vida. A minha tragédia é esta. Fui o corredor que caiu quase na meta, sendo, até aí, o primeiro"[6]. Reencontramos aí o "herói que tombou" [*the fallen Hero*] de Carlyle. Os três Heróis-Homens-de-Letras de Carlyle — Johnson, Rousseau e Burns — foram, em suas

---

6 *Ibidem*, p. 279.

existências, heróis decaídos, confrontados à pobreza material e à incompreensão da sociedade, como Pessoa.

Todos os comentaristas de Carlyle observam a natureza trágica do herói-escritor, que num período de crise da sociedade só pode ser um "Meio-Herói" [Half-Hero]. A tentativa de enaltecer esse novo tipo de herói é ela mesma falida. Resta apenas um consolo: esses heróis decaídos tombaram por nós, abrindo caminho para nós [They fell for us too, making a way for us]. Bernardo Soares também tenta reverter a falência em vitória: "Façamos de nossa falência uma vitória, uma coisa positiva e erguida, com colunas, majestade e aquiescência espiritual"[7]. Como Carlyle, ele recorre a Rousseau para ilustrar essa ideia:

> Rousseau é o homem moderno, mas mais completo que qualquer homem moderno. Das fraquezas que o fizeram falir tirou — ai dele e de nós! — as forças que o fizeram triunfar. O que partiu dele venceu, mas nos lábaros de sua vitória, quando entrou na cidade, viu-se que estava escrita, em baixo, a palavra "Derrota". No que dele ficou para trás, incapaz do esforço de vencer, foram as coroas e os ceptros, a majestade de mandar e a glória de vencer por destino incerto[8].

Pessoa pertence a uma linhagem de heróis decaídos, ou gênios desqualificados da alta modernidade. O fragmento acima citado nos remete ao texto de Baudelaire sobre Edgar Allan Poe, que assim se inicia: "Há, na literatura de cada país, homens que trazem a palavra *infortúnio* escrita, em caracteres misteriosos, nas rugas sinuosas de sua fronte"[9]. Baudelaire foi leitor de Carlyle, e é certamente este que está

---

[7] *Ibidem*, p. 290.
[8] *Ibidem*, p. 243.
[9] Charles Baudelaire, "Edgar Allan Poe, sa vie et ses ouvrages", *in*: *Oeuvres complètes*, Paris, Seuil, 1968, p. 319: "*Il existe dans la littérature de chaque pays des hommes qui portent le mot guignon écrit en caractères mystérieux dans les plis sinueux de leur front*".

por detrás de sua interpretação de Poe, e que o faz dizer: "Edgar Poe, bêbado, pobre, perseguido, pária, agrada-me mais do que, calmo e virtuoso, um Goethe ou um Walter Scott"[10]. Baudelaire faz a mesma comparação que Carlyle, equiparando o poeta a Cristo, que sofreu por nós, e considerando-o como um santo cuja intercessão podemos solicitar.

Onde Baudelaire vai mais longe que Carlyle e os românticos, abrindo a modernidade a um poeta como Pessoa, é quando ele ousa afirmar que Poe foi grande como caricatura, como malabarista, como *farceur*[11]. Isto é, como Anti-Herói, a condição que resta ao poeta num ambiente hostil à poesia, um ambiente que não lhe concede mais um lugar de destaque e lhe nega até mesmo as condições de uma vida material digna.

Walter Benjamin retomou essa definição do poeta como herói da modernidade em *Charles Baudelaire, um lírico no auge do capitalismo*[12]. Diz ele: "O poeta encontra o lixo da sociedade nas ruas e, no próprio lixo, seu assunto heroico"; e cita Baudelaire, "despedindo-se deste mundo onde o sonho e a ação vivem a sós". Creio ser dispensável mostrar a afinidade dessas considerações com as do *Livro do desassossego*. Incógnito na multidão da sociedade de massa, o poeta é um anti-herói, visto como um homem qualquer ("sem auréola", dizia Baudelaire, "sem grinalda", dizia Álvaro de Campos), um homem até mesmo desprezado por sua condição pouco relevante. Mas, paradoxalmente, por isso mesmo o poeta é um herói. Sua persistência na atividade poética é um ato de heroísmo na sociedade moderna.

---

10 *"Edgar Poe, ivrogne, pauvre, persécuté, paria, me plaît plus que calme et vertueux, un Goethe ou un W. Scott"* (*ibidem*, p. 336).
11 *Ibidem*, p. 347.
12 Walter Benjamin, *Ein Lyriquer im Zeitalter des Hochcapitalismus*, Frankfurt am Main, Suhrkampf Verlag, 1969 (ed. bras.: *Obras escolhidas III, Charles Baudelaire, um lírico no auge do capitalismo*, trad. J.C. Martins Barbosa & H. Alves Baptista, São Paulo, Brasiliense, 1989).

Hoje, num outro século e outro milênio, Pessoa foi, postumamente, erigido à condição de gênio da literatura moderna. Pelo menos num texto, ele tinha previsto sua celebridade futura:

> Eu, porém, que na vida transitória não sou nada, posso gozar a visão do futuro a ler esta página, pois efectivamente a escrevo; posso orgulhar-me, como de um filho, da fama que terei, porque, ao menos, tenho com que a ter. E quando penso isto, erguendo-me da mesa, é com uma íntima majestade que a minha estatura invisível se ergue acima de Detroit, Michigan, e de toda a praça de Lisboa[13].

Não apenas Pessoa foi reconhecido como um dos maiores poetas do século XX, mas tornou-se personagem de romances, de filmes, de peças de teatro e até de balés. Como figura humana, foi transformado em ícone, inspirador de grandes artistas plásticos. Na sociedade de consumo que é a nossa, tornou-se também boneco de louça e ilustração de *t-shirts* para turistas. Pessoa, que era tão discreto em sua aparência e em seu comportamento, acabou sendo uma caricatura dele mesmo. Isto é, "celebridade", no sentido vulgar de figura conhecida.

Será esta a única acepção de Herói que a época atual permite? Carlyle, apoiando-se em considerações anteriores de Fichte[14], apontava a difusão da imprensa, na forma do mercado livreiro e do jornalismo, como uma das razões da vulgaridade do tempo em que viveram seus Heróis-Homens-de-Letras, Johnson, Rousseau e Burns: "Aquele não era um tempo de Fé — um tempo de Heróis! A própria possibilidade de Heroísmo tinha sido, como foi, formalmente abandonada em todas as mentes. O Heroísmo foi-se para

---

13 Fernando Pessoa. *Livro do desassossego*, op. cit., p. 163.
14 Johann Gottlieb Fichte, *Über das Wesen des Gelehrten* [Sobre a natureza do homem de letras], Conferência 10.

sempre; Trivialidade, Formulismo e Lugar-Comum vieram para ficar" [*That was not an age of Faith — an age of Heroes! The very possibility of Heroism had been as it were, formally abnegated in the minds of all. Heroism is gone forever; Triviality, Formulism and Commonplace were come forever*]. O que dizer, então, do poeta em nossa época de mercado e internet? Carlyle caracteriza seu tempo como "estes dias estridentes" [*these loud-shrieking days*]. E o nosso, então, como chamá-lo? As coisas pioraram ou, como disse Jorge Luis Borges, todo homem considera sua época um "mau tempo para viver"[15].

Em seu último curso no Collège de France, Roland Barthes afirmava que a grande literatura está em vias de morrer, na prática e no ensino. Barthes olhava com admiração e nostalgia os grandes escritores do passado, e observava, em nossos dias:

> Desaparecimento dos *líderes* literários; esta é ainda uma noção social; o líder [é uma] figura na organização da Cultura. Na comunidade dos escritores, uma outra palavra se impõe, menos social, mais mítica: *herói*. Baudelaire acerca de Poe: "um dos maiores heróis literários". É essa Figura — ou essa Força — do Herói literário que hoje se desvitaliza. Se pensarmos em Mallarmé, em Kafka, em Flaubert, e mesmo em Proust, o que é o "heroísmo"? Uma espécie de exclusividade absoluta concedida à literatura: monomania, ideia fixa; mas também, dito de outra forma, uma transcendência, termo pleno de uma alternativa em que o outro termo seria o mundo: a literatura é Tudo, ela é o Tudo do mundo[16].

---

15 Borges escreveu em algum lugar: "Le tocó, como a todos, malos tiempos para vivir".
16 Roland Barthes, *La préparation du roman I et II*, Paris, Seuil-IMEC, 2003, p. 357 (ed. bras.: *A preparação do romance 1 e 2*, São Paulo, Martins Fontes, 2005, p. 313).

Assim foi a Literatura para Pessoa, um mundo maior do que o mundo. E por isso acedeu à celebridade, no sentido nobre da conquista universal de leitores. Não são muito numerosos, atualmente, os indivíduos para quem a literatura é uma atividade sublime e um poeta é um herói. Mas eles continuam existindo, e nós, aqui reunidos, fazemos parte dessa confraria. Uma confraria ainda moderna? Ou ainda romântica?

Carlyle já tinha consciência de que fazia o elogio de uma classe condenada de escritores. Diz ele: "São antes as *Tumbas* de três Heróis Literários que tenho de mostrar a vocês. Aqui estão os escombros monumentais sob os quais estão enterrados três heróis espirituais. Muito fúnebre, mas também grande e cheio de interesse para nós" [*It is rather the* Tombs *of three Literary Heroes that I have to show you. There are the monumental heaps, under wich three spiritual heroes lie buried. Very mournful, but also great and full or interest for us*]. Podemos dizer que Pessoa jaz, hoje em dia, sob uma montanha de comentários. Toda celebração é uma "Tumba". É fúnebre, mas também grande.

A conferência "The Hero as Man of Letters" se encerra com esta espantosa metáfora:

> Segundo Richter, na ilha de Sumatra há uma espécie de "lanterna", grandes pirilampos que as pessoas prendem em espetos, para iluminar com eles o caminho, à noite. Elas podem, assim, deslocar-se com uma agradável radiância, que podem admirar. Honra seja feita aos Pirilampos! [*Richter says, in the Island of Sumatra there is a kind of "Light-chafers", large Fire-flies, wich people stick upon spits, and illuminate the ways with at night. Persons of condition can thus travel with a pleasant radiance, wich they may admire. Great honor to the Fire-flies!*].

O texto se encerra com uma adversativa irônica: "Mas — !" [*But — !*]. Podemos ler este "Mas — !" da seguinte maneira:

apesar de sua preciosa luminosidade, os grandes escritores são desprezados e mesmo sacrificados pela burguesia. No elogio do poeta como heróis já havia o germe do ceticismo que encontraríamos mais tarde em seu leitor português. As considerações de Carlyle sobre os grandes escritores coincidem com suas ideias políticas conservadoras. O elogio dos heróis literários é correlato ao elogio dos grandes homens, como motores da História. Tendo pesquisado as várias fases da Revolução Francesa, e escrito um extenso relato desta, Carlyle chegara à conclusão de que as revoluções terminam em desordem e terror, e que o povo não é capaz de instalar uma democracia. O mesmo ceticismo com relação às massas e ao operariado se manifesta em vários pontos da obra de Pessoa. Até mesmo a defesa da escravatura pelo historiador escocês, coerente com suas convicções elitistas, encontrou algum eco na obra do poeta. Já tem sido demonstrado, por vários estudiosos, que as ideias políticas de Pessoa são complexas, variadas ao longo do tempo e frequentemente paradoxais. Mas algumas de suas posições são recorrentes, e estas são as de um liberal individualista e aristocrático. Outros pensadores ingleses contribuíram para esse ideário, mas não se pode descartar a influência de Carlyle como uma das primeiras e mais persistentes.

City Lights: Lawrence Ferlinghetti*

George Monteiro

Isto rende uma história. Em 1922, um poeta português publica um conto, o qual, cinco décadas e meia depois, é traduzido para o francês. A versão em francês atrai a atenção de um poeta americano que descobriu ter ancestrais portugueses. O americano então escreve um romance que deve muito ao conto português. Posteriormente, o americano, que também é editor, contrata um terceiro poeta que toma para si a tarefa de verter o conto português para o inglês, traduzindo-o não a partir da versão em francês que o poeta-editor admirou, mas a partir do original português. A história começa aqui.

A fama de Lawrence Ferlinghetti como um escritor da Geração Beat — em grande parte estabelecida por seu livro *Um parque de diversões na cabeça*, que vendeu mais de um

---

* Tradução inédita para o português de "City Lights: Lawrence Ferlinghetti", capítulo do livro *The Presence of Pessoa: English, American and Southern African Literary Responses*, Lexington, University Press of Kentucky, 1998, pp. 54-68, por Raphael Valim da Mota Silva e Victoria Nataly Alves Lima; preparação, pesquisa de fontes e tradução das citações sem edição em português, Caio Gagliardi.

milhão de cópias — continua a obscurecer o fato de que, por mais de cinquenta anos, ele dedicou-se à sua dupla carreira como um escritor experimental e como um editor muito influente. No começo da década de 50, tornou-se proprietário da City Lights Bookstore, da qual fora cofundador, e diretor da City Lights Books, fundada no mesmo período.

Foi tanto na posição de escritor quanto na de editor que Ferlinghetti se defrontou com a obra de Fernando Pessoa, uma descoberta que pode estar relacionada às próprias descobertas sobre sua ancestralidade portuguesa. Ferlinghetti já era adulto quando soube que seu avô materno era um tal de Herman Mendes-Monsanto, o filho de um corretor cuja família (descendente de judeus sefarditas oriundos da vila de Monsanto) se estabeleceu na ilha caribenha de São Tomás após emigrar de Portugal[1]. A filha de Herman, Clemence, conheceu seu futuro marido, Carlo Ferlinghetti, em Coney Island nos anos 1890; no entanto, Lawrence só nasceria em 1919 e não seria criado por seus pais. A história de sua criação não convencional, a cargo em grande parte de estranhos, foge ao escopo do meu artigo, mas basta dizer que Ferlinghetti soube dos fatos essenciais de sua herança muito tardiamente e, ainda assim, não em sua completude. Não há referências relativas à história ou à literatura portuguesas em sua obra antes de 1988, quando, em seu septuagésimo ano, esse filho de um italiano com uma judia-portuguesa publicou *Amor nos tempos de fúria*, um romance que se passa em Paris durante as revoltas estudantis de 1968.

Ferlinghetti passou parte de sua infância na França e a ela retornou na década de 1940 para estudar na Universidade de Paris, onde obteve seu doutorado em 1949. No verão de 1985, voltou a Paris para pintar. Entretanto, acabou fazendo algo a mais: "Eu continuei a me deparar

---

[1] Rui Ferreira e Sousa, "Lawrence Ferlinghetti: vivemos na era dos robotechs", *Jornal de Letras*, n. 6 (20 jul. a 3 ago., 1986), p. 7.

com pessoas que conheci em Paris em 68" — disse ele — "o que me fez começar a pensar o romance [*Amor nos tempos de fúria*]. Então eu realmente me envolvi em pesquisas relacionadas a ele. Fui ao Musée de Pompidou, onde eles têm uma grande biblioteca de periódicos, e pude procurar em microfilme todos os periódicos franceses acerca da revolução estudantil de 68. Então eu gastei todo o meu tempo lendo edições de jornais e revistas daquele período entre janeiro de 68 e o decorrer do verão no mesmo ano"[2]. A princípio, Ferlinghetti tentou escrever seu romance em francês, mas achou difícil manter a língua quando atentou, como ele mesmo disse, aos seus pormenores. Optou então pelo inglês e, depois de um falso começo de narrativa — no qual conta a história na primeira pessoa do singular, do ponto de vista de uma mulher —, completou seu romance usando a terceira pessoa do singular. O biógrafo de Ferlinghetti não nos conta em que momento Pessoa passou a figurar entre os pensamentos do poeta americano no que concerne ao seu romance de amor e fúria. Contudo, pode-se suspeitar que Ferlinghetti, sempre um anarquista filosófico cauteloso, tivesse Pessoa em mente desde o início, pois o discurso sociopolítico do conto de Pessoa, publicado em 1922, perpassa o texto de *Amor nos tempos de fúria*. Ferlinghetti reconhece sua dívida literária ao dedicar seu livro a "Fernando Pessoa, cujo banqueiro anarquista", ele admite, "prefigurou" o seu próprio[3].

Bela como tal, a dedicatória é potencialmente enganosa, pois a noção de prefiguração falha em transmitir adequadamente a natureza e a extensão da dívida do escritor americano ao poeta modernista português. A relação entre "O banqueiro anarquista" de Pessoa e o romance de Ferlinghetti é muito mais direta e familiar, uma vez que a personagem a

---

[2] Lawrence Ferlinghetti *apud* Barry Silesky, *Ferlinghetti: the Artist in His Time*, Nova Iorque, Warner Books, 1990, p. 228.
[3] *Idem*, "Dedicatória", *in*: *Amor nos tempos de fúria*, trad. Rodrigo Breunig, Porto Alegre, L&PM, 2012.

quem Ferlinghetti batiza de Julian Mendes, um português nativo trabalhando como banqueiro em Paris, reinventa, por vezes com detalhes, as noções políticas e econômicas do anarquista incrivelmente complacente de Pessoa[4]. Não precisamos repassar os detalhes da apologia, por parte do banqueiro não nomeado de Pessoa, ao seu posicionamento surpreendentemente coerente como um verdadeiro teorista prático do anarquismo para constatarmos que o banqueiro português na Paris de 1968 se apropriou descaradamente (e sem qualquer reconhecimento ou, talvez, conhecimento) dos argumentos do anarquista pessoano. Seria interessante saber exatamente quando Ferlinghetti se deparou com "O banqueiro anarquista" de Pessoa e em qual língua. Decerto, ele não precisou lê-lo no original em português, pois em 1978 o conto já estava disponível em sua tradução francesa[5]. Não haveria tradução para o inglês até, anos depois, o próprio Ferlinghetti comissionar uma.

Indubitavelmente, o conto de Pessoa atraiu Ferlinghetti menos como uma fonte de novas ideias e mais como uma corroboração de algumas de suas próprias. Deve ter havido um choque de autorreconhecimento no autorretrato fornecido pelo banqueiro anarquista de Pessoa, o qual insiste que é um anarquista que se tornou banqueiro e não um banqueiro que se tornou anarquista; afinal, Ferlinghetti por vezes se descreve como um artista-anarquista que se tornou editor e livreiro. No conto de Pessoa, Ferlinghetti descobriu

---

[4] Já em 1978, Ferlinghetti identifica-se com seu avô materno ao nomear como "Mendes Monsanto" o editor do quarto número do *City Lights Journal*; e, em 1983, ele assina como Mendes Monsanto o prefácio de *Leaves of Life: Fifty Drawings from the Model*, uma seleção de sua própria obra (Barry Silesky, *Ferlinghetti, op. cit.*, pp. 212-213).

[5] Fernando Pessoa, "Le banquier anarchiste", trad. A. Coyne, *Exits 819* , primavera/verão 1978; listado em José Blanco, *Fernando Pessoa: esboço de uma bibliografia*, Lisboa, Imprensa Nacional-Casa da Moeda, p. 465. A tradução de Joaquim Vital — "Le banquier anarchiste" (Paris, Litterature/ Editions de la Différence, 1988) — apareceu no ano em que Ferlinghetti publicou *Amor nos tempos de fúria*.

não apenas um texto que poderia reescrever amoldando a si mesmo, mas também um possível alter ego na figura do banqueiro pessoano, uma versão um tanto quanto exagerada de si mesmo não como um artista-anarquista, mas como um empresário-anarquista.

Ao escolher "City Lights" como nome para seu projeto de São Francisco, Ferlinghetti estava indubitavelmente prestando homenagem a Paris. Para ele, o nome pode ser a lembrança viva de sua afeição duradoura, pessoal e precoce à Cidade Luz. Modelada a partir de exemplos franceses, a iniciativa City Lights seria, desde o início, tanto uma empreitada capitalista — vender livros para obter lucro — quanto uma jornada artística — publicar poesia e literatura que estivessem de acordo com os ideais estéticos e políticos de Ferlinghetti. Sua livraria recriaria no Novo Mundo o que ele admirava na Cidade Luz. Dessa forma, ele ganharia a vida em meio ao mundo burguês americano e continuaria a trabalhar em direção à mudança efetiva desse mundo por meio daquilo que poderia subvertê-lo: criação, propagação e disseminação da literatura. O fato de, desde cedo, ter obtido uma editora — New Directions — para a própria obra, editora cuja missão era declaradamente mais estética e cultural do que política, não comprometeria seus ideais nem trairia suas intenções. Ao contrário, dar à sua obra um lar "seguro" no mundo das letras relativamente confortável que a New Directions lhe fornecia (sua reputação por promover as luzes menos comerciais do Modernismo e as obras de vanguarda mais seguras não serve de contraponto a isso) permitiu que ele aparentemente publicasse com maior independência e mesmo autoridade legal a literatura "revolucionária" que se adequava a seus propósitos políticos em longo prazo. Em suma, ele desenvolveu um *modus vivendi* que lhe permitiu manter-se como um editor independente sem comprometer sua situação como um membro autossuficiente de sua sociedade. Tal entendimento pode ajudar a explicar o que Ferlinghetti quis dizer quando descreveu a si mesmo como "um anarquista em meio a supervisores"[6].

Enquanto Ferlinghetti provavelmente encontrou, na representação de um anarquista proposta por Pessoa, um razoável equivalente intelectual e político de si mesmo, na figura de Julian Mendes, ele parece ter desenhado um retrato ainda mais acurado. Alto funcionário no Banco da França, Julian carrega parte do sobrenome do avô materno de Ferlinghetti (Mendes-Monsanto). Enquanto o conto bastante estático de Pessoa é dramatizado apenas raramente como uma conversa após o jantar (um monólogo, na verdade), Ferlinghetti delineia uma história de amor entre o seu banqueiro e Annie — uma artista americana que vive em Paris, a qual, aos quarenta, é quinze anos mais nova que Mendes — que se desenrola diante das revoltas trabalhistas e estudantis em Paris na primavera de 1968. Esse recorte histórico permite que Ferlinghetti mostre sua própria compreensão sobre como um homem de negócios dos dias modernos poderia insistir em ser levado a sério como um anarquista prático.

Assim como o banqueiro de Pessoa, a personagem de Ferlinghetti tem de fazer um relato autobiográfico sobre como se tornou, primeiro, um anarquista e, depois, um banqueiro. Assim como o protagonista não nomeado de Pessoa encontra a necessidade de explicar seus princípios anarquistas, a fim de justificar sua própria visão de si como um anarquista tanto teórico quanto prático, também Julian Mendes lança mão dos mesmos pontos estratégicos ao responder às questões céticas de sua amada, que vê disparidades óbvias no que Mendes pretende acreditar e na forma como escolheu viver sua vida.

"Ora, o que é um anarquista?", pergunta o banqueiro de Pessoa. "É um revoltado contra a injustiça de nascermos

---

6 Lawrence Ferlinghetti, "Director of Alienation", *apud* Barry Silesky, *Ferlinghetti, op. cit.*, p. 195.

desiguais *socialmente*", responde⁷. Seu intuito é estabelecer uma "sociedade livre" por meio de "uma propaganda intensa, completa, absorvente", a qual irá "predispor todos os espíritos e enfraquecer todas as resistências", para que assim seja feita a passagem da sociedade burguesa para a sociedade livre. O banqueiro explica que por "propaganda" ele não se refere simplesmente à "palavra escrita e falada". Ele se refere a "tudo, acção indirecta ou directa, quanto pode predispor para a sociedade livre e enfraquecer a resistência à sua vinda". O resultado será que, "não tendo quase resistências nenhumas que vencer, a revolução social, quando viesse, seria rápida, fácil, e não teria que estabelecer nenhuma ditadura revolucionária, por não ter contra quem aplicá-la". Mas o que um anarquista quer? Ele "quer ser livre tal qual nasceu e apareceu no mundo, que é como em justiça deve ser; e quer essa liberdade para si e para todos os mais"⁸.

Mas há um porém: a Natureza não faz todas as pessoas iguais, "uns nascem altos, outros baixos, uns fortes, outros fracos, uns mais inteligentes, outros menos..."⁹, embora em todos os outros aspectos os seres humanos possam ser iguais. O que impede essa igualdade são as "ficções sociais", que precisam ser destruídas. Ademais, a igualdade social é difícil de ser alcançada, pois alguns homens "iam insensivelmente para chefes", enquanto outros, "insensivelmente para subordinados"¹⁰. O banqueiro anarquista explica valendo-se de um exemplo:

> Uns eram chefes por imposição; outros eram chefes por manha. No facto mais simples isto se via. Por exemplo: dois

---

7 Utilizamos para as citações de "O banqueiro anarquista" a seguinte edição: *Prosa publicada em vida*, ed. Richard Zenith, coleção Obra essencial de Fernando Pessoa, v. 3, Lisboa, Assírio & Alvim, 2006, p. 52. [N.O.]
8 *Ibidem*, p. 59.
9 *Ibidem*, p. 59.
10 *Ibidem*, p. 64.

> dos rapazes iam juntos por uma rua fora; chegavam ao fim da rua, e um tinha que ir para a direita e outro para a esquerda; cada um tinha conveniência em ir para seu lado. Mas o que ia para a esquerda dizia para o outro, "venha v. comigo por aqui"; o outro respondia, e era verdade, "Homem, não posso; tenho que ir por ali" por esta ou aquela razão... Mas afinal, contra sua vontade e sua conveniência, lá ia com o outro para a esquerda... Isto era uma vez por persuasão, outra vez por simples insistência, uma terceira vez por um outro motivo qualquer assim... Isto é, nunca era por uma razão lógica; havia sempre nesta imposição e nesta subordinação qualquer coisa de espontâneo, de como que instintivo...[11].

O resultado é que, no "estado social presente", não há possibilidade de ação colaborativa efetiva nos agrupamentos humanos,

> por bem intencionados que estejam todos, por preocupados que estejam todos só em combater as ficções sociais e em trabalhar pela liberdade, trabalharem juntos sem que espontaneamente criem entre si tirania, sem criar entre si uma tirania nova, suplementar à das ficções sociais, sem destruir na prática tudo quanto querem na teoria, sem involuntariamente estorvar o mais possível o próprio intuito que querem promover[12].

O que tem de ser feito é "muito simples", responde o banqueiro. Os homens devem trabalhar para o mesmo fim, mas fazê-lo *"separados"*.

> Trabalhando assim separados e para o mesmo fim anarquista, temos as duas vantagens — a do esforço conjunto e a da

---

11 *Ibidem*, p. 64.
12 *Ibidem*, p. 68.

não criação de tirania nova. Continuamos unidos, porque o estamos moralmente e trabalhamos do mesmo modo para o mesmo fim; continuamos anarquistas, porque cada um trabalha para a sociedade livre; mas deixamos de ser traidores, voluntários ou involuntários, à nossa causa, deixamos mesmo de poder sê-lo, porque nos colocamos, pelo trabalho anarquista isolado, fora da influência deletéria das ficções sociais, no seu reflexo hereditário sobre as qualidades que a Natureza deu.

É claro que toda esta táctica se aplica ao que eu chamei o *período de preparação* para a revolução social. Arruinadas as defesas burguesas, e reduzida a sociedade inteira ao estado de aceitação das doutrinas anarquistas, faltando só fazer a revolução social, então, para o golpe final, é que não pode continuar a acção separada. Mas, nessa altura, já a sociedade livre estará virtualmente chegada; já as coisas serão de outra maneira. A táctica a que me refiro só diz respeito à acção anarquista em meio da sociedade burguesa, como agora, como no grupo a que eu pertencia[13].

É assim que a humanidade deve se preparar para o advento de uma sociedade livre através da "acção indirecta, isto é, a propaganda, e [d]a acção directa, de qualquer espécie".

O banqueiro ainda insiste que um indivíduo não pode destruir as ficções sociais, que somente uma revolução pode fazê-lo, embora um indivíduo possa subjugar uma ficção social. No tempo em que vive, ele insiste, o mais importante das ficções sociais é o dinheiro. A questão é, então, simplesmente aprender como se libertar da influência e do poder do dinheiro. Parodiando o argumento naturalista de Alberto Caeiro, o banqueiro rejeita o "processo mais simples" que é afastar-se da sociedade, retirar-se

---

13 *Ibidem*, pp. 68-69.

"da esfera da sua influência, isto é, da civilização; ir para um campo comer raízes e beber água das nascentes; andar nu e viver como um animal". Isso não funcionará. "Mas isto, mesmo que não houvesse dificuldade em fazê-lo, não era combater uma ficção social; não era mesmo combater: era fugir. Realmente, quem se esquiva a travar um combate não é derrotado nele. Mas moralmente é derrotado, porque não se bateu. O processo tinha que ser outro — um processo de combate e não de fuga. Como subjugar o dinheiro, combatendo-o? Como furtar-me à sua influência e tirania, não evitando o seu encontro?"[14].

A resposta é simples. "O processo era só um — *adquiri-lo*, adquiri-lo em quantidade bastante para lhe não sentir a influência; e em quanto mais quantidade o adquirisse, tanto mais livre eu estaria dessa influência"[15].
Somente quando o suposto anarquista perceber isso claramente, com todo o poder de suas convicções como anarquista e com toda a sua lógica como ser lúcido, ele poderá embarcar na "fase actual — comercial e bancária, meu amigo —"[16] de seu anarquismo. E o processo funcionará, pois tornando-se "superior à força do dinheiro", argumenta o banqueiro, ele conseguirá liberdade para si mesmo. Se não pode, trabalhando sozinho, alcançar liberdade para todos — as ficções sociais só podem ser destruídas por meio da revolução —, pode, no entanto, dar esse primeiro passo crucial, pois esse banqueiro é diferente daqueles anarquistas que assim o são apenas na teoria. "Eles são anarquistas místicos"; enquanto ele, "científico", o é "na teoria e na prática"[17].
O principal aspecto que diferencia o banqueiro de Ferlinghetti do de Pessoa faz toda a diferença. "Estou à

---

14 *Ibidem*, p. 73.
15 *Ibidem*, p. 73.
16 *Ibidem*, p. 73.
17 *Ibidem*, p. 77.

espera/ duma guerra que virá/ preparando o mundo/ para a anarquia"; as palavras que Ferlinghetti outrora escrevera em um poema poderiam ser aquelas de seu banqueiro na Paris de 1968[18]. Como se rememorasse suas altas expectativas como anarquista naquela primavera de Paris, quando muitos pareceram sentir que a propaganda anarquista tinha finalmente germinado e produzido uma revolução genuína, o autor de *Amor nos tempos de fúria* escreve elegiacamente acerca desses eventos que se iniciaram com tão alta promessa revolucionária, mas que acabaram muito mal. O banqueiro anarquista de Pessoa admitiu que sua estratégia de trabalhar "individualmente" é pertinente apenas ao *"período de preparação* para a revolução social" — "arruinadas as defesas burguesas, e reduzida a sociedade inteira ao estado de aceitação das doutrinas anarquistas, faltando só fazer a revolução social, então, para o golpe final, é que não pode continuar a acção separada"[19]. O trabalho individual direcionado à destruição das ficções sociais, tendo contribuído para a ação geral da propaganda destrutiva, será, então, abandonado diante da necessidade maior de dar o golpe final. O banqueiro de Pessoa nunca explica o que poderá ser esse golpe final e colaborativo, nem como, quando chegar o momento, um indivíduo poderá ser convocado para participar de sua aplicação. O banqueiro de Ferlinghetti, porém, se encontra no exato momento da história em que se sente intimado a aplicar tal golpe. Quando sua amante pergunta (em meio à "revolução" que ambos acreditam estar bem evidente diante dos olhos) se agora ele irá abandonar aquela estratégia da ação individual, que ela considera hipócrita, em favor da aplicação de um golpe que beneficiará a todos, ele finalmente reconhece que a história o colocou contra a parede.

---

18 Lawrence Ferlinghetti, "Estou à espera", *in: Um parque de diversões na cabeça*, trad. Eduardo Bueno e Leonardo Fróes, Porto Alegre, L&PM, 1984. [N.O.]
19 Fernando Pessoa, "O banqueiro anarquista", *op. cit.*, p. 68.

De acordo com os seus supostos princípios anarquistas, não é esta a famosa hora da insurreição de que você sempre fala, ela questiona, "o exato momento em que você finalmente pode agir, o momento pelo qual você estava esperando? Não é este *o* momento em que você finalmente tem que parar de "agir sozinho" e começar a agir com todos os outros, para que possamos realmente assumir o controle?"[20].

Ele hesita, refletindo sobre as coisas, procrastina, aponta para o símbolo natural da tirania na interação de dois passarinhos, e, então, decide. "*Chegou* o momento, e realmente pode dar certo dessa vez"[21]. Seu plano, ele revela, consiste em explodir aquele vagão do trem que carrega "uma parte enorme dos bens mais valiosos do Banco da França" para a segurança de "um cofre secreto no interior"[22].

Sessenta anos após a sua primeira publicação, "O banqueiro anarquista" foi reeditado em Lisboa. Acompanhando o texto de Pessoa, havia um ensaio introdutório, "Fernando Pessoa, o mito e a realidade", assinado por "K., *Sine Nomine Vulgus*"[23]. Os motivos por trás da republicação do conto de Pessoa são subversivos, conforme K., que assina de Bruxelas, torna dolorosamente óbvio: "Fernando Pessoa em Portugal, e mesmo em outros espaços geográficos, levou até a exaustão a negatividade social, a incapacidade em compreender o mundo em que viveu, e sobretudo... sobretudo a possibilidade da sua subversão"[24]. De fato, "o homem

20 Lawrence Ferlinghetti, *Amor nos tempos de fúria*, op. cit., p. 102.
21 *Ibidem*, p. 103.
22 *Ibidem*, p. 105.
23 Trata-se de Carlos K. Debrito, autor de vários livros pela mesma editora, de acordo com Burghard Baltrusch em "*O banqueiro anarquista* e a construção heteronímica de Fernando Pessoa: uma proposta de reavaliação", *Lusorama: Revista de Estudos sobre os Países de Língua Portuguesa*, Frankfurt, maio 2010, pp. 39-65. A cópia eletrônica do referido prefácio me foi enviada por Pedro Sepúlveda, da Biblioteca Nacional de Portugal. [N.O.]
24 Carlos K. Debrito, "Fernando Pessoa: o mito e a realidade", *in: Fernando Pessoa: O banqueiro anarquista*, Lisboa, Antígona, 1982, p. 9. [N.O.]

individual nunca poderá existir", ele analisa, uma vez que "ou somos um conjunto de indivíduos na vivência de paixões colectivas, fruto do desejo de cada um, ou seremos condenados para sempre à tristeza medíocre dos Pessoas e das suas obras"[25]. Ao denominá-lo "um poeta que não sabe o que é a Poesia", K. faria o tiro de Pessoa sair pela culatra, aplicando-lhe o paradoxo da poesia que o poeta apresentou em "Autopsicografia", reelaborado, porém, em termos políticos: "E finge tão completamente, que chega a fingir que é reaccionarismo, o reaccionarismo que deveras sente"[26].

Estranhamente, "O banqueiro anarquista" não tem sido explorado pelos leitores que procuram evidências das ideias políticas próprias do poeta português[27]. Os editores de Pessoa, com uma grande quantidade de material político não ficcional disponível, geralmente se contentam em classificar "O banqueiro anarquista" como um dos chamados contos de raciocínio pessoanos, desencorajando, desse modo, aqueles leitores que podem, de outra maneira, vê-lo como o *locus* das ideias políticas de Pessoa. Ademais, a ficção pessoana, geralmente breve na caracterização — "O banqueiro anarquista" não é exceção —, é longa no que se refere às ideias e aos conceitos. Faz sentido, obviamente, considerar o texto como uma obra ficcional de certa complexidade narrativa. Embora a maior parte do conto consista em uma longa declaração por parte do banqueiro não nomeado, na qual ele explica suas origens e como continua sendo um verdadeiro anarquista, sua fala está contida na narrativa retrospectiva de seu companheiro. O banqueiro dá prosseguimento a seu raciocínio por meio de um argumento que pretende demonstrar sua posição como um verdadeiro anarquista nas ideias e na prática. Várias questões

---

25 *Ibidem*, pp. 11-12.
26 *Ibidem*, p. 12.
27 Uma exceção é "On Logical Contradictions and Contradictory Logic: Fernando Pessoa's *O banqueiro anarquista*", de Ellen Sapega, *Luso-Brazilian Review*, 26, verão 1989, pp. 111-118.

podem, honestamente, ser feitas. O banqueiro fala sincera e francamente? Ele acredita que o que é e o que faz o tornam um autêntico anarquista? Está sendo deliberadamente mentiroso, usando uma lógica paródica e uma sofisticação descarada para validar sua própria avidez capitalista? Está meramente exibindo sua habilidade para virar pensamentos do avesso, para fazê-los significar seu oposto ou pior? Está, enquanto fuma, apenas soltando fumaça para enganar seu inquisitivo companheiro de jantar? A intenção do autor é subtrair todos os argumentos a favor de uma forma de anarquismo que vai além da conversa e da bomba? Ele aprova a visão do banqueiro de que o anarquismo significa liberdade e que somente o indivíduo pode alcançar liberdade? O domínio sobre o dinheiro, uma vez que este tenha sido assegurado, conduz à conquista da liberdade individual, como o banqueiro defende? Resumindo, qual é a postura do autor em relação às ideias e à prática do banqueiro?

Amor nos tempos de fúria se encerra de modo inconclusivo, com Annie em uma região afastada do oeste da França (na fronteira espanhola, ou do outro lado dela), aguardando a chegada de Julian. Ele apenas lhe disse que a bomba que está carregando será usada para explodir o trem que leva materiais importantes do Banco da França para um lugar secreto, protegido das incursões da revolta trabalhista e estudantil francesa. A destruição desse trem, ele insinua, irá, de fato, desmantelar a própria base do sistema burguês na França. Mas não sabemos se Julian se juntará a Annie (que foi guiada ao ponto de encontro por Caiero, amigo de Julian que carrega o nome do heterônimo pessoano, em uma versão mal aplicada e mal escrita); não sabemos nem se ele tem a intenção de fazê-lo; se sobrevive ao bombardeio do trem; se, de fato, ativa a bomba; se verdadeiramente pretende explodir o trem ou se está apenas enganando Annie com sua história; se tem mesmo uma bomba que pode carregar para dentro do trem; se realmente se considera um anarquista; e assim por diante. Obviamente, ao leitor falta a informação necessária para determinar a posição do próprio autor no que diz respeito às ideias sobre o anarquismo aderidas pelo seu banqueiro.

Além de se apropriar do protagonista pessoano — o banqueiro anarquista —, Ferlinghetti também toma emprestado os argumentos sobre liberdade pessoal e anarquismo teórico e prático. Distinguindo a desigualdade natural dos homens (contra a qual nada pode ser feito) da desigualdade social que emerge entre eles (a qual pode, potencialmente, ser erradicada), o banqueiro de Ferlinghetti estabelece que o Estado deve ser combatido sempre, pois todos os governos são opressores. Para se opor às convenções sociais de forma bem-sucedida, deve-se reconhecer que, por mais habituais que sejam, elas são artificiais. Ignorados como tal, esses hábitos se tornam fonte da tirania que os homens exercem sobre outros homens sempre quando eles tentam trabalhar juntos.

> Se alguém aqui dissesse Vá para a Direita e outro Vá para a Esquerda, escolhíamos a direção daquele que parecia saber mais do que os outros, et cetera. Mas quanto mais a nossa rede clandestina crescia, mais poder os nossos líderes tinham sobre todos na clandestinidade. E assim estávamos criando nosso próprio conjunto de controles, com a desculpa de que eles eram necessários por algum tempo, só um pouquinho de exercício temporário de poder sobre os outros, pelo bem comum, é claro. O problema é que o poder supostamente temporário da polícia nunca chega a enfraquecer como se espera[28].

A chave para a prática do anarquismo, como reconhece o banqueiro de Ferlinghetti, é que os homens trabalhem pela liberdade, porém, separadamente:

> Trabalhar para o mesmo fim, mas trabalhar em separado! Sim, era isso, era exatamente isso. Trabalhando em separa-

---

28 Lawrence Ferlinghetti, *Amor nos tempos de fúria*, op. cit., p. 80.

do todos seríamos livres em separado. E agir em separado oferecia a vantagem do segredo completo, que não podíamos ter num grupo. É claro que percebi que isso só podia funcionar nos estágios iniciais e que o "golpe" final só poderia ser atingido se agíssemos juntos. Mas estávamos muito longe disso![29].

Julian nos conta que testou suas novas ideias em seus companheiros anarquistas, mas eles rejeitaram-nas e castigaram-no. Ele, então, colocou suas ideias em prática "associando-se" ao sistema bancário:

> Se eu estava determinado a derrotar aquele sistema maldito, como eu o concebia, com todas as suas práticas sujas, por que ficaria contestando meus métodos? Eu estava trabalhando pela liberdade em meio a toda aquela confusão perversa, e ficaria criticando o tipo de armas que usaria para atacar? O anarquista idiota disparando bombinhas odiosas a esmo nas ruas sabe muito bem que vai matar gente, mesmo que suas teorias anarquistas excluam a pena de morte. Ele viola seus princípios mas está certo moralmente porque espera que seu ato de violência traga um futuro melhor, e eu queria derrotar a repressão e a pobreza e estabelecer um Estado perfeito, e para tanto lancei mão de todos os meios possíveis, sem criar *novos* males, é claro. Eu me libertei do sistema a partir da raiz de tudo, o dinheiro! Tendo conquistado a raiz do mal, me libertei...[30].

Esse discurso oferece a evidência para desmascarar um banqueiro fraudulento que afirma ser anarquista ou para reconhecer nele um anarquista prático que se torna banqueiro a fim de perceber o potencial de suas teorias ao colocá-las em ação?

---

29 *Ibidem*, p. 81.
30 *Ibidem*, pp. 85-86.

No ano de 1922, no qual Pessoa publicou "O banqueiro anarquista", a República Portuguesa encontrava-se em seu tumulto político costumeiro, com governos caindo, uns após os outros, como pinos de boliche. Antes que a década terminasse, no entanto, o experimento de vinte e tantos anos de Portugal com o republicanismo democrático, embora não amplamente percebido como tal, havia efetivamente acabado e não retornaria pelo próximo meio século. A tomada do poder pelos militares em 1928, vista como um interregno, acabou sendo-o somente no sentido de que a ditadura militar logo daria lugar a uma ditadura fascista incipiente, encabeçada por António Salazar, um economista recrutado da Universidade de Coimbra. Que o andaime para o *Estado Novo*, como seria chamado, já estava a postos e que o edifício em si duraria quase cinco décadas não era óbvio para ninguém. Em verdade, há alguma evidência de que Pessoa, à primeira vista, como a maioria dos portugueses, acolheu a ordenação política e econômica recentemente estabelecida na nação pelo Dr. Salazar e seu regime. Mas a aprovação do Estado Novo por parte de Pessoa não duraria. Já em 1935, ele escreveu uma forte defesa das "sociedades secretas", das ordens maçônicas em particular, as quais estavam sob ataque direto. Tentou publicar tal defesa anonimamente, mas ela acabou aparecendo sob sua assinatura. Naquele verão, poucos meses antes de sua morte, ele escreveu poemas satíricos sobre a personalidade de Salazar e sobre o Estado Novo, os quais, como ele sabia, não poderiam ser publicados enquanto Salazar governasse o país. Um desses poemas, com uma linha faltando na última estrofe, é uma elegia satírica direcionada ao povo português vivendo no Estado Novo:

Meu pobre Portugal,
Dóis-me no coração.
Teu mal é o meu mal
Por imaginação.

Tão fraco, tão doente,
E com a boa cor
Que a tísica põe quente
Na cara, o exterior.

Meu pobre e magro povo
A quem deram, às peças,
Um fato em estado novo
Para que o não pareças!

Tens a cara lavada,
Um fato de se ver
Mas não te deram nada,
Coitado, que comer.

E aí, nessa cadeira,
Jazes, apresentável.
(...)
O transeunte amável[31].

Salazar não aparece no conto pessoano sobre o anarquismo. O banqueiro de Pessoa foi impresso uns bons cinco anos antes de o Dr. Salazar aparecer no cenário nacional. Escrevendo na década de 1980, Ferlinghetti, no entanto, tem a oportunidade de trazer à sua história de 1968 as "notícias" sobre o regime aparentemente interminável de Salazar, bem como sobre outros regimes fascistas europeus. Seu banqueiro discute sua ideia de anarquismo tendo como pano de fundo o fascismo de Salazar. "Para que tipo de antifascismo estávamos trabalhando afinal de contas?", pergunta o banqueiro franco-português, sabendo a resposta:

---

31 Fernando Pessoa, *Pessoa inédito*, coord. e pref. Teresa Rita Lopes, Lisboa, Livros Horizonte, 1993, p. 235. [N.O.]

A razão pela qual o Estado acaba vitimando pessoas é que o Estado cristaliza todas as nossas convenções sociais, e essas convenções são em si mesmas falsas, não são leis naturais, são adquiridas. Como portar armas... Não nascemos portando armas, não nascemos em uniformes de polícia, não nascemos usando máscaras de gás e carregando porretes para revoltas; é um costume que criou raízes em nós, então quase parece natural, e depois passa a ser "natural" que nos matemos uns aos outros com armas em nome da lei e da ordem e do bom senso, e assim passa a ser perfeitamente natural que nos matemos *en masse* periodicamente, para preservar a lei e a ordem, para proteger nossa propriedade, nosso grupo, nosso bando, nossa nação, nossa tribo, nosso seja lá o que for. A propriedade em si não é algo natural que nos acompanha desde que saímos do ventre, mas ela começa a *parecer* natural, com as leis de transmissão que criamos[32].

Então ele passa a refletir sobre como a "naturalização" das leis que governam a propriedade evolui "naturalmente" para os governos "naturais" e seus líderes.

E assim passa a ser natural governar as pessoas mais e mais, pelo "bem da maioria", como dizem... e Franco passa a ser natural, Mussolini passa a ser natural. E assim toda essa enorme estrutura que construímos é uma ficção social que acaba por nos tiranizar. (...) [Eu] sabia que o sistema só seria abalado quando ocorresse uma insurreição súbita. Só que a mesma coisa aconteceria de novo: outro bando tomaria o poder e criaria suas próprias regras, e estas seriam institucionalizadas, e eis que nada mudaria, teríamos outra mentira monstruosa, uma mentira organizada, feita de puro pano, ou puro papel, todo um novo palácio de papel, todo um novo castelo de cartas, impressas com os timbres recentes de quem

---

32 Lawrence Ferlinghetti, *Amor nos tempos de fúria*, op. cit., p. 76.

estivesse no poder. Dessa vez seria o nosso bando, mas ainda assim tudo daria no mesmo..."[33].

Qualquer pessoa familiarizada com "O banqueiro anarquista" perceberá, de imediato, que o pensamento ordenado de Julian Mendes acerca do anarquismo acompanha de perto o do banqueiro de Pessoa, que insiste: "O mal verdadeiro, o único mal, são as convenções e as ficções sociais, que se sobrepõem às realidades naturais". Quanto às referências aos ditadores espanhóis, italianos, alemães e portugueses do século XX, eis as observações do banqueiro de Pessoa:

> De modo que o que sai de uma ditadura revolucionária — e tanto mais completamente sairá quanto mais tempo essa ditadura durar — é uma sociedade guerreira de tipo ditatorial, isto é, um despotismo militar. Nem mesmo podia ser outra coisa. E foi sempre assim. Eu não sei muita história, mas o que sei acerta com isto; nem podia deixar de acertar. O que saiu das agitações de Roma? O império romano e o seu despotismo militar. O que saiu da Revolução Francesa? Napoleão e o seu despotismo militar. E você verá o que sai da Revolução Russa... Qualquer coisa que vai atrasar dezenas de anos a realização da sociedade livre...[34].

A dívida original de Ferlinghetti para com Pessoa em *Amor nos tempos de fúria* parece ter sido maior do que a versão final indica. Ele foi persuadido a deletar "algumas das conversas teóricas do banqueiro anarquista, que foram tiradas diretamente do livro-modelo, 'O banqueiro anarquista', de Fernando Pessoa"[35]. James Laughlin, seu antigo editor na New Directions, sugeriu cortes ainda mais radicais.

---

33 *Ibidem*, pp. 76-77.
34 Fernando Pessoa, "O banqueiro anarquista", *op. cit.*, p. 57.
35 Barry Silesky, *Ferlinghetti*, *op. cit.* p. 228.

Ele queria que o próprio banqueiro anarquista fosse substituído — ao modo de Ezra Pound — por "um banqueiro de crédito social"[36]. Laughlin não percebeu que a combinação do "anarquismo" com o sistema bancário era a chave para o que Ferlinghetti queria do texto de Pessoa. Foi o que lhe permitiu orquestrar sua "profunda desconfiança de todos os governos e suas incursões à liberdade individual"[37]. Pela primeira vez, Laughlin recusou um manuscrito de Ferlinghetti.

Pessoa não reimprimiu "O banqueiro anarquista" depois de sua primeira publicação em 1922. Em 1935, porém, ele falou em lançar uma versão em inglês de seu conto. Disse a Adolfo Casais Monteiro que estava trabalhando em uma "versão inteiramente remodelada" que ele iria primeiro reimprimir e depois traduzir para o inglês. A história tinha "probabilidades europeias", pensou Pessoa, e ele próprio a veria publicada na Inglaterra[38]. Por correspondência, em 20 de janeiro, Casais Monteiro sugeriu que o escritor britânico Richard Aldington servisse de intermediário para Pessoa em Londres. Mas Pessoa respondeu que tinha outra pessoa em mente, a qual poderia agir em seu nome. "Se na obra houver capacidade de interesse para o mercado inglês," ele continua, "o agente literário a quem eu a enviar a colocará mais tarde ou mais cedo"[39]. Nada resultou dos planos de Pessoa. Em menos de um ano, o poeta estava morto. Somente em 1988, a primeira tradução inglesa de "O banqueiro anarquista" apareceu, sob o selo da City Lights Books. Ela foi incluída em *Always Astonished*, uma seleção da prosa de Pessoa feita por Edwin Honig, que também traduziu textos pessoanos não disponíveis em inglês. Mas o plano original, uma iniciativa de Ferlinghetti, era apenas a publicação do "The Anarchist Banker".

36 *Ibidem*, p. 229.
37 *Ibidem*, p. 135.
38 Carta a Adolfo Casais Monteiro, de 13 de janeiro de 1935.
39 Carta a Adolfo Casais Monteiro, de 20 de janeiro de 1935.

Quando, onde e como ela passa

Richard Zenith

QUANDO ELA PASSA[1]

Quando eu me sento à janela
P'los vidros que a neve embaça
Vejo a doce imagem dela
Quando passa... passa... passa...

- - -

Nesta escuridão tristonha
Duma travessa sombria
Quando aparece risonha

---

[1] Para além de atualizar a ortografia na transcrição do poema em análise, acrescentei um ponto final após o segundo verso da quinta estrofe e, no quarto verso da mesma estrofe, alterei "As" para "Às". No original, o poema é precedido pelas indicações "Para música", em letras pequenas, e "(Fragmento)". *In*: Fernando Pessoa, *Poesia do eu*, Obra essencial de Fernando Pessoa, v. 2, ed. Richard Zenith, Lisboa, Assírio & Alvim, 2006, pp. 460-461.

Brilha mais qu'a luz do dia.
Quando está noite cerrada
E contemplo imagem sua
Que rompe a treva fechada
Como em reflexo da lua,

Penso ver o seu semblante
Com funda melancolia
Qu'o lábio embriagante
Não conheceu a alegria.

E vejo curvado à dor
Todo o seu primeiro encanto.
Comunica-mo o palor
Às faces, aos olhos pranto.

Todos os dias passava
Por aquela estreita rua
E o palor que m'aterrava
Cada vez mais s'acentua.

Um dia já não passou
O outro também já não
A sua ausência cavou
F'rida no meu coração.

Na manhã do outro dia
Com o olhar amortecido
Fúnebre cortejo via
E o coração dolorido

Lançou-me em pesar profundo
Lançou-me a mágoa seu véu: —
Menos um ser neste mundo
E mais um anjo no céu.

Depois o carro funéreo
Esse carro d'amargura
Entrou lá no cemitério
Eis ali a sepultura:

Epitáfio

Cristãos! Aqui jaz no pó da sepultura
Uma jovem filha da melancolia
O seu viver foi repleto d'amargura
Seu rir foi pranto, dor sua alegria.

- - -

Quando eu me sento à janela,
P'los vidros que a neve embaça
Julgo ver a imagem dela
Que já não passa... não passa.

[15/V/1902]

 Os mais de quinze poemas escritos por Fernando Pessoa em 1902 são os seus primeiros em português (descontando a célebre quadra à mãe, recitada por ele e transcrita por ela, em 1895) e, que se conheça, apenas foram precedidos por um poema em inglês, "Separated from Thee", de 12 de maio de 1901[2]. O primeiro grande surto de atividade poética surpreende pela variedade formal (sonetos, glosas, quadras, etc.) e pelo domínio técnico do poeta principiante,

---

2 Os dezoito poemas de 1902 reunidos na secção "Juvenília" (Fernando Pessoa, *Poesia do eu*, *op. cit.*, pp. 455-468, incluem três composições — um "Enigma" e duas composições denominadas de "Epigrama" — cujo estatuto de "poemas" é discutível. Há ainda dois sonetos humorísticos de data incerta, mas que remontam provavelmente a 1902 (Fernando Pessoa, *Cadernos*, tomo I, org. Jerónimo Pizarro, Lisboa, Imprensa Nacional-Casa da Moeda, 2009, pp. 108-109).

que empregava redondilhas, decassílabos e alexandrinos à perfeição. Constitui uma oficina de escrita que elucida o processo criativo do jovem, comprovando que a sua poesia, desde o primeiro momento, foi essencialmente fabricação e fingimento. Os seus poemas apenas obliquamente exprimiam as paixonetas e angústias típicas de um rapaz recentemente entrado na puberdade; refletiam, sobretudo, a sua paixão pela literatura. Elaborados a partir de modelos ingleses e portugueses, mostram que o jovem Fernando, paralelamente à primorosa educação britânica recebida em escolas de Durban, lia muita literatura em português por sua própria iniciativa.

O mais conhecido poema de 1902, "Quando ela passa", é também o mais complexo quanto à teia de modelos e influências subjacentes ou contribuintes para o ato criativo. Foi o primeiro poema da juventude de Pessoa a ser revelado e possui a história editorial mais conturbada. O autor que o revelou, João Gaspar Simões, referiu-o na sua famosa biografia como uma prova — entre outras — de que Pessoa não era assim tão "fingidor", pois mesmo nos seus poemas mais "mentirosos", seria sempre possível "descobrir o ponto tangente com a experiência real de que partiram"[3]. Depois de citar a primeira estrofe como demonstração do lado "mentiroso" do jovem autor, uma vez que este nunca tinha visto neve, argumentou que a experiência real e inspiradora do poema era a morte em 1901, com dois anos de idade, da sua meia-irmã, Madalena Henriqueta, como se podia depreender da "estrofe seguinte":

Lançou-me a mágoa seu véu; —
Menos um ser neste mundo
E mais um anjo no céu.

---

3 João Gaspar Simões, *Vida e obra de Fernando Pessoa*, 2ª ed., Lisboa, Livraria Bertrand, 1971 [1950], p. 74.

E citou, por fim, a "última estrofe" do poema (74-75).

A pequena exposição de Gaspar Simões deu origem a um equívoco fatal, pois a "estrofe seguinte" não era a segunda estrofe do poema, mas sim a estrofe que o biógrafo a seguir citava, em abono da sua interpretação. Nem era, aliás, uma estrofe completa, mas apenas três versos da nona estrofe. Resultado: os onze versos citados na biografia (partilhados entre a primeira, a "seguinte" e a "última" estrofes) foram publicados como sendo o poema inteiro, na *Obra poética* de Pessoa, cuja primeira edição saiu em 1960[4]. Circulou assim, severamente truncado, durante trinta anos, até ser transcrito na íntegra — assinado pelo Dr. Pancrácio, um dos primeiros "colaboradores" literários de Pessoa — por Teresa Rita Lopes[5], que também publicou uma reprodução fac-similada do pseudojornal *A Palavra*, no qual surge o original do poema[6].

O equívoco, em vez de se dissipar logo, tomou outro rumo. A data do poema indicada na biografia de Gaspar Simões era 15 de maio de 1902, a mesma que surge no cabeçalho de *A Palavra*, mas a *Obra poética*, decerto devido a uma gralha, apõe a data de 5 de maio de 1902 ao "poema" de onze versos. A discrepância levou a autora de *An Introduction to Fernando Pessoa: Modernism and the Paradoxes of Authorship*, livro publicado em 1998, a concluir que havia duas versões do poema — uma primeira e mais curta assinada por Fernando Pessoa e a versão final, acabada dez dias depois e inserida em *A Palavra* como composição do Dr. Pancrácio. Segundo a autora norte-americana, a interpretação "realista" de Gaspar Simões perde

---

4 Fernando Pessoa, *Obra poética*, Rio de Janeiro, Nova Aguilar, 1977 [1960].
5 Teresa Rita Lopes, *Pessoa por conhecer: textos para um novo mapa*, v. II, Lisboa, Editorial Estampa, 1990, pp. 148-149.
6 *Ibidem*, pp. 130-131. Cf. também Teresa Rita Lopes e Maria Fernanda Abreu, *Fernando Pessoa: el eterno viajero*, Lisboa, Secretaria de Estado de Cultura de Portugal, 1981 [1980], imagem 7.7.

credibilidade perante a versão completa[7]. Com efeito, apenas a citação muito seletiva de versos permitiu que a tese de Gaspar Simões conseguisse vingar durante tanto tempo.

Querendo aventar algum facto vivencial como fonte inspiradora do poema, a possibilidade mais viável seria o flagelo da tuberculose que dizimou vários elementos masculinos da família. Levou o pai de Pessoa, terá contribuído para a morte do irmãozinho Jorge e levaria também o tio João, marido da tia Anica. Foi decerto na casa destes, na ilha Terceira (onde o padrasto e a sua família passaram nove dias, entre 7 e 16 de maio de 1902), que Fernando escreveu "Quando ela passa", e é provável que o tio João já padecesse de alguns sintomas da doença, que o vitimaria no início de 1904.

O palor cada vez mais acentuado da rapariga que passa pela janela, no poema de Pessoa, era um sinal clássico de tuberculose pulmonar, que por isso ficou conhecida como "a peste branca". É bem possível que o poeta incipiente se sentisse atraído por essa temática mórbida devido ao seu pai, mas a inspiração imediata terá sido literária: o poema "Pobre tísica", de António Nobre. Foi Jorge de Sena que, apenas conhecedor da versão truncada de "Quando ela passa", reparou que o poema poderia "não ser mais que o influído comentário do de Nobre"[8]. Conhecendo-o agora na íntegra, podemos propô-lo não como o comentário, mas sim como a continuação de "Pobre tísica", que começa assim:

> Quando ela passa à minha porta,
> Magra, lívida, quase morta,
> E vai até à beira-mar,
> Lábios brancos, olhos pisados:

---

[7] Darlene J. Sadlier, *An Introduction to Fernando Pessoa: Modernism and the Paradoxes of Authorship*, Gainesville, University Press of Florida, 2009 [1998], p. 20.
[8] Jorge de Sena, *Fernando Pessoa & Cia.heterónima*, Lisboa, Edições 70, 1984, p. 283.

Meu coração dobra a finados,
Meu coração põe-se a chorar.

Ao longo das restantes oito estrofes, a tísica vai piorando, mas não morre. Nos versos finais, o narrador exclama: "Ó pobre mãe, que tanto a amas,/ Cautela! O Outono está a chegar...". No poema de Pessoa, já chegou o inverno e a protagonista não aguenta até à primavera. Porém, não são apenas a estação do ano e o estado de saúde da rapariga que diferem; os poemas são formalmente diversíssimos. O de Nobre consiste em estrofes de seis versos octossilábicos; o de Pessoa é composto por quadras com redondilhas, exceto a penúltima, o "Epitáfio", feita com quatro alexandrinos. Os respetivos léxicos das duas composições tampouco se assemelham. A tísica de Nobre é descrita em termos menos etéreos. Ela tosse muito, é "[m]agrita como o junco", a sua tristeza não é caracterizada como "melancolia", e ao invés de iluminar a escuridão com o seu "semblante" eventualmente "risonho", são os olhos dela que "lançam ígneas chamas". Contudo, estas chamas não iluminam; são o sinal exterior da doença que a consome por dentro, nada mais.

Tanto o narrador do poema "Pobre tísica" como o de "Quando ela passa" estão afetivamente envolvidos nas histórias que contam, mas as atitudes assumidas por um e pelo outro são diferentes. O eu poético de Nobre comove-se como se estivesse a assistir a um filme. Aliás, poderíamos prolongar a comparação anacrónica, designando de cinematográfico o estilo narrativo de "Pobre tísica". As palavras do poema pintam um retrato vívido da rapariga e do seu drama, que faz o narrador chorar condoído. O seu envolvimento dura o mesmo tempo que o visionamento do quadro que descreve.

O narrador de Pessoa conhece menos bem, e descreve com menos pormenor, a "jovem filha" que passa pela sua janela, mas tem com ela uma ligação mais complexa. Relaciona-se não apenas com a imagem dela, de cada vez que passa, mas também com a sua visão, que à noite o visita e que ele contempla. O ambiente e o mistério evocados pelas estrofes 3-5 recordam um pouco Edgar Allan Poe, conforme Sadlier sugere[9]. O significado da luz que a pálida jovem representa para o narrador não é de todo claro, mas com a morte dela extingue-se algo nele. Refere a ferida cavada no coração pela sua ausência (estrofe 7) e a mágoa e o pesar profundo que sente ao perceber que ela morreu (estrofe 8), servindo esses comentários como um preâmbulo — sombrio e desolador — que nos prepara para auferir o real valor dos versos "Menos um ser neste mundo/ E mais um anjo no céu", que poderiam soar, se lidos isoladamente, estranhamente ligeiros e desprendidos. A morte eminente da tísica de Nobre representava um desastre direto e pessoal, a perda de uma alma conhecida. O "menos um" de Pessoa era a tragédia universal da morte, o lamentável e irremediável facto de que todo o ser acaba. Se o poeta não se interessava pelos pormenores da vida quotidiana ou da doença da sua protagonista, era porque esta seria um símbolo de todos os que morrem — todos nós, em última análise.

Fernando, com 14 anos incompletos, tinha pouca experiência tanto da vida como da escrita poética. Convém, por isso, ficarmos atentos ao risco de lhe atribuir propósitos — conscientes ou inconscientes — onde talvez haja apenas falta de maturidade vivencial e artística. Ou seja, o vago retrato que esboçou da sua jovem tuberculosa pode ser entendido como uma falha técnica, uma deficiência na sua ainda rudimentar arte poética. É possível, mas importa notar que Pessoa, mesmo maduro, nunca teria muita aptidão ou paciência para descrições do cotidiano. Ou melhor: interessava-se por certos detalhes isolados, mas não pelo conjunto de pormenores que retratam uma vida ou uma situação quotidiana. Tudo, para ele, tendia a ser simbólico. De qualquer forma, a meditação sobre a morte universal que me

---

9 Darlene J. Sadlier, *An Introduction to Fernando Pessoa*, op. cit., p. 24.

parece estar no cerne de "Quando ela passa" não terá vindo diretamente de Fernando Pessoa, mas sim de Thomas Gray.

Thomas Gray (1716-1771) ficou célebre pela sua "Elegy Written in a Country Churchyard", quase nada mais se destacando da sua produção poética, pouco abundante. Das 32 quadras que constituem o poema, Pessoa traduziu as nove primeiras, provavelmente em 1902, na mesma altura em que começou a escrever poemas seus em português. A tradução é referida em algumas listas de obras juvenis, atestando a intenção de Pessoa de concluir a tarefa empreendida[10]. A "Elegy" de Gray é uma meditação sobre a mortalidade e um lamento pelo universo de almas enterradas no cemitério rural onde o narrador se encontra — ou assim é nas primeiras 23 estrofes. Na estrofe 24, surge um segundo narrador, que imagina e descreve a morte do primeiro. Somos informados de que este era habitualmente visto (pelo novo narrador) ora a caminhar sobre a relva de manhã cedo, ora a descansar sob uma árvore no banco junto a um riacho, ao meio-dia, ora ainda a deambular pelo bosque, "*drooping, woeful-wan, like one forlorn,/ Or crazed with care, or cross'd in hopeless love*" [curvado, pálido de dor, como alguém desamparado,/ Ou aflito de cuidados, ou vexado por um amor desesperado]. E então:

> One morn I miss'd him on the custom'd hill,
>   Along the heath, and near his favourite tree;
> Another came; nor yet beside the rill,
>   Nor up the lawn, nor at the wood was he;
>
> The next with dirges due in sad array
>   Slow through the church-way path we saw him borne,—

---

10 A tradução incompleta foi transcrita e publicada por José Blanco em 1985 (29-30) e o fac-símile é consultável em Espólio Fernando Pessoa, *Cadernos,* cota BNP E3/153-7 e 8ʳ. Duas listas de obras de Pessoa que mencionam a tradução da "Elegy" foram publicadas em Fernando Pessoa, *Cadernos*, tomo I, *op. cit.*, pp. 129 e 157 (cotas E3/153-34 e E3/48B-119).

[Um dia não o vi no monte costumeiro,
   Pela charneca e junto da sua árvore preferida;
Outro dia veio e ele ainda não se encontrava
   Nem no ribeiro, nem na relva, nem no bosque.

No outro dia, vimo-lo levado em triste pompa
   Com cantos fúnebres pela trilha rumo ao adro —]

O paralelismo com "Quando ela passa" é flagrante, pois o narrador pessoano, depois de notar que o "primeiro encanto" da rapariga está "curvado à dor", constata que ela não passa num certo dia, noutro dia "também já não" e no terceiro dia é o cortejo fúnebre que passa. Exatamente como acontece no poema de Gray. E o paralelismo continua. O (segundo) narrador da "Elegy" dirige-se diretamente a nós e exorta: *"Approach and read (for thou canst read) the lay/ Graved on the stone"* [Aproximem-se e leiam (pois podem ler) a balada/ Inscrita na lápide]. E segue-se a "balada":

The Epitaph
Here rests his head upon the lap of Earth
   A youth, to Fortune and to Fame unknown;
Fair Science frown'd not on his humble birth
   And Melancholy mark'd him for her own.

[*O Epitáfio*
Aqui jaz, no regaço da Terra, a cabeça
   Dum jovem da Fama e Fortuna desconhecido;
A clara Ciência não desdenhou sua origem humilde
   E a Melancolia escolheu-o para ser seu.]

"The Epitaph" possui mais duas quadras, que louvam as virtudes do defunto e confiam-no ao *"bosom of his Father and his God"* [seio do seu Pai e do seu Deus]. O epitáfio de "Quando ela passa", ocupando apenas uma quadra, tem expressões mais ou menos coincidentes com o conteúdo do epitáfio da "Elegy": "Cristãos!" evoca a fé em Deus, o "pó da sepultura" recorda o *"lap of Earth"*, e a melancolia é igualmente associada à defunta jovem e ao defunto poeta rústico. É essa melancolia — presente não só nos percursos trilhados pelos respetivos mortos, mas também nos mundos em que se inserem e nas vozes narrativas que relatam as suas histórias — que aproxima os dois poemas "espiritualmente", fazendo com que "Elegy" seja a influência mais determinante de "Quando ela passa", embora o cenário inicial (à exceção da neve) pareça efetivamente derivado de "Pobre tísica".

Há ainda outra influência, ou estímulo, provável. Durante as longas férias da família em Portugal, em 1901-1902, Fernando tornou-se leitor assíduo de *O Pimpão*, uma "folha humorística ilustrada, bissemanal" em que o "tio" Henrique Rosa (irmão do padrasto) publicava muitos poemas sob o pseudónimo Azor, desde o final de 1901 se não antes, e em que Fernando publicaria quatro charadas assinadas pelo Dr. Pancrácio, entre agosto e novembro de 1902[11]. Na página 5 do número publicado em 15 de janeiro de 1902, saiu um poema intitulado, precisamente, "Quando ela passa...". Na verdade, há um tríptico de sonetos subordinados a este título, que surge em letras bem grandes. Retratam, com humor e notas irónicas, uma dama elegante que habitualmente passa por Lisboa com o seu cão de raça. Talvez o autor pseudónimo, "Chulo", não tencionasse fazer troça da "pobre tísica" de António Nobre, que também andava sempre acompanhada por um cão, mas há uma evidente ligação, mesmo que involuntária.

---

11 Surgem muitos poemas subscritos por "Azor" em números de *O Pimpão* que vão desde 22.12.1901 até setembro de 1902. Foi também com o pseudónimo Azor que Henrique Rosa (ou Roza) publicou, em edição de autor, uma coletânea intitulada *Esguichos* (2ª ed., Lisboa, 1902). Não se encontra nenhum vestígio de uma edição anterior, sendo possível que a chamada 2ª edição tenha sido a primeira e única.

Para elaborar o seu "Quando ela passa", Fernando Pessoa serviu-se do título de uns sonetos humorísticos publicados por um tal "Chulo", do poema de um autor português — António Nobre — a quem dedicaria um belo texto crítico, em 1915[12], e de um poema inglês que amou a ponto de traduzi-lo, pelo menos parcialmente. Utilizou, todavia, um esquema formal que não se encontra em nenhuma dessas fontes. As estrofes da "Elegy" são quadras, é certo, mas com versos dodecassilábicos. As redondilhas do poema de Fernando são empregadas com mestria, justificando a indicação "Para música", que precede o poema no jornal de faz-de-conta em que foi inscrito. É o mais musical de todos os seus poemas juvenis e os pequenos traços separadores sugerem que a primeira estrofe devia servir de refrão. (Apesar da indicação "(Fragmento)", que também precede o poema, este parece-nos completo tal como está.)

Ultraliterário já nessa idade, o adolescente procedeu da mesma maneira com os seus outros poemas, que eram estudos, exercícios de aprendizagem. O poema "Ave Maria"[13], composto em abril de 1902, homenageava a sua querida mãe, a quem era dedicado, mas imitou um truque de Camões, pois inseriu — ao longo das suas nove quadras — todas as palavras da oração popular referida no título, tal como acontece com os nove versos do Salmo 137 (Salmo 136, na Vulgata) no poema "Sôbolos rios que vão". "Antígona"[14], datado de junho de 1902, longe de se referir a uma paixão adolescente, era um *remake* do soneto mais famoso de Elizabeth Barrett Browning, coroado com um título que foi buscar a Percy Bysshe Shelley[15]. Alguns poemas juvenis

---

12 Fernando Pessoa, *Crítica*, org. Fernando Cabral Martins, Lisboa, Assírio & Alvim, 1999, pp. 100-101.
13 *Idem, Poesia do eu, op. cit.*, pp. 457-459.
14 *Ibidem*, p. 464.
15 Richard Zenith, "A Sonnet from the English", *in: Reading Literature in Portuguese: Commentaries in Honour of Tom Earle*, Londres, Legenda, 2013, pp. 169-176.

foram, por definição e por nome, glosas de textos poéticos alheios. Praticamente todos, de uma maneira ou outra, dialogavam com a tradição.

O ortônimo e a tradição mística cristã

Maria Helena Nery Garcez

Este texto centrar-se-á em dois sonetos ortônimos da década de 30 do século passado, que me trouxeram elementos novos para a visão dessa faceta pessoana. Tratei de pelo menos um deles, mais brevemente, na conferência que proferi no Congresso *100 Orpheu* Seção Portuguesa, em Lisboa, na Fundação Calouste Gulbenkian[1], bem como do outro na abertura da Seção Brasileira do Congresso *100 Orpheu* na Universidade de São Paulo[2], ambos os eventos em 2015, e no livro *No tabuleiro pessoano*[3], em que tais conferências foram enriquecidas e incluídas. O título deste trabalho já anuncia do que trata esse aspecto novo que agora me é dada a oportunidade de aprofundar.

---

1 Maria Helena Nery Garcez, "Uma faceta ortônima 'non despicienda'", *in*: Dionísio Vila Maior e Annabela Rita (orgs.), *100 Orpheu*, Lisboa, Edições Esgotadas, 2016, pp. 303-321.
2 *Idem*, "No tabuleiro pessoano", *Revista do Desassossego*, n. 14, 2015, p. 10-28.
3 *Idem*, *No tabuleiro pessoano*, São Paulo, Cultor de Livros, 2016.

Como informei nas referidas conferências, tais sonetos não haviam sido publicados nas edições tradicionais dos poemas pessoanos e vieram à luz, em Portugal, nas edições críticas ou nas mais completas dos poemas ortônimos das décadas finais do século XX, e, no caso brasileiro da edição da Companhia das Letras, por nós utilizada, a partir do início do século XXI. Um dos sonetos que escolhi faz parte do montante dos inéditos. Tais sonetos da década de 30 chamaram-me a atenção, entre outros poemas de temática semelhante também estudados naquelas conferências, porque neles o ortônimo apresenta uma poderosa inspiração mística cristã, que — ouso propor — permitem incluí-los nessa secular tradição poética. Trata-se dos sonetos: "Cabeça augusta, que uma luz contorna", datado de 20.1.1933[4], e, principalmente, "O Rei", de 31.7.1935, na fixação que Carlos Pitella-Leite apresentou em sua tese de doutorado[5], por mim considerada a melhor e a mais perfeita leitura. Mas, antes de avançarmos na análise desses textos e de seu termo de comparação, para que tenhamos mais dados sobre o cristianismo e a figura de Jesus Cristo na obra ortônima, recordemos um inacabado soneto dos 21 anos de Pessoa:

O sonho a quem primeiro eu chamei Deus
E depois Cristo, o homem impotente
Contra o mal, [ ] e clemente
Sonho suave, para sempre adeus!

Não só o amor que nos fazia teus
Por te crermos divino, antigamente[6];

---

4 Fernando Pessoa, *Poesia, 1931-1935 e não datada*, v. III, ed. Manuela Parreira da Silva, Ana Maria Freitas e Madalena Dine, São Paulo, Companhia das Letras, 2009, p. 146.
5 Carlos Pitella-Leite, *Pequenos infinitos em Pessoa: uma investigação filológico-literária pelos sonetos de Fernando Pessoa*, Rio de Janeiro, PUC-RJ, 2012, tese (doutorado em letras), p. 239.
6 Var. subp. a antigamente: já nos mente.

Também perdeste a compaixão ardente,
Esse amor que admirávamos, ateus.

Forma de sonho, um sonho, tu morreste.
O sonho fez-te grande, de pobre louco!
Irradiando p'ra ti a nossa fé[7]

Dia, passaste! Com o sol morreste
Ó pobre megalómano! Tão pouco
Eras e com a luz[8] do sonho ardeste!

[5-2-1909][9]

Este imperfeito soneto da juventude, inédito antes das edições portuguesas da Assírio & Alvim e, no Brasil, das da Companhia das Letras, mostra-nos um eu decepcionado com a fé que um dia professou. Constrói seu texto como um diálogo com esse Cristo em que já não crê e, paradoxalmente, dirige-se a ele tuteando-o — o que revela intimidade — e afirmando-lhe por duas vezes que, para ele, é apenas um sonho seu, que ele já morreu. "Pobre megalômano", diz o eu poético, "pobre louco", insistindo no qualificativo "pobre", demonstrando sentir pena dele, mas o que o leitor pode também pensar é que ele sente pena de que isso seja assim, como na atualidade está considerando. Cristo foi um "dia" e morreu como a "luz" do sol morre a cada dia. Soneto imperfeito e inacabado, dissemos nós ao principiar o comentário, nem todos os versos são decassílabos ou estão completos — datado do mesmo mês e ano do conjunto dos seis outros antológicos

---

7 Var. sobrep. a fé: crença.
8 Var. sobrep. para com a luz: a tanta.
9 Fernando Pessoa, *Poesia, 1931-1935 e não datada*, v. III, *op. cit.*, pp. 60-61.

sonetos "Em busca da Beleza" (27.2.1909)[10] —, serve-nos como testemunho da visão de Cristo que o ortônimo manifestou possuir naquela data.

Nosso trabalho não consistirá, porém, numa comparação desse soneto de 1909 com os dois ortônimos da década de 30 já anunciados, mas numa reflexão comparativa dos dois últimos do ortônimo que, na devida altura, transcreverei, e um célebre soneto anônimo da lírica castelhana, que enuncio a seguir:

Anónimo[11]

23. No me mueve, mi Diós, para quererte,
El cielo que me tienes prometido,
Ni me mueve el infierno tan temido
Para dejar por eso de ofenderte.

Tú me mueves, Señor; muéveme el verte
Clavado en una cruz y escarnecido;
Muéveme ver tu cuerpo tan herido;
Muévenme tus afrentas y tu muerte.

Muéveme, al fin, tu amor, y en tal manera,
Que aunque no hubiera cielo, yo te amara.
Y aunque no hubiera infierno, te temiera.

No me tienes que dar porque te quiera;
Pues aunque lo que espero no esperara,
Lo mismo que te quiero te quisiera.

---

10 O fato de que esse conjunto "Em busca da Beleza", datado dos mesmos mês e ano do inacabado soneto sobre Jesus Cristo, tivesse sido tão bem aceito a ponto de ter sido publicado numa antologia mostra que a imperfeição do soneto sobre Cristo não se deveu a uma imperícia juvenil do Poeta.
11 *In*: Don Marcelino Menéndez y Pelayo, *Las cien mejores poesias (líricas) de la lengua castellana escogidas por Don Marcelino Menéndez y Pelayo*, Madri, Victoriano Suárez, 1910, p. 67.

Trata-se de um dos mais conhecidos e amados poemas da mística cristã. Segundo alguns, esse soneto do século XVI teria por autora Santa Teresa de Jesus — a mim ele bem que o parece e ela bem que o merece —, mas não há uma certeza estabelecida nessa opinião, sendo que a maioria dos estudiosos da literatura espanhola prefere considerá-lo de autor anônimo. Manuel Bandeira, seu tradutor para o português, seguiu esta última opinião.

É um poema sobre Cristo crucificado. Está composto de decassílabos heroicos, em modo de um amoroso diálogo corpo a corpo com a Divindade, que, embora tratada com sumo respeito, é tratada também com suma intimidade, num confiante e inflamado tratamento de tu. Trata-se de uma oração, ao fim e ao cabo. Chama a atenção que esse eu, que se apresenta a Deus com suma humildade, apresente-se também com sumo desprendimento pessoal. A primeira coisa que garante a Deus é que seu amor por Ele não é movido pela promessa da recompensa celeste nem pelo temor de castigos do inferno. O segundo quarteto vem elucidar o primeiro. O que move o eu é a pessoa de Cristo. O ritmo é rápido, galopante. És Tu, e o eu esmiúça: o vê-lo numa cruz e escarnecido, o ver seu corpo tão ferido, suas afrontas, sua morte. O primeiro terceto completa: move o eu o amor de Cristo e de tal modo que, mesmo se não houvesse nem céu, nem recompensa, nem inferno e castigo, ele estaria inteiramente entregue ao Senhor. O amor que o eu professa por Jesus Cristo é total e absoluto e o segundo terceto reitera o enunciado de um amor tão puro que nem quer nem exige absolutamente nada. Trata-se, em suma, de uma ardente confissão de amor, completa, total e absoluta. É também de se notar, no nível fônico, a insistência sobre as sonoridades nasais, que tornam inesquecível a forma verbal "mueve", e seu plural "muévenme", semanticamente responsável também pelo intenso dinamismo e movimentação do poema, bem como as vogais nasalizadas "infierno", "tan", "muévenme", "fin", "en", "aunque" (2 vezes). Para terminar insisto no ritmo do soneto, em seu andamento rápido, inflamado e fogoso como o amor hispânico que professa.

Dirigindo-me agora ao nosso ortônimo, e vibrante ainda pelas ressonâncias da fogosidade do soneto do Anônimo, sou levada a transgredir a ordem cronológica das datas de composição dos sonetos pessoanos e escolho tratar primeiro daquele que, dos dois, foi criado por último, cerca de apenas quatro meses antes de seu falecimento, aos 31.7.1935, segundo consta do manuscrito de sua composição, pois me parece o melhor dos dois talvez, mais à altura da maestria do estro do Anônimo. Ei-lo:

275 "O Rei"[12]

O Rei, cuja coroa de oiro é luz
Fita do alto trono os seus mesquinhos.
Ao meu Rei coroaram-nO de espinhos
E por trono Lhe deram uma cruz.

O olhar fito do Rei a si conduz
Os olhares fitados e vizinhos
Mas mais me fitam, e mortas sem carinhos,
As pálpebras descidas de Jesus.

O Rei fala, e um seu gesto tudo prende.
O som da sua voz tudo transmuda.
E a sua viva majestade esplende;

Meu Rei morto tem mais que majestade:
Fala a Verdade nessa boca muda;
Essas mãos presas são a Liberdade.

[31.7.1935]

12 Texto retirado da tese de Carlos Pitella-Reis: *Pequenos infinitos em Pessoa*, *op. cit*. Há variantes significativas entre a leitura deste soneto por Carlos Pitella-Leite e a leitura deste mesmo poema visto como inacabado pelas editoras da Companhia das Letras e não reconhecido como soneto. O número 275 aposto ao soneto é o que consta na tese da qual foi tirado.

Desde o título, entre aspas, até ao uso das maiúsculas para "Rei" e no segundo terceto para "Verdade" e "Liberdade", tudo neste soneto é um acerto e, para o leitor pessoano, uma inesperada surpresa. É também um soneto para Cristo crucificado a quem não só atribui a denominação de "Rei" como, ao intitular o poema com essa denominação, torna-a absoluta e entre aspas: "O Rei". Não um Rei Fulano, não um Rei de um reino determinado, geográfico; ele é a própria essência da realeza, é "O Rei", por antonomásia, absoluto. Importa ressaltar que o eu por duas vezes usa o possessivo "meu" para referir-se ao "Rei", incluindo-se entre seus vassalos.

Retoma o chamado no primeiro verso da primeira estrofe, "O Rei, cuja coroa de oiro é luz", e retomará o título de "Rei" no primeiro verso de cada uma das estrofes, a saber: "O olhar fito do Rei a si conduz" (2ª est.), "O Rei fala, e um seu gesto tudo prende" (1º terc.), "Meu Rei morto tem mais que majestade" (2º terc.). Passa a seguir a contemplá-Lo. Se "os seus mesquinhos" o coroaram de "espinhos" e por "trono Lhe deram uma cruz", no entanto, "sua coroa de oiro é luz", pois é assim que ele o vê, como um sol, irradiante.

O "Rei" poderia estar inerme na cruz, mas, como nos diz o segundo quarteto, seu olhar conduz a si os olhares dos que O contemplam, ele atrai os olhares, é um imã, e entra em relação direta e pessoal com o eu, tornando muito mais afetiva essa relação, pois este se sente especialmente fitado por "Jesus". Digno de nota é que, pela primeira vez, ele o chama de "Jesus", tornando-se-Lhe mais íntimo, pois nem acrescenta Cristo, o que tornaria o chamado menos pessoal. Tão vivo o relacionamento vai se tornando que, no primeiro terceto, o eu "ouve" o "Rei" falar, embora logo abaixo ele informe que sua "boca" está "muda". Contudo, "o som da sua voz" transforma todas as coisas, sua majestade resplandece, na forma tão pouco usual: "esplende". Trata-se de uma espécie de êxtase.

Tudo se encaminha para a revelação que se dá ao eu e a nós leitores no cume desse êxtase, que o segundo terceto apresenta: "Meu Rei morto tem mais que majestade: Fala a Verdade nessa boca muda;/ Essas mãos presas são a Liberdade". A mudez do crucificado é eloquente, é ela que fala e ela diz a "Verdade" com maiúscula. A resposta que Pilatos não obteve ao perguntar "Que é a verdade?", obteve-a o eu ortônimo na contemplação dessa "boca muda". Suas mãos presas são a "Liberdade", com maiúscula também porque se trata da "Liberdade" divina, absoluta. Não se trata da liberdade de escolha, nem da liberdade de fazer qualquer coisa que nos dê na gana. Proclama que Cristo não foi crucificado porque foi apanhado e não teve escapatória, mas foi crucificado porque, voluntariamente, se doou por um Amor com maiúscula também, porque livremente se entregou em sacrifício para tirar o pecado do mundo, para vencer o mal. Ver o Cristo crucificado se torna um momento de profunda revelação para o eu, de descoberta do mais profundo significado da "Verdade" e da "Liberdade". Diferentemente do soneto do Anônimo, neste soneto do ortônimo não se trata de uma confissão de amor completa, total e absoluta. Não é que não haja amor. Há. Mas é um amor contido, não um amor ardente, fogoso. É um amor sofrido, solidário, compassivo, extático com x, como já o disse noutro texto, um amor doído, profundo, vertical. É um amor que, ao mesmo tempo que sente e se condói, raciocina ("O que em mim sente 'stá pensando", não o esqueçamos), um amor que compreende, descobre, faz teologia. Amor contido, sim, mas amor, amor sofrido e suficiente para que, em meu modo de ver e de sentir, *esse soneto* possa ficar na memória da tradição mística cristã, ainda mais vindo de quem vem.

Passando agora ao datado de 20.1.1933, que tratarei mais brevemente, transcrevo-o a seguir:

Cabeça augusta, que uma luz contorna,
Que há entre mim e o mundo que me faz
(Por que em espinhos a auréola se torna?)
Ansiar a minha morte e a tua paz?

A tua história — Pilatos ou Caifás
Que tem? São sonhos que o narrar transtorna.
Não é esse o Calvário a que te traz
Tua sina onde todo o fel se entorna.

Não. É em mim que se o Calvário ergueu.
É em meu coração abandonado
Que Ele, cabeça augusta, alto sofreu.

Quem na Cruz onde está ermo e pregado
O pregou? Foi Romano ou foi Judeu?
Bate-me o coração. Meu Deus, fui eu!

[20.1.1933][13]

Desta vez, vem para o primeiríssimo plano a "cabeça" de Cristo, qualificada solenemente: "augusta". Dela irradia-se "uma luz", enquanto no soneto "O Rei" ela está coroada de luz; de um modo ou de outro, o ortônimo vê a cabeça de Cristo, nesses dois sonetos, como fonte de luz. Cristo é figura luminosa, não das trevas, mas da luz. O terceiro verso, parentético, lança-nos uma indagação não diretamente respondida: "(Por que em espinhos a auréola se torna?)". Possivelmente ela tem a ver com uma segunda indagação, que principia no segundo verso, é cortada pela indagação parentética do terceiro, e só completada no quarto verso do primeiro quarteto. O eu enunciador do soneto suspeita de que alguma coisa há entre seu eu e o "mundo", que faz com que ele anseie pela sua própria morte e deseje a paz da "cabeça augusta" contemplada. A luz da auréola é por ele vista como "espinhos", pela realidade brutal dessa cabeça que foi coroada de espinhos, e uma negatividade, algo como um sentimento de culpa, assola o eu que a contempla.

13 Fernando Pessoa, *Poesia, 1931-1935 e não datada*, v. III, *op. cit.*, p. 146.

Principia um diálogo do eu contemplativo com o crucificado — porque a "cabeça augusta" parece-me ser de um crucifixo contemplado. O eu principia tuteando o crucificado, recuperando sua história, invocando ou evocando seus algozes: "Pilatos ou Caifás", mas logo os descarta, pois, para ele, não é "esse o Calvário" cuja amargura agora vem ao caso. As interrogativas tencionam o soneto. Estão presentes em quase todas as estrofes, com exceção do primeiro terceto. São interrogações que o eu dirige a si mesmo. Ele se questiona, bem como questiona o seu relacionamento com Jesus Cristo. A história de Cristo que lhe chegou, afinal de contas, trata dos julgamentos de Pilatos e de Caifás. Mas ele não se dá por achado, julgando ser completamente inocente nessa história.

O primeiro terceto abre-se com uma taxativa negação. "Não." Não é "Pilatos" e "Caifás" e aquele "Calvário" o que está *agora* em questão. "É em mim que se o Calvário ergueu./ É em meu coração abandonado/ Que Ele cabeça augusta alto sofreu." O ortônimo traz o "Calvário" para a atualidade de sua situação existencial. Nele, também houve um "Calvário", também se ergueu um "Calvário"; nele, em seu coração, "abandonado", "Ele, cabeça augusta, alto sofreu". Chamo a atenção para o adjetivo "alto" significando muito, grandemente: "alto sofreu". Do mesmo modo, o adjetivo "abandonado" tanto pode caracterizar "meu coração" como "Ele, cabeça augusta". Dentro do eu houve um julgamento do Cristo "abandonado" por todos os que o seguiam, e, no "Calvário" de seu coração, Ele está "ermo e pregado". Daí o segundo terceto, que não tem apenas um verso final como chave de ouro, pois o terceto inteiro é uma chave de ouro. O eu indaga: "Quem na Cruz onde está ermo e pregado o pregou? Foi Romano ou foi Judeu?". E segue-se a resposta fulminante: "Bate-me o coração: Meu Deus, fui eu!". É o clímax da tensão dramática.

Se este soneto não merece figurar na tradição mística cristã, então não sei quais outros merecem. É um soneto de contrição poderoso, fulminante mesmo. Acontece que ele pode ser de intelecção mais difícil, não é um poema de apelo popular, mas, em meu modo de ver, é uma joia da poesia religiosa, que não fica a dever aos celebrados textos de outros grandes poetas, como os de Gregório de Matos Guerra, "Pequei, Senhor, mas não porque hei pecado" ou o "Meu Deus, que estais pendente de um madeiro", ou de Manuel Maria du Bocage, "Meu ser evaporei na lida insana" ou "Já Bocage não sou!...". E o "Cabeça augusta, que uma luz contorna" vem, juntamente com "O Rei", nada menos que de um dos maiores poetas da língua portuguesa e, por que não dizer, o maior do século XX.

Quer isto dizer que a complexidade religiosa que caracterizava o ortônimo dissipou-se com o passar dos anos, que ao ficar mais velho ele teria aderido formalmente ao cristianismo? Eu não afirmaria isso assim, tão taxativamente, mas digo que muito da formação cristã que Fernando Pessoa recebeu da família, em sua infância, mormente de sua mãe, aflorou poderosamente nos últimos anos de sua vida. Diria ainda que esse é um tema que, em relação à poesia ortônima em especial, merece ser estudado em maior profundidade e sem ideias preconcebidas. Deixei dito isso, aliás, nas duas conferências que proferi nos congressos mencionados no início deste texto e que estão devidamente publicadas, bem como em meu último livro, *No tabuleiro pessoano*.

Como estão longe esses dois sonetos ortônimos, que analisamos, daquele primeiro que transcrevi no início deste trabalho, o de 5.2.1909! Melhor é nem tocar no assunto, porque esmiuçar as diferenças seria falta de grandeza e mesquinhez. Cada um de nós, relendo-os, chegará às suas próprias conclusões.

Menino (já) antigo: infância e história em Pessoa e Drummond[*]

Ettore Finazzi-Agrò

Visto que qualquer tentativa de realizar uma leitura *entre*, isto é, uma avaliação crítica e comparativa de dois autores, é sempre um desafio à história e ao sentido em que eles estão fatalmente incluídos ou que eles obstinadamente constroem, acho que o melhor modo para levar a cabo esta difícil tarefa seja aquele de considerar o tratamento duma figura específica, para ver se, através dela, conseguimos detectar elementos que contribuem à compreensão da obra de ambos, criando um lugar hipotético no qual os limites históricos se misturam e se entrecruzam, e em que as diferenças estéticas aparentemente se apagam. Acho que seja possível, nesse sentido, identificar na relação com a dimensão infantil aquilo que aproxima a poesia de Fernando Pessoa à de Carlos Drummond de Andrade. Acho, aliás, igualmente legítimo afirmar que o meio através do qual conseguimos

---

[*] Publicado originalmente em *Letteratura D'America — Rivista Trimestale*, n. 107, Roma, 2005, pp. 25-35.

medir a distância entre a obra de Pessoa e a de Drummond seja, exatamente, a forma na qual e pela qual os dois poetas se relacionam com esta figura ideal. A infância, enfim, se apresentaria, por um lado, como um espaço de interferência e diálogo, sem cessar de ser, pelo outro, uma dimensão de polarização e de afastamento entre os dois autores.

O lugar/não lugar infantil, então, como limiar simbólico através do qual se dá uma troca virtual e, ao mesmo tempo, como resto material, escombro, pedra interposta no meio do caminho coligando os dois poetas, tão distantes e tão próximos, tão sem jeito (tão *gauches*) e tão ajustados ao seu tempo — que é o tempo da modernidade e o tempo da crise do sujeito; que é tempo de resgate e progresso da humanidade e tempo de "homens partidos". Mesmo antes de escrever a sua homenagem explícita ao poeta português, com efeito, Drummond já tinha mostrado compartilhar com ele a consciência dramática da divisão e da heterogeneidade do sujeito, como se constata, por exemplo em "Assalto", incluído em *A rosa do povo* (publicado em 1945):

> No quarto do hotel
> a mala se abre: o tempo
> dá-se em fragmentos.
>
> Aqui habitei
> mas traças conspiram
> uma idade de homem
> cheia de vertentes.
>
> Roupas mudam tanto.
> *Éramos cinco ou seis*
> que hoje não me encontro,
> clima revogado[1].

---

[1] Carlos Drummond de Andrade, *Nova reunião*, v. I, 2ª ed., Rio de Janeiro, José Olympio, 1985, p. 144.

Como se vê, antes mesmo de entrar num jogo de espelhamento e de citação irônica do poeta português (o que vai acontecer com o "Sonetilho do falso Fernando Pessoa", publicado em *Claro enigma*, de 1951), já aquela sensação de dispersão, de alheamento e de inconsistência do Eu circulava pelos versos de Drummond.

Na verdade — e aqui entramos, a meu ver, no cerne da questão — aquilo que aproxima desde o início os dois autores é o que parece ser um dos vetores fundamentais do Moderno, ou seja, a perda de confiança no conhecimento e, sobretudo, na sua transmissibilidade, ou melhor, a consciência da expropriação da experiência. Quero dizer, com isto, que, por paradoxo, a época em que se assiste a uma multiplicação e aceleração dos fenômenos de participação a experiências coletivas (pense-se apenas na vida quotidiana do habitante da cidade) é também — e justamente por isso — a época em que não se dá uma acumulação progressiva do saber e, em consequência, um crescimento e fortalecimento do indivíduo, mas, pelo contrário, resulta ser o tempo da entropia e da perda, da anulação progressiva do sujeito, tornado um Eu "vítreo e transparente" (como percebeu claramente Walter Benjamin, grande testemunha dessa era do Progresso e, ao mesmo tempo, das Catástrofes). Fenômeno, aliás, que foi prontamente registrado pelos intérpretes mais atentos da Modernidade (entre os quais, para além do nome de Benjamin, seria bom pelo menos lembrar o de Nietzsche) e que tem, como causa, a perda de um centro forte de identidade ao qual referir e transferir o excesso de experiência, a aceleração dos processos cognitivos que a vida moderna implica.

Obviamente, também a expressão artística novecentista registra e incorpora esse sentido de insuficiência afetando o indivíduo: deriva histórica levando a uma perda progressiva de qualquer confiança na possibilidade do sujeito de representar o mundo na sua heterogeneidade e na sua dissipação. Talvez o último grande escritor que tentou remediar esta incapacidade em circunscrever, dentro do perímetro da subjetividade, a pluralidade e o excesso possa ser considerado, justamente, Fernando Pessoa. Com ele, com efeito, entramos num caso quase obsessivo de controle da dispersão, numa tentativa frustrada de conter a pluralidade e a heterogeneidade das experiências dentro de um espaço egótico de multiplicação e diferenciação do Eu. A obra pessoana seria, nesse sentido, uma espécie de labirinto ou de galeria de espelhos na qual o sujeito se pluraliza para tentar controlar e, ao mesmo tempo, exorcizar a pluralização descontrolada das instâncias. Atrás da máscara de Álvaro de Campos, aliás, o poeta se expressou de forma muito clara:

> Tenho pela vida um interesse ávido
> que busca compreendê-la sentindo-a muito.
> Amo tudo, animo tudo, empresto humanidade a tudo,
> aos homens e às pedras, às almas e às máquinas,
> para aumentar com isso a minha personalidade.
>
> Pertenço a tudo para pertencer cada vez mais a mim próprio
> e a minha ambição era trazer o universo ao colo
> como uma criança a quem a ama beija[2].

A poesia pessoana balança sempre, como se sabe, entre essa atenção doentia a tudo aquilo que corre o risco de sumir no abismo do aniquilamento e da ausência (sensações, estados de alma, identidades virtuais, instantes que se perdem no fluxo ininterrupto do tempo...) e a indiferença ostentada em relação à realidade, a atitude destacada e impessoal ("Tenho, na vida, o interesse de um decifrador de charadas"[3]), que é, afinal, outro modo de salvar o sujeito do

---

2 Fernando Pessoa, *Obras completas*, v. II, Lisboa, Ática, 1942, p. 100.
3 *Idem*, *Páginas íntimas e de autointerpretação*, org. Georg Rudolf Lind e Jacinto do Prado Coelho, Lisboa, Ática, 1966, p. 65.

seu esfarelamento e do seu desgaste, do seu reconhecer-se como instância perdida entre outras, do seu ser algo que se consome no seu "ser-lá" e some no anonimato do seu "ser para e pela morte".

Obviamente, entre salvação e condenação, entre cuidado extremo e apatia proclamada não só transcorre a sua poesia, mas se dissipa também qualquer confiança na possibilidade de redimir o tempo do seu ser tempo, de salvar o Eu e o mundo da sua anulação progressiva e aí, justamente, desponta novamente e se impõe para sempre aquela consciência de um Nada soberano e incontornável celebrada, sobretudo, no *incipit* de "Tabacaria":

Não sou nada.
Nunca serei nada.
Não posso querer ser nada.
À parte isso, tenho em mim todos os sonhos do mundo[4].

Desse niilismo repetido e manifesto — que é o produto extremo duma procura desesperada de totalidade — aquilo que se salva é, todavia, e mais uma vez, a dimensão onírica, aquela possibilidade que se impõe para aquém ou para além de qualquer realidade: a dimensão, enfim, em que Pessoa sempre colocou a sua idealização da infância como estado subtraído a qualquer perda ou entropia, como tempo feliz e arquetípico em que "ninguém estava morto".

É exatamente esse mesmo espaço originário e completo, esse mesmo tempo integral e imperecível, o alvo absurdo da procura de Drummond: a infância itabirana, a dimensão *u-tópica* e *eu-tópica* na qual ele tenta se espelhar de corpo inteiro, fugindo à exaustão e ao excesso da experiência, proporcionada pelo espaço urbano, para recuperar aquela completude que o próprio ato de viver torna impossível. É bom, nesse sentido, lembrar pelo menos alguns

---

4 *Idem, Obras completas*, v. II, *op. cit.*, p. 252.

versos de um poema incluído em *A paixão medida* e intitulado "Nascer de novo":

> Nascer: findou o sono das entranhas.
> Surge o concreto,
> a dor de formas repartidas.
> Tão doce era viver
> sem alma, no regaço
> do cofre maternal, sombrio e cálido.
> Agora,
> na revelação frontal do dia,
> a consciência do limite,
> o nervo exposto dos problemas[5].

Como se vê, Drummond parece ser ainda mais "radical" que Pessoa, indicando na fase uterina e materna, numa espécie de preexistência — mais uma vez onírica e virtual, pensada como "sono das entranhas" — a única, verdadeira condição de perfeição absoluta, fundada na ausência total de limite e numa forma absoluta, anterior a qualquer diferenciação das formas.

Nesse sentido, os três volumes de *Boitempo* são o testemunho precioso de um trabalho memorial demorado, procurando recompor, com dor e paciência, um passado que só se mostra nos seus frangalhos, que apenas sobrevive nos seus míseros restos materiais (pode-se lembrar apenas o poema "Coleção de cacos", em que o poeta se faz colecionador e genealogista, no intuito de reconstruir uma imagem tangível de uma história partida). O poeta português, por contra, nunca parece estar interessado nessa relação memorial e, eu diria, quase "física" com o seu passado: a sua genealogia é toda resolvida no plano da ficção e do imaginário, na invenção de um "fantasma paterno" com quem dialogar, na construção

---

5 Carlos Drummond de Andrade, *Nova reunião*, v. II, *op. cit.*, p. 528.

de um Superego (a quem, por vezes, empresta o nome de Alberto Caeiro) que é sem ser e que, não sendo, "foi vindo e nos criou" (isto é, criou o *nós* da família heteronímica, de um Eu partido e sem fim duplicado).

Nessa perspectiva, poder-se-ia afirmar que, através da dupla representação e/ou idealização da infância e dos meios para voltar a ela, dois conceitos ou visões da história, duas diferentes relações com o tempo se impõem em Pessoa e em Drummond. Por um lado, teremos a ocupação da realidade por parte de um sujeito que se desdobra infinitamente para infinitamente exorcizar a dispersão do Eu e a sua incapacidade de "fazer experiência", isto é, de crescer do ponto de vista cognitivo ultrapassando a fase infantil. Pelo outro, assistimos (para utilizar de forma arbitrária uma expressão de Luiz Costa Lima) a uma "corrosão" constante da identidade e a uma luta incessante para recompor as ruínas dispersas, os restos já ocultos duma existência integral. De um lado, teremos, enfim, quem sempre ficou "o menino da sua mãe" sonhando, por sua vez, em trazer "o universo ao colo"; do outro, quem procurou sempre exorcizar o fantasma duma infância perdida nas entranhas do tempo, na tentativa de salvar a história do seu ser arquivo (mapa, regesto, quadro…) de uma Ausência.

Podemos, nesse sentido, comparar dois poemas conhecidos para tentar confirmar a distância entre os dois poetas. O primeiro é assinado por Ricardo Reis, mas quem fala, evidentemente, é Fernando Pessoa, com toda a complexidade e o pessimismo que lhe são próprios:

> Nada fica de nada. Nada somos.
> Um pouco ao sol e ao ar nos atrasamos
> da irrespirável treva que nos pese
> da humilde terra imposta,
> cadáveres adiados que procriam.
> Leis feitas, estátuas vistas, odes findas —
> tudo tem cova sua. Se nós carnes

a que um íntimo sol dá sangue, temos
poente, por que não elas?
Somos contos contando contos, nada[6].

O segundo poema, muito mais extenso — e, por isso, vou apenas citar alguns excertos dele —, é o famoso "Resíduo", de Drummond:

De tudo ficou um pouco.
Do meu medo. Do teu asco.
Dos gritos gagos. Da rosa
ficou um pouco.

[...]

Pois de tudo fica um pouco.
Fica um pouco de teu queixo
no queixo de tua filha.
De teu áspero silêncio
um pouco ficou, um pouco
nos muros zangados,
nas folhas, mudas, que sobem.

Ficou um pouco de tudo
nos pires de porcelana,
dragão partido, flor branca,
ficou um pouco
de ruga na vossa testa,
retrato.

Se de tudo fica um pouco,
mas por que não ficaria
um pouco de mim? no trem
que leva ao norte, no barco,

---

6 Fernando Pessoa, *Obras completas*, v. III, *op. cit.* p. 147.

nos anúncios de jornal,
um pouco de mim em Londres,
um pouco de mim algures?
na consoante?
no poço?[7].

Aqui, a meu ver, delineia-se, com toda a evidência possível na escrita poética, a atitude diferente dos dois autores diante da história, da memória e da infância: de um lado, a natureza puramente ficcional da existência, causa e efeito duma visão do tempo como enterro incessante do passado, como sucessão infinita de instantes mortais da qual se salva apenas a *in-fância* enquanto dimensão — também do ponto de vista etimológico — do não dito e do não dizível; do outro lado, o culto obstinado desse tempo sepultado, dessa "infância pavorosamente perdida", numa tentativa de redenção do passado graças, justamente, a um trabalho memorial recompondo os traços semiapagados da existência própria e alheia, preservando aquele quase nada que resta e que, todavia, ajuda a implantar uma história no lugar do morto — de *"l'absent de l'histoire"*, como o definia Michel de Certeau. "Tudo tem cova sua", escreve Pessoa, e Drummond vai justamente procurar nesse abismo do Nada, vai cavar nesse "poço" uma possível salvação do sujeito, espelhando-se naquela continuidade material que nenhuma morte pode interromper, naqueles testemunhos quase inaudíveis ("consoantes", fonemas ou pouco mais) a que o Eu rememorante, feito historiador, tem que prestar ouvido.

Ao niilismo de um corresponde o relativismo do outro, ou melhor, ao absolutismo de Pessoa que vê na experiência e na história apenas Perda, Dispersão e Ausência de sentido em relação a uma *in-fância* que é, por contra, dimensão integral e mítica, subtraída ao tempo humano, corresponde a confiança obstinada de Drummond no poder da

---

[7] Carlos Drummond de Andrade, *Nova reunião*, v. I, *op. cit.*, pp. 154-155.

memória, na sua capacidade de se aproximar de novo, de voltar, atravessando a linguagem, recompondo as ruínas do presente, perto dum estado de silenciosa (*in-fantil*) perfeição. Nesse sentido, bastaria relacionar versos pessoanos como "Maravilha-te, memória!/ Lembras o que nunca foi,/ e a perda daquela história/ mais que uma perda me dói"[8], com o poema de abertura do primeiro livro de *Boitempo* e intitulado, justamente, "(In) Memória":

> De cacos, de buracos
> de hiatos e de vácuos
> de elipses, psius
> faz-se, desfaz-se, faz-se
> uma incorpórea face,
> resumo de existido.
>
> Apura-se o retrato
> na mesma transparência:
> eliminando cara
> situação e trânsito
> subitamente vara
> o bloqueio da terra.
>
> E chega àquele ponto
> onde é tudo moído
> no almofariz de ouro:
> uma europa, um museu,
> o projetado amar,
> o concluso silêncio[9].

Se o sujeito renuncia, em ambos os casos, à pretensão de resgatar plenamente o passado, de encher os seus vácuos, o poeta português trata, porém, da Perda como de uma

---

8 Fernando Pessoa, *Obras completas*, v. VIII, *op. cit.*, p. 162.
9 Carlos Drummond de Andrade, *Nova reunião*, v. II, *op. cit.*, p. 560.

condição que pode ser superada apenas na "maravilha", na situação estática e extática de uma reinvenção mítico-ficcional do tempo (como ele mostrou claramente em *Mensagem*), enquanto o poeta brasileiro aceita a incompletude e a insuficiência, aceita o desafio da Perda para recompor, no trabalho memorial, na elaboração do luto, no corpo a corpo com uma linguagem dispersa, aquela anomia e aquele anonimato, aquela "incorpórea face, resumo de existido" — aquele silencioso retrato do passado que permite, enfim, ao sujeito sobreviver, seja mesmo na sua dispersão e na sua precariedade. Se, então, para Pessoa a *In-fância* é o absolutamente Outro em relação à história e à experiência, para Drummond ela representaria aquele limiar, aquele "hiato" de que não se pode, mais uma vez, fazer experiência mas que todavia "abre à história o seu espaço"[10], ou seja, lhe *dá lugar*, na sua insuficiência e na sua continuidade descontínua.

Entre aquilo que some e que se perde e aquilo que resta e precariamente permanece, continuam, enfim, a se tecer os fios dum diálogo imaginário: confronto — impossível e, aliás, sem vencedores — entre dois discursos poéticos e dois percursos existenciais que continuam, apesar de tudo, a percorrer a estrada impérvia e, no fundo, intransitável levando à *In-fância*. Enquanto isso, obviamente, embaixo ou por trás de tudo isso, a vida, metade de nada, continua morrendo.

---

10 Giorgio Agamben, *Infanzia e storia: distruzione dell'esperienza e origine della storia*, Turim, Einaudi, 1978, p. 51.

O comum horror à realidade: o estranho caso de Ronald de Carvalho e Fernando Pessoa

Joana Matos Frias

Ronald de Carvalho faleceu no ano da morte, não de Ricardo Reis (que só viria a morrer às mãos de Saramago), mas do próprio Fernando Pessoa, a 15 de Fevereiro de 1935 (Pessoa morreria a 30 de Novembro). Malgrado a coincidência cronológica, o percurso de Ronald foi praticamente inverso ao de Pessoa, já que o enorme sucesso que teve em vida se converteu num enormíssimo esquecimento depois da morte, conforme assinalaram já vários estudiosos. Se Alexei Bueno, por exemplo, se limita a observar com imparcialidade que Ronald de Carvalho obteve a "consagração pelos seus contemporâneos e um parcial e paulatino mergulho no esquecimento após a sua morte inesperada"[1], há ainda quem,

---

1 Alexei Bueno, "A vida breve de Ronald de Carvalho", *in*: Alberto da Costa e Silva (org.), *O Itamaraty na cultura brasileira*, Brasília, Instituto Rio Branco, 2001, p. 285.

como Abel Barros Baptista no verbete que consagrou ao escritor no *Dicionário de Fernando Pessoa e do Modernismo português*, considere mesmo que "não haveria motivo de especial importância para recordar Ronald de Carvalho se, anos depois de *Orpheu*, o seu papel na Literatura Brasileira não evocasse de alguma maneira um paralelo com a acção de Pessoa, Sá-Carneiro e Almada"[2]. Acrescentemos talvez o nome de António Ferro a esta tríade.

Antes do *Orpheu* era de fato *A Águia*, reconhecido lugar da estreia crítica de Pessoa em 1912 com os ensaios "A nova poesia portuguesa sociologicamente considerada" e "A nova poesia portuguesa no seu aspecto psicológico", em que já anuncia o aparecimento para breve do seu supra-Camões (respectivamente: *A Águia*, 2ª série, nº 4, Porto, Abril de 1912; *A Águia*, 2ª série, nº 9, 11 e 12, Porto, Set., Nov. e Dez. de 1912). E o certo é que, ao contrário do *Orpheu*, *A Águia*, a par da *Atlântida* (1915-1920) e da brasileira *Fon-Fon*[3], desempenhou um papel bastante importante no estreitamento das relações culturais e literárias entre Portugal e Brasil, não apenas no plano das colaborações, mas também ao nível da difusão, uma vez que a revista de origem portuense circulou em lugares tão diversos quanto Rio de Janeiro (onde chegaria a ser impressa), Manaus, Pernambuco, Bahia ou Santos, de acordo com a informação recolhida e divulgada por Arnaldo Saraiva no seu estudo *Modernismo brasileiro e Modernismo português*[4].

A colaboração de Ronald de Carvalho nas páginas d'*A Águia* antecedeu assim e acompanhou a sua brevíssima aventura órfica, repartindo-se pela poesia e pelo ensaio.

---

2 Abel Barros Baptista, "Ronald de Carvalho", *in*: Fernando Cabral Martins (coord.), *Dicionário de Fernando Pessoa e do Modernismo português*, Lisboa, Editorial Caminho, 2008, p. 146.

3 Cf. Rui Sousa, "Os bastidores brasileiros de *Orpheu*: páginas da revista *Fon-Fon!* (1912-1914)", *Pessoa plural*, n. 7, primavera 2015.

4 Arnaldo Saraiva, *Modernismo brasileiro e Modernismo português: subsídios para o seu estudo e para a história das suas relações*, Campinas, Editora da Unicamp, 2004, pp. 89 e ss.

Ronald estreou-se na revista, em Julho de 1914, com a publicação dos poemas "O soneto da Amphora ou a morte de Byblis" e "Ophelia", a que se seguiria "A hora de penumbra e ouro", e mais tarde ainda os poemas "Primeira ebriez", "Spleen", "Fumo", "Balada" e, por fim, "De 'Sob a vinha florida'". A composição "A hora de penumbra e ouro" veio a lume no número de Março de 1915. Março de 1915, sim, data de nascimento do *Orpheu*, com o mesmo Ronald de Carvalho na direcção, e com um conjunto de poemas seus aí estampados ("A alma que passa", três sonetos; "Lâmpada nocturna", "Torre ignota", "Elogio dos repuxos" e "Reflexos"). "A hora de penumbra e ouro", n'*A Águia*, era dedicado ao político Nuno Simões e ao poeta simbolista português Eugénio de Castro. Se a dedicatória ao primeiro denuncia uma clara adesão ideológica de Ronald aos muitos esforços do jurista no âmbito das relações luso-brasileiras — relações não lineares, no entender de Ronald, conforme se pode concluir de palavras suas num artigo de 1920 em que dialoga com Fidelino de Figueiredo: "Nem Portugal pode prescindir do Brasil, nem o Brasil, por mais jovem e vigoroso, pode substituir Portugal. Ambos se completam na comunidade da língua e na diversidade do génio"[5] —, já a dedicatória ao autor de *Horas* e *Oaristos* vem iluminar com toda a evidência uma adesão estética, bem notória na construção de poemas como esse, ou como o mais tardio "O mercado de prata, de ouro e esmeralda", já do livro *Jogos pueris*, de 1926:

> Cheira a mar! cheira a mar!
> As redes pesadas batem como asas,
> As redes úmidas palpitam no crepúsculo.
> A praia lisa é uma cintilação de escamas.

5 Ronald de Carvalho, "Intercâmbio luso-brasileiro", *O Jornal*, Rio de Janeiro, 3 Out. 1920, *apud* Arnaldo Saraiva, *Modernismo brasileiro e Modernismo português*, *op. cit.*, p. 523. Cf. António Soares Amora, "Fidelino de Figueiredo e o colóquio luso-brasileiro", *Colóquio/Letras*, 112, Lisboa, nov. 1989, pp. 11-17.

Pulam raias negras no ouro da areia molhada,
O aço das tainhas faísca em mãos de ébano e bronze.
Músculos, barbatanas, vozes e estrondos, tudo se mistura,
Tudo se mistura no criar da espuma que ferve nas pedras.

Cheira a mar!

O corno da lua nova brinca na crista da onda.
E entre as algas moles e os peludos mariscos,
Onde se arrastam caranguejos de patas denticuladas
E onde bole o óleo gelatinoso das lulas flexíveis,
Diante de rede imensa na noite carregada de estrelas,
Na livre melodia das águas e do espaço,
Entupido de ar, profético, timpânico,
Estoura orgulhosamente o papo dum baiacu...[6].

Não foi aleatória nem gratuita a escolha deste texto, integrado num livro de Ronald frequentemente apontado como pertencendo a uma fase diferente da sua obra, que se teria iniciado com a publicação de *Epigramas irônicos e sentimentais*, em 1922, ano da Semana de Arte Moderna. Porque nele se exprime uma linhagem estética que firmemente estrutura toda a poesia de Ronald de Carvalho, desde *Luz gloriosa*, de 1913, que a dedicatória a Eugénio de Castro impressa nas páginas d'*A Águia* explicita e intencionalmente acusa, e que não deixa de iluminar a afinidade eletiva do escritor com a obra de Mário de Sá-Carneiro, sobre quem escreveria na revista *Careta* a 20 de Junho de 1914[7]. Mas não deixa de ser digno de nota o fato de Eugénio de Castro ser justamente um dos escolhidos por Pessoa

---

6 Ronald de Carvalho, *Jogos pueris*, Rio de Janeiro, 1926.
7 Trata-se do texto intitulado "Os raros da beleza", que acompanha a publicação do poema "Escavação" de Sá-Carneiro na revista *Careta*; o artigo de Ronald encontra-se integralmente reproduzido na secção de Documentos Dispersos do estudo de Arnaldo Saraiva (*Modernismo brasileiro e Modernismo português*, op. cit., pp. 502-503).

para representar a excelência da poesia simbolista portuguesa, ao lado de António Feijó, assim como foi, não sem alguma contrariedade ou contradição, um dos poucos poetas valorizados pelo heterónimo Ricardo Reis. Diz Pessoa:

> Entre nós conhece-se pouco a literatura portuguesa. Mas mesmo que se conhecesse muito seria difícil determinar de onde esta nova escola vem. Depois da França, foi Portugal, ainda que poucos o saibam, quem teve uma escola simbolista caracterizadamente tal; *dela ficaram apenas dois nomes, se tanto: Eugénio de Castro e António Feijó*[8].

E Reis ressalta, no Prefácio às *Odes*:

> Só num homem nitidamente eu vi qualquer [cousa] de, não já culturalmente, mas de intimamente, ligado ao espírito helénico. Foi em Eugénio de Castro. Mau grado o molho de moderno e o lixo de católico e medieval que ensopa e entulha a sua visão essencialmente pagã, qualquer coisa há nele que o aproxima dum crente verdadeiro nos deuses, dum homem cuja visão da Natureza vem coada através do estado de alma de que a crença nos deuses antigos e insultados é a legítima escultura em expressão anímica[9].

A Ronald de Carvalho terá decerto interessado mais o destaque de Pessoa do que o de Reis: na verdade, as pedras preciosas que parecem transitar directamente dos preciosismos simbolistas para os versos do poeta brasileiro são apenas a manifestação de superfície, no plano lexical, de uma linhagem simbolista muito particular, firmada na

---

8 Fernando Pessoa, *Escritos sobre génio e loucura*, v. I, ed. Jerónimo Pizarro, Lisboa, Imprensa Nacional-Casa da Moeda, 2006, pp. 389-391; grifos meus.
9 Ricardo Reis, *Obra completa de Ricardo Reis*, ed. Jerónimo Pizarro e Jorge Uribe, Lisboa, Tinta da China, 2016.

invulgar síntese do culto do verso livre com a expressão sensualista, plasticamente colorista e impressionista, que, malgrado a insistência no vago e no sonho da sugestão (ou na sugestão do sonho) de pendor mallarmeano, não recua perante a urgência da precisão comparativa e metafórica, como a que surpreendemos nos versos já citados "As redes pesadas batem como asas,/ As redes úmidas palpitam no crepúsculo./ A praia lisa é uma cintilação de escamas", nos quais parecem ecoar passagens de Eugénio de Castro como "O céu fulgia como a cauda dum pavão", "Frágil como um jasmim que o vento sobressalte", ou "Sardas de Outono, as folhas secas navegaram nos paúis..."[10].

Quer dizer, aquela "lira de índole simbolista" que desde muito cedo foi identificada na poesia do livro parisiense *Luz gloriosa*[11] — livro no qual o poeta sonha "na fronde farfalhante/ um Sonho simbolista"[12] — manifesta-se, no plano do conteúdo, nos motivos decadentistas, com destaque para as pedras preciosas (cf. "Rubis do sol-levante... Ametistas do Poente.../ Safiras do Verão... Turmalinas do Outono..."), no colorismo entre o de Gomes Leal e o de Sá-Carneiro, nas

---

10 Eugénio de Castro, *Obras poéticas de Eugénio de Castro*, v. I, reprod. fac-similada dir. Vera Vouga, Porto, Campo das Letras, 2001, pp. 67, 76 e 195.
11 Cf. AA. VV., *Antologia da moderna poesia brasileira*, s.l., Revista Acadêmica, 1939, p. 105 [nota sobre Ronald de Carvalho, não assinada].
12 Ronald de Carvalho, *Luz gloriosa*, Paris, Casa Crès et Cie., 1913. A este propósito, comenta Alexei Bueno: "De fato, se a ambição pictórica, cromática, descritiva e sobretudo ornamental do poema nos reporta indubitavelmente ao Parnasianismo, o tom incorpóreo, etéreo, reforçado pelo uso realmente excessivo de reticências nos remetem a uma ambiência do Simbolismo, reforçada aliás pela expressão "Sonho simbolista" do último verso da primeira estrofe. Certo gosto decadentista pelas pedrarias e outras galas de glórias extintas, como se vê nos dois primeiros versos da quinta estrofe, não deixa de nos lembrar práticas semelhantes encontráveis em um poeta genial de inegável filiação simbolista-decadentista como Mário de Sá-Carneiro, seu futuro companheiro de *Orpheu*, e aliás não só no poeta como no prosador, bastando lembrar como prova certas descrições, de um excesso entre o barroco, o simbolista e o moderno — que nos recordam a pintura de um Gustave Moreau — em *A confissão de Lúcio*" ("A vida breve de Ronald de Carvalho", *op. cit.*).

sinestesias (mesmo as refinadas, como o "desespero azul" e a "alma branca", as "brancas monotonias", "aquele ambiente roxo-frio", ou o "Amor translúcido"), mas revela-se fundamentalmente, no plano da expressão, não tanto no também característico discurso reticente e maiusculizado quanto no cuidado posto na composição rítmica do verso não metrificado. Voltemos a Eugénio de Castro e à abertura da primeira edição de *Oaristos*, de 1890, na qual o poeta anunciava, em tom vanguardista e panfletário: "Este livro é o primeiro que em Portugal aparece defendendo a liberdade do Ritmo"[13]. Talvez assim se ilumine melhor a dedicatória de Ronald ao poeta português, mas sobretudo o programa poético subjacente a textos como "Ritmos rústicos" e "Sonata sem ritmo", do livro inaugural, ou, muito especialmente, o programa anunciado na conhecida arte poética "Teoria", de *Epigramas irônicos e sentimentais*:

Cria o teu ritmo a cada momento.

Ritmo grave ou límpido ou melancólico;
ritmo de flauta desenhando no ar imagens claras
de bosques, de águas múrmuras, de pés ligeiros e de asas;
ritmo de Harpas,
ritmo de bronzes,
ritmo de pedras,
ritmo de colunas severas ou risonhas,
ritmo de estátuas,
ritmo de montanhas,
ritmo de ondas,
ritmo de dor ou ritmo de alegria!
Não esgotes jamais a fonte da tua poesia,
enche a bilha de barro ou o cântaro de granito
com o sangue da tua carne e as vozes do teu espírito!
Cria o teu ritmo livremente,

---

13 Eugénio de Castro, *Obras poéticas de Eugénio de Castro*, v. I, *op. cit.*, p. 58.

como a natureza cria as árvores e as ervas rasteiras.
Cria o teu ritmo e criarás o mundo![14]

Em primeiro lugar, destaquemos esta anunciação do carácter performativo do ritmo. Mas atentemos ainda que, como T.S. Eliot, seu contemporâneo e também um clássico do Modernismo, Ronald de Carvalho tem a plena consciência poética de que o verso livre, para ser bom, será tudo menos *livre*, aspecto que o próprio Pessoa não deixou de enunciar num breve prefácio de 1932 em que distinguiria os estádios quantitativo (da poesia grega e latina), silábico e rítmico das formas poéticas, para concluir:

> É regra de toda a vida social que, quanto mais liberdade nos é dada, menos podemos dar a nós mesmos. Se me fecharem num subterrâneo, tenho liberdade de fazer muita coisa sem risco de cair do telhado abaixo. No telhado, em pleno ar livre, tenho que ver melhor onde ponho os pés. *A vantagem e desvantagem da poesia rítmica, ou livre, é que ela exige de nós que nos disciplinemos com uma força e uma segurança que as poesias menos livres nos não exigiam, pois elas mesmas tinham em si com que disciplinar-nos.* Isto é vantagem porque a disciplina assim adquirida é mais íntima e profunda; é desvantagem porque é muito mais difícil de adquirir[15].

É neste sentido que se pode aventar a hipótese de o exercício rítmico de Ronald de Carvalho ter raízes detectáveis em Walt Whitman, mas muito provavelmente mediadas pelo contacto com o verso de Álvaro de Campos, como sugeriu Arnaldo Saraiva ao constatar a "chegada" tardia do poeta brasileiro ao autor de *Leaves of Grass* para questionar: "Terá sido por Campos que Ronald chegou,

---

14 Ronald de Carvalho, *Epigramas irônicos e sentimentais*, Rio de Janeiro, Anuário do Brasil, 1922, pp. 131-132.
15 Fernando Pessoa, "Prefácio a *Acrónios*" (de Luís Pedro, Lisboa, 1932), *in*: *Textos de crítica e de intervenção*, Lisboa, Ática, 1980, p. 193; grifos meus.

tardiamente, a Whitman?"[16]. A mediação parece tornar-se evidente nas sequências anafóricas e enumerativas que marcam a composição retórico-sintáctica de grande parte dos poemas do livro *Toda a América*, de 1926[17], ano em que o próprio Álvaro de Campos alude num registo algo enigmático a "uma publicação brasileira que tem versos seminais nas minhas emoções"[18]:

> Nesta hora de sol puro
> palmas paradas
> pedras polidas
> claridades
> faíscas
> cintilações
> Eu ouço o canto enorme do Brasil!
> [...]
>
> Eu ouço todo o Brasil cantando, zumbindo, gritando,
>   vociferando!
> Redes que se balançam,
> sereias que apitam,
> usinas que rangem, martelam, arfam, estridulam, ululam
>   e roncam,
> tubos que explodem,

---

16 Arnaldo Saraiva, *Modernismo brasileiro e Modernismo português*, op. cit., p. 189. Alexei Bueno apontou também em Ronald de Carvalho "uma influência atenuada de Whitman — atenuada no sentido do fôlego intrinsecamente mais curto e menos épico do que o do genial poeta americano, mesmo conhecendo o brasileiro, com primazia entre os de sua geração, as odes monumentais, de verdadeiro sopro whitmaniano, realizadas por Álvaro de Campos/Fernando Pessoa mais de dez anos antes, inclusive na própria revista *Orpheu* que dirigira" (*A vida breve de Ronald de Carvalho*, op. cit., p. 215).
17 Cf. Dieter Woll, "Ideia e expressão da totalidade em Fernando Pessoa e Ronald de Carvalho", in: *Canticum Ibericum: neuere spanische, portuguisische und lateinamerikanische Literatur im Spiegel von Interpretation und Übersetzung*, Frankfurt, Vervuert Verlag, 1991.
18 Cf. Arnaldo Saraiva, *Modernismo brasileiro e Modernismo português*, op. cit., p. 189.

guindastes que giram,
rodas que batem,
trilhos que trepidam,
rumor de coxilhas e planaltos, campainhas, relinchos,
 aboiados e mugidos,
repiques de sinos, estouros de foguetes, Ouro-Preto, Bahia,
 Congonhas, Sabará,
vaias de Bolsas empinando números como papagaios,
tumulto de ruas que saracoteiam sob arranha-céus,
vozes de todas as raças que a maresia dos portos joga no
 sertão!

Nesta hora de sol puro eu ouço o Brasil.
Todas as tuas conversas, pátria morena, correm pelo ar...
a conversa dos fazendeiros nos cafezais,
a conversa dos mineiros nas galerias de ouro,
a conversa dos operários nos fornos de aço,
a conversa dos garimpeiros, peneirando as bateias
a conversa dos coronéis nas varandas das roças...
[...][19].

Poderá ser também o Apollinaire espiritonovista defendendo que é necessário suprimir a pontuação que aqui ressoa; mas não deixa de ser curioso lembrarmos que, num interessante episódio editorial, Pessoa terá procedido a uma abusiva anulação da pontuação num dos sonetos com que Ronald de Carvalho colaborou no primeiro número de *Orpheu*, numa fase ainda pós-simbolista da sua produção. Atentemos na confissão do poeta português:

Um sonetilho de Ronald de Carvalho vinha, por distracção ou outro qualquer motivo, mal pontuado. Tinha só um ponto no fim das quadras e outro no fim dos tercetos. Esta

---

19 Ronald de Carvalho, *Toda a América*, Rio de Janeiro, Pimenta de Mello & Cia., 1926, pp. 19-25.

deficiência lembrou-me a extravagância de Mallarmé, alguns de cujos poemas não têm pontuação alguma, nem no fim um ponto final. E propus ao Sá-Carneiro, com grande alegria dele, que fizéssemos, por esquecimento voluntário, a mesma coisa ao soneto de Ronald de Carvalho. Assim saiu. Quando mais tarde um crítico apontou indignadamente que "a única coisa original" nesse soneto era não ter pontuação, senti deveras um rebate longínquo num arremedo de consciência. Depressa me tranquilizei a mim mesmo. A falta de fim justifica os meios[20].

Em rigor, portanto, e de acordo com as palavras de Pessoa, poderíamos até pensar na possibilidade de equacionar o soneto "Torre ignota" como uma composição de dupla autoria, assim se consumando as afinidades eletivas entre os dois poetas. Porém, com ou sem mediação, o certo é que Ronald viria a ser apontado como *"the most Whitmanian writer"* na literatura brasileira modernista[21], rótulo atribuído sobretudo graças aos poemas reunidos justamente no volume *Toda a América*, de 1926, na qual, de resto, a presença de Whitman é marcada intertextualmente, o que valeria a Ronald a apreciação pouco entusiasmada do coetâneo Manuel Bandeira:

20 Fernando Pessoa, *Nova Renascença*, n. 2, inverno 1981, *in*: *Sensacionismo e outros ismos*, org. Jerónimo Pizarro, Lisboa, Imprensa Nacional-Casa da Moeda, 2009.
21 Cf. Maria Clara Bonetti Paro, "Walt Whitman in Brazil", *Walt Whitman Quarterly Review*, v. 11, n. 2, outono 1993, p. 61: *"As far as form is concerned, the two poets are most different, ironically, at precisely the moment when they seem most similar. Although Carvalho uses free verses in a manner that is reminiscent of Whitman, he frequently breaks up his lines, forming several verses; Whitman avoided such enjambement. By breaking up Whitman's endstopped lines or thought rhythm, Carvalho also moves away from another key feature of Whitman's technique — the caesura. In its formal restraint, Carvalho's free verse is sometimes closer to Apollinaire's model. Nevertheless, when he sets his expansive lines with a relatively fixed initial structure, his verse resembles Whitman's. Just like Whitman's twenty-one-line delay of the main verb in 'Out of the Cradle Endlessly Rocking', Carvalho withholds the verb in the first stanza of 'Advertência' [Warning] and writes a poem that clearly sounds Whitmanian"*.

Nesse momento esquecia-se Ronald de Carvalho de que essa alegria, essa liberdade, essa substância "lírica e numerosa" já estava expressa e como que esgotada na voz verdadeiramente continental de Walt Whitman. Eis porque as imagens fulgurantes e os ritmos amplos dos seus poemas americanos ressoam aos nossos ouvidos como eco, talvez mais concertados, porém menos ingênuos, menos "inocentes" do que os acentos mais potentes, os acentos geniais de *Leaves of Grass*. Nem podia ser de outro modo já que por fatalidade de temperamento, pela severa educação e pela sua própria concepção da arte era Ronald de Carvalho aquele "dançarino acorrentado" da imagem de Nietzsche[22].

No seu ensaio especificamente dedicado à presença de Walt Whtiman na literatura brasileira, Maria Clara Bonetti Paro assinalou com toda a pertinência o fato de, apesar de tudo, serem detectáveis diferenças marcantes na composição versificatória de cada um dos dois poetas. Mas a apreciação do também pós-simbolista Bandeira em tom de "angústia da influência" é sobretudo um termómetro bastante significativo da variação de temperatura que as relações literárias de Ronald com os seus contemporâneos foram experimentando, se não esquecermos que o autor de *Cinza das horas* participou com alguma assiduidade nas célebres *soirées* promovidas por Ronald em sua casa no bairro de Humaitá, onde aliás daria a conhecer o poema "Berimbau", e onde assistiria à primeira leitura dos poemas de *Pauliceia desvairada*, por Mário de Andrade; se não esquecermos ainda que Bandeira escolheria os poemas "Brasil" e "Toda a América" para integrarem a secção "Modernismo" da sua antologia de poesia brasileira, e, muito especialmente, que a mais marcante presença de Ronald de Carvalho na Semana de Arte Moderna

---

22 Manuel Bandeira, "Apresentação da poesia brasileira", *in*: *Poesia completa e prosa*, Rio de Janeiro, Nova Aguilar, 1990, p. 615.

se deveria ao facto de ter substituído Bandeira (então com tuberculose) na agitada leitura do poema-paródia "Os sapos", incluído no livro *Carnaval*[23].

De facto, a história das relações modernistas de Ronald de Carvalho parece acompanhar a história da apreciação crítica da sua obra, que na verdade nunca gerou consenso, nem sequer no plano da avaliação da sua atitude ético-estética. O mesmo Mário de Andrade que fez questão de apresentar a *Pauliceia desvairada* em casa do escritor, e que declararia em carta a Manuel Bandeira "Eu tenho o Ronald pela inteligência mais harmoniosa que conheço", sublinhando que o considerava "magistral" na poesia, viria a ser implacável na análise dessa mesma poesia, exercendo a sua sinceridade "com um alto grau de crueldade", de acordo com a aguda descrição de Kátia Gerab Baggio[24].

Se é certo que a Ronald se atribui grande importância na invenção de *Orpheu* — não a Jorge de Lima —, ao lado de Luís de Montalvor — que por outra estranha coincidência também viria a morrer num inexplicado acidente de automóvel —, é igualmente certo que o seu nome desapareceria da revista (enquanto diretor e colaborador) logo no segundo número — em que passaram a figurar como diretores Pessoa e Sá-Carneiro —, sem que, ao que se sabe, tenha havido qualquer razão de fundo para que tal acontecesse, a ponto de no texto-quase-epitáfio "Nós os de 'Orpheu'", em Novembro de 1935, Pessoa mencionar apenas a exclusão dos brasileiros Ronald e Eduardo Guimarães "por motivo de estreiteza de tempo e largueza de distância",

---

23 Na primeira noite da Semana, Ronald apresentou a conferência "A pintura e a escultura moderna no Brasil", e declamou também poemas de sua autoria e de Ribeiro Couto.
24 "Ronald de Carvalho e *Toda a América*: diplomacia, ensaísmo, poesia e impressões de viagem na sociabilidade intelectual entre o Brasil e a Hispano-América", *in*: José Luís Bendicho Beired, Maria Helena Capelato e Maria Lígia Coelho Prado (orgs.), *Intercâmbios políticos e mediações culturais nas Américas*, Assis/São Paulo, Unesp Publicações/USP, 2010, pp. 50-51.

argumento aliás também aplicado ao caso do açoriano Côrtes-Rodrigues[25].

Ora, o mesmo Pessoa que em carta a Armando Côrtes-Rodrigues de Fevereiro de 1915 apontara Ronald como "um dos mais interessantes e nossos dos poetas brasileiros de hoje"[26], e que a 24 de Fevereiro de 1915 agradeceria ao poeta brasileiro o envio do seu *Luz gloriosa* declarando "Há em si o com que os grandes poetas se fazem", não guardaria na sua biblioteca mais do que esse mesmo exemplar de *Luz gloriosa*, a par de um retrato do poeta brasileiro desenhado por António Carneiro (ambos ofertas), como Ronald não guardaria do poeta português nenhum vestígio de leitura, o que de resto também é coerente com o facto de nunca ter escrito uma linha sobre Pessoa[27]. Ainda assim, torna-se particularmente interessante atentar aos termos com que Pessoa se dirige a Ronald a propósito do seu livro, e acompanhá-los de alguma atenção à leitura que Pessoa eventualmente terá feito dessa *Luz gloriosa*.

O *incipit* da carta de Pessoa não poderia ser mais pessoano: "Escrevo-lhe a desoras da delicadeza", começa Pessoa para se desculpar do atraso no agradecimento do livro que Ronald lhe fizera chegar pelas mãos de Luís de Montalvor.

---

25 Fernando Pessoa, *Sudoeste*, Lisboa, n. 3, nov. 1935, reprod. *in*: *Textos de crítica e de intervenção*, *op. cit.*, p. 227.
26 "Vai entrar imediatamente no prelo a nossa revista, *Orpheu*, de que é director em Portugal um poeta, Luís de Montalvor, amigo íntimo do Sá-Carneiro, e meu amigo também, e no Brasil um dos mais interessantes e nossos dos poetas brasileiros de hoje, Ronald de Carvalho" (Fernando Pessoa, *Correspondência 1905-1922*, ed. Manuela Parreira da Silva, Lisboa, Assírio & Alvim, 1999, p. 150).
27 Cf. Arnaldo Saraiva, *Modernismo brasileiro Modernismo português*, *op. cit.*: "A este soneto ['E o veleiro partiu...'] — que Pessoa leu certamente pouco antes de compor a 'Ode marítima' — se referia, em termos que mais acentuam a hipótese da contaminação, a carta de agradecimento de *Luz gloriosa* [divulgada apenas em 1955]: 'Há em si o com que os grandes poetas se fazem. De vez em quando a mão do escultor de poemas faz falhar as curvas irreais de sua Matéria. E então é o seu poema sobre o Cais, a sua impressão do Outono, e este e aquele verso, tal poema ou tal outro, caído dos Deuses como o que é azul do céu nos intervalos da tormenta...'".

E se é certo que começa por assumir o seu estatuto de "mais severo dos críticos", apontando um certo carácter embrionário do livro, denunciando-lhe "imperfeições e inacabamentos", a verdade é que prossegue declarando que o livro "é dos mais belos que recentemente tenho lido" e que há em Ronald "o com que os grandes poetas se fazem", antecipando assim de alguma forma a importante evolução que a escrita do poeta brasileiro ainda viria a sofrer. Haveria então no livro, na síntese de Pessoa, versos e poemas caídos "dos Deuses como o que é azul do céu nos intervalos da tormenta…". O mais severo dos críticos não se abstém de declarar que só a quem muito aprecia escreve "destas coisas", acabando por promover um laço de família entre os dois nos termos que se seguem:

> Por certo que outrora nos encontrámos e entre sombras de alamedas dissemos um ao outro o nosso comum horror à Realidade. Lembra-se? Nós éramos crianças.
> Tinham-nos tirado os brinquedos, porque nós teimávamos que os soldados de chumbo e os barcos de latão tinham uma realidade mais precisa e esplêndida que os soldados-gente e os pobres barcos que são úteis no mundo. Nós andámos animados longas horas pela quinta. Como nos tinham tirado as coisas onde púnhamos os nossos sonhos, pusemo-nos a falar delas para as ficarmos tendo outra vez. E assim tornaram a nós, em sua plena e esplêndida realidade — que paga de seda para os nossos sacrifícios! —, os soldados de chumbo e os barcos de latão, e através das nossas almas continuaram sendo, para que nós brincássemos com a ideia deles. A hora (não se recorda?) não era demasiado certa e humana. As flores tinham a sua aí e o seu perfume de soslaio para a nossa atenção. O espaço todo estava levemente inclinado, como se Deus, por astúcia de brincadeira, o tivesse levantado do lado das almas; e nós sofríamos a instabilidade do jogo divino como crianças que riem das partidas que lhes fazem, porque sejam mostras de adulta afeição.

Foram belas essas horas tristes que vivemos juntos. Nunca tornaremos a ver essas horas, nem esse jardim, nem os nossos soldados e os nossos barcos. Ficou tudo embrulhado no papel de seda da nossa recordação de tudo aquilo. Os soldados — os pobres deles — furam quase o papel com as espingardas eternamente ao ombro. As proas das barcas estão sempre para romper o invólucro. E sem dúvida que todo o sentido do nosso Exílio é este — o terem-nos embrulhado os brinquedos de antes da vida, terem-nos posto na prateleira que está exactamente fora do nosso gesto e do nosso jeito. Haverá uma justiça para as crianças que nós somos? Ser-nos-ão restituídos, por mais que cheguem aonde não chegamos, os nossos companheiros de sonho, os soldados e os barcos?... sim, e mesmo porque nós não éramos isto que somos?... Éramos de uma artificialidade mais divina... Parecíamos estar destinados a coisas menos tristes do que a alma.
[...] Foram deveras de um ateísmo espiritual aquelas horas que perdemos nos jardins. Existíamos aí nós, porque o jardim éramos nós também. Depois os séquitos foram-se.
Os sons de sua ida prolixa demoraram-se na aragem... Ficou-nos a alma, como um exílio inevitável, e nós escrevemos versos para nos lembrarmos de que fomos...[28].

Se a intimidade intelectual destas linhas deixa entrever uma afinidade e uma sintonia que tornam ainda mais difícil o entendimento da súbita desaparição de Ronald do círculo pessoano de contactos, uma vista de olhos pelas marcas de leitura que Pessoa foi deixando no seu exemplar de *Luz gloriosa*[29] vem ainda agudizar a estranheza do caso, por-

---

28 Publicada na *Tribuna da Imprensa*, Rio de Janeiro, 12-13 fev. 1955, com o título "Carta inédita de Fernando Pessoa a Ronald de Carvalho", *in*: Fernando Pessoa, *Correspondência 1905-1922*, op. cit., pp. 151-152. Para um instigante comentário a alguns aspectos decisivos desta carta, cf. Nuno Amado, "Adultismo pra brinquedos", *Estranhar Pessoa*, n. 3, out. 2016.
29 Disponível para visualização e consulta na Biblioteca Particular de Fernando Pessoa integrada no site da Casa Fernando Pessoa.

quanto nelas se pode constatar o quanto o assumido crítico implacável se reviu em certas passagens e versos do livro do poeta brasileiro: em poemas com títulos tão significativos como "Ritmos rústicos" ou "Sonata sem ritmo", em passagens penumbristas de nítida inclinação paulista ("Num Pôr de Sol... pelo Outono das rosas..."; "e o cais... e a sombra e o Mundo..."; "naquele ambiente roxo-frio"), ou, muito decisivamente, em formulações enunciativas que procuram configurar o problema da subjetividade em moldes muito aproximados dos que estariam na base da criação heteronímica, como acontece de forma muito flagrante no poema "Versos sem rumo", que termina com o verso "Mas eu fujo de mim para ser sempre o mesmo". É naturalmente óbvia a razão que terá suscitado o interesse de Fernando Pessoa por este poema e por este verso em particular: só que a evidência parece tornar ainda mais desconcertante o silenciado afastamento dos dois autores, sobretudo se tomarmos em consideração o fato de Ronald de Carvalho ter consagrado atenção crítica específica à obra de Sá-Carneiro, ao contrário do que aconteceu com o autor de "Autopsicografia".

Com efeito, Ronald fez questão de publicar um texto sobre Sá-Carneiro, "Os raros da beleza", a acompanhar a publicação na revista *Careta* do poema "Escavação" do autor de *Dispersão*, em Junho de 1914, em cujos versos aparecia desde logo uma "luz harmoniosa" muito afim à coetânea "luz gloriosa" do próprio Ronald. Em boa verdade, e apesar do juízo de Manuel Bandeira de que nada se continha em Ronald que revelasse o contacto "com a estranha poesia de Mário de Sá-Carneiro e Fernando Pessoa" (referindo-se a uma época em que Ronald nem sequer teria tido de facto contacto com as obras dos dois portugueses)[30], não é possível branquear a evidência de que, no Modernismo como nas páginas do primeiro *Orpheu*, Sá-Carneiro e Ronald de Carvalho representavam ambos, ainda que com as devidas

---

30 Manuel Bandeira, *Apresentação da poesia brasileira*, *op.cit.*, p. 614.

diferenças, a linhagem pós-simbolista do Modernismo em língua portuguesa (isto é, respectivamente, simbolista-paulista e simbolista-penumbrista), e não a sua vertente vanguardista (que de resto, no primeiro número da revista, praticamente só se manifestaria no último poema aí publicado, "Ode triunfal", de Álvaro de Campos)[31].

Se é verdade que há muitos críticos para quem, como para Alexei Bueno, "parte do melhor modernismo saiu da experiência simbolista", quer na Literatura Brasileira quer em nível internacional, não é menos verdade que, no entender de muitos juízos menos maduros ou amadurecidos, o Modernismo teria obrigatoriamente de equivaler a vanguardismo, com as correspondentes atitudes próprias dos grupos polémicos e eliminatórios, o que explicaria, desde logo, a apreciação de Sérgio Buarque de Holanda em 1926 de que a tríade carioca Graça Aranha, Guilherme de Almeida e Ronald de Carvalho não valeria nada para o Modernismo brasileiro[32], corroborada mais tarde pela avaliação sumária

---

31 Na sua reflexão sobre a passagem de Ronald de Carvalho por Portugal, Ricardo Daunt foi particularmente sensível a este aspecto: "O que vemos então nesses versos de Ronald de Carvalho? Vemos sem dúvida um paulismo, mas a sequência de estados de alma-paisagens não está presente. No lugar dela temos a paisagem fixa, estimulando estados de alma conflitantes ('volúpia de fugir — ser longe e ser distância,/ e tornar logo no cais e de novo partir!'). Temos pois um paulismo refreado pela herança simbolista, e que, por esse motivo, se fixa numa imagem geradora central, explorando sua tensão metafórica ao longo de todo o poema. Assim, no paulismo dos versos acima não vamos encontrar uma sucessividade de estados de alma-paisagens, como no paulismo à moda pessoana. Nem tampouco iremos encontrar um paulismo à Sá-Carneiro, ou seja, um paulismo lastreado na utilização de sucessivas metáforas concreto-abstratas. O que temos no poema de Ronald de Carvalho é um outro paulismo, que podemos chamar de simbolismo-paulismo" ("A passagem de Ronald de Carvalho por Portugal", *Sibila: Revista de Poesia e Crítica Literária* — sibila.com.br —, 5 abr. 2009).
32 No artigo "O lado oposto e outros lados", publicado na *Revista do Brasil*, out. 1926, em que rotula "o academismo do grupo Graça Aranha-Ronald-Renato Almeida" e acusa especialmente Guilherme de Almeida e Ronald

de Sérgio Milliet: "Ronald de Carvalho, assim como outros da semana, não foi um modernista"[33]. Ora, seria preciso não ignorar, como evidenciou Jorge de Sena no seu magnífico "Ensaio de uma tipologia literária", que o que verdadeiramente se opõe à atitude modernista, no plano ético-estético, é a atitude academicista, essa em que "o exercício adentro das regras, que não faça perigar uma 'salutar' repetição de formas esvaziadas, preenche perfeitamente as funções de uma ética artística". Isto é: o clássico, do ponto de vista estético e tipológico, não se opõe ao modernista, mas ao barroco (no plano da expressão) ou ao romântico (no plano da emoção), tal como o simbolista também não se opõe ao modernista, mas sim ao naturalista. Octavio Paz demonstrou com toda a clareza como o modernismo clássico anglo-americano de T.S. Eliot e Ezra Pound se constituiu e afirmou com base nesta consciência de que romper com a tradição da ruptura pode ser também, em rigor, um gesto de ruptura. O que parece fazer todo o sentido quando surpreendemos o mesmo Ronald de Carvalho que pajeou Marinetti durante a sua viagem pelo Brasil em 1926[34] a proclamar, dois anos antes, em carta a Jackson de Figueiredo,

---

▶ de Carvalho de terem falhado "irremediavelmente". Para Buarque de Holanda, ambos estariam assim "situados positivamente do lado oposto", e os livros *Raça*, de Guilherme de Almeida, ou *Toda a América*, de Ronald de Carvalho, seriam obras compostas "conforme esquemas premeditados", pelo que conclui: "Houve tempo em que esses autores foram tudo quanto havia de bom na literatura brasileira. No ponto em que estamos hoje, eles não significam mais nada para nós" (*O espírito e a letra: estudos de crítica literária 1920-1947*, v. I, org. Antonio Arnoni Prado, São Paulo, Companhia das Letras, 1996, pp. 224-228).

33 Sérgio Milliet, *Panorama da moderna poesia brasileira*, Rio de Janeiro, Serviço de Documentação do MES, 1952, p. 41.

34 Aliás, Marinetti terá mesmo declarado, a propósito de *Toda a América*: "Non trovai un sol poema che mi desse, come *Tutta l'America* di Ronald de Carvalho, impressione piú nitida e violenta della vita americana" (*apud* Alexei Bueno, "A vida breve de Ronald de Carvalho", *op. cit.*).

"O Futurismo também é passadismo. Morra o Futurismo"[35], mas sobretudo quando lemos as linhas introdutórias do artigo que dedicara ao português António Ferro em 1922, no qual inevitavelmente ecoam as reflexões do Eliot de "Tradition and the Individual Talent":

> O problema da liberdade criadora envolve, desde logo, uma questão básica: a da tradição. Devemos, antes do mais, apurar até onde vai, na obra de arte, a influência do passado, o que representa esse valor no esforço da criação. Mostra-nos a história do pensamento humano que a tradição, longe de ser um elemento fixo e invariável, é um instrumento auxiliar do espírito, um ponto de referência de que este se serve para verificar as novas experiências a que vai procedendo através das idades. A tradição, pois, não é uma regra de conduta, um dogma fechado, um imperativo categórico inevitável.
> O verdadeiro artista ama a tradição mas abomina o tradicionalismo, admira aqueles que elevaram o génio criador da humanidade [...]. Tradicionalismo, em arte, quer dizer mimetismo frio, impassível, monstruoso[36].

Em 1928, o seu "Ensaio sobre a estética moderna", composto em diálogo entre um Alexandrino e um Bárbaro, de modo muito semelhante aos ensaios de Oscar Wilde que formam o volume *Intentions* e que Bernardo Soares declaradamente convoca na sua genealogia do desassossego, viria reforçar e aprofundar esta reflexão.

Quer dizer, como Eliot, Ronald defende o vínculo com a tradição enquanto projeto necessário e ativo de todo o poeta consciente, cuidado que aliás o próprio António Ferro lhe

---

35 Carta divulgada no diário carioca *O Jornal*; cf. Kátia Gerab Baggio, "Ronald de Carvalho e *Toda a América*", op. cit., p. 40.
36 Ronald de Carvalho, "Apresentação de António Ferro", in: Arnaldo Saraiva, *Modernismo brasileiro e Modernismo português*, op. cit., pp. 534 e ss.

reconhecerá pouco tempo depois, a propósito de *Epigramas irônicos e sentimentais*, elogiando em Ronald de Carvalho o fato de amar o presente "sem desdenhar o passado"[37]. Mas há um outro fator que António Ferro destaca neste livro, e que, esse sim, vem iluminar com nitidez o papel determinante que os *Epigramas* desempenham numa certa mudança que o discurso poético de Ronald sofre a partir de 22: para Ferro, nesse volume, "o Brasil é desenhado a quatro traços à japonesa, à maneira do Fujita". Curiosamente, uma referência plástica japonesa mais antiga acabará por aparecer em versos posteriores de Ronald de Carvalho, já nas páginas de *Jogos pueris*:

> Nos charcos chatos
> caniços verticais
> rompem retos
> a lua redonda.
>
> A lua redonda
> onde pula a carpa de Hokusai[38].

Aqui, como na observação de Ferro, o que está em causa é um único processo: o poeta abandonou progressivamente as manchas de cor que dominavam a expressão impressionista e fauvista dos primeiros livros, para as substituir pelos contornos precisos das formas geométricas, de inclinação cubista e abstraccionista. Quer dizer, se os primeiros versos de Ronald de Carvalho se compuseram a partir de um olhar inocente — não nos esqueçamos que

---

[37] António Ferro, "A nova literatura brasileira" (1924), *in:* Arnaldo Saraiva, *Modernismo brasileiro e Modernismo português*, op. cit. p. 568. Em 1936, certamente ainda no rescaldo da morte do poeta, Alceu Amoroso Lima (Tristão de Athayde) decretaria nas páginas da *Lanterna Verde*: "foste na nossa geração o iniciador do modernismo literário. Os *Epigramas irônicos e sentimentais* abriram, para a poesia brasileira, novos rumos".
[38] Ronald de Carvalho, *Jogos pueris*, op. cit.

para o John Ruskin de *The Elements of Drawing* a inocência do olhar seria justamente "uma espécie de percepção infantil dessas simples manchas de cor, apenas enquanto tais" —, já os versos apresentados pelo poeta a partir de *Epigramas irônicos e sentimentais*, de 1922, vêm contrariar essa inocência, traçando um percurso imagético que parte de uma atitude sensualista para desembocar numa aparentemente contraditória atitude intelectualista, ou, nos termos de Schiller, de uma atitude ingénua para uma atitude sentimental: o poeta sentimental, lembra Schiller, reflete sobre a impressão que os objectos provocam nele, e é nessa mesma reflexão que a emoção se alicerça, residindo assim a força poética no laço entre o objeto e a ideia. Quer dizer, o percurso perceptivo da poesia de Ronald de Carvalho fez-se no sentido da redução eidética, da sensação originária para a forma essencial que resiste à passagem da matéria do mundo e dos sentimentos. Leia-se ainda uma outra composição do mesmo volume *Jogos pueris*:

> Geometrias, imaginações destes caminhos
> da minha terra!
> Curvas de trilhas,
> triângulos de asas,
> bolas de cor
> Círculos de sombras agachadas entre as árvores,
> cilindros de troncos embebidos na luz.
> Geometrias, imaginações destes caminhos
> da minha terra!
> Melancolicamente, nesta alegria geométrica,
> pingando bilhas polidas,
> o leque das bananeiras abana o ar da manhã[39].

Ou alguns versos de *Toda a América*, do mesmo ano:

---

39 *Ibidem*.

Mas há nessa virgem solidão uma perturbadora
poesia geométrica,
pirâmides,
cones,
cubos,
cilindros,
esferas,
poesia do número claro,
poesia dos planos e dos volumes, que vence
a melancolia,
e funde a realidade na alegria da inteligência[40].

Não admira que no título *Epigramas irônicos e sentimentais* se possa assinalar uma releitura do conhecido ensaio de Schiller, com a significativa substituição do polo da ingenuidade (que corresponderia ao olhar inocente de Ruskin) por um dos tropos mais característicos da Modernidade e mais apreciados pelo próprio Pessoa: a ironia. Jogo de escrita oblíqua que, de resto, esteve na base da atuação de Ronald na Semana de Arte Moderna ao ler "Os sapos", de Manuel Bandeira, paródia assumida de um parnasianismo que marcara a elocução dos seus próprios sonetos, e que se prolongará no título *Jogos pueris*, abrindo um livro cuja discursividade rejeita qualquer ato de enunciação que mimetize um ato infantil (significativamente, para Manuel Bandeira, os *Epigramas* e os *Jogos* seriam os livros "mais característicos" de Ronald de Carvalho). Ao renunciar à inocência em nome da ironia (mesmo quando proclama programaticamente "Teu poeta será ágil e inocente, América!"), o autor de *Rabelais e o riso da renascença* quis assumir com clareza o estatuto distanciado e transfigurador dos seus versos, o seu lugar antimimético e despersonalizante, processo poetológico que o próprio arquitexto escolhido, o epigrama, só veio

---

40 Ronald de Carvalho, *Toda a América, op. cit.*, pp. 77-78.

reforçar com o poder da agudeza que lhe subjaz como princípio elocutório.

Ora, se relembrarmos o princípio originário segundo o qual antes de *Orpheu* era *A Águia*, não será difícil reconstituirmos um dos argumentos mais decisivos de um dos ensaios com que Pessoa se inaugurara nas páginas da revista em 1912, "A nova poesia portuguesa no seu aspecto psicológico", ao sustentar que a dita "nova poesia" se equilibraria entre os polos do "vago" e do "epigrama". O epigrama, na proposta de Pessoa, asseguraria um dos princípios basilares da "poesia objectiva", a *nitidez*, como se pode ler nas linhas que se seguem:

> São três, dizíamos, os característicos da poesia objectiva. O primeiro é a *nitidez*, revelada na forma ideativa do *epigrama*, chamando assim, convenientemente, à frase sintética, vincante, concisa: quando, exemplificando, dissermos que o tipo da poesia objectiva, apenas epigramática, é a dos séculos XVII e XVIII, em França especial e originantemente, teremos dado ideia clara do que por *nitidez* e *epigrama* no caso presente entendemos. O epigrama, porém, subjaz, como forma ideativa, toda a poesia do exterior, assim como o seu contrário, o *vago*, é base de toda a poesia contrária, a de alma. Epigramática como nenhuma é a poesia de Victor Hugo, que é muito mais do que epigramática. Epigramática é — e este ponto é que urge notar — a nossa actual poesia, e por ser ao mesmo tempo vaga e epigramática é que ela é grandemente, magnificamente equilibrada. A frase *choupos d'alma*, por exemplo, sendo — como apontámos — complexa no que de poesia subjectiva, é epigramática no que de poesia objectiva; é mesmo tipicamente epigramática, com a sua forma sintética, de contraste. Da sua *complexidade* íntima vem a sua beleza espiritual; do seu epigramatismo de forma nasce o seu perfeito equilíbrio e completa e perceptível beleza. Do mesmo são epigramáticas as frases citadas de Mário Beirão, o segundo trecho, e de Teixeira de Pascoaes. A actual poesia

portuguesa possui, portanto, equilibrando-lhe a inigualada intensidade e profundeza espiritual, o epigramatismo sanificador da poesia objectiva[41].

E ainda, num texto dedicado especificamente a Hugo:

> Tem-se observado que Victor Hugo é um primitivo no psiquismo; que não pensa senão por imagens. Não é só isso, pensa epigramaticamente. O seu pensamento é do género cujo mais vulgar representante é o epigrama trivial. (...) O pensamento chamado epigramático distingue-se por associar ideias de dois modos apenas: por semelhança e contraste. Ora isto indica um modo de pensar especial: por imagens[42].

"(Por que não nasci eu um poeta lírico?)", questiona-se Ronald em "Elegia", desconstruindo assim qualquer tentação interpretativa ou crítica que pretenda ver na sua sentimentalidade uma inocência ao nível da expressão. E canta:

> Doçura melancólica da chuva,
> quando ficam rasos de água os olhos dos
> homens líricos,
> quando as penas marcham ao compasso grave
> dos alexandrinos,
> e jorram dos corações sonetos sentimentais[43].

O que efectivamente se manifesta de sentimental no seu discurso poético, e na sua poética, não se exprime nestes "sonetos" parodiados, mas sim na assunção dessa melancolia como o lugar onde o poeta, e com ele a poesia, mora. O que toma ainda um sentido mais completo quando

---

41 Fernando Pessoa, *Textos de crítica e de intervenção, op. cit.*, p. 45.
42 Idem, *Páginas de estética e de teoria literárias*, org. George Rudolf Lind e Jacinto do Prado Coelho, Lisboa, Ática, 1966, p. 338.
43 Ronald de Carvalho, *Epigramas irônicos e sentimentais, op. cit.*, p. 126.

pensamos que, para Ronald de Carvalho, conforme se pode ler no célebre ensaio "A psique brasileira",

> A alma brasileira nasceu de três grandes melancolias. Deu-lhe a saudade portuguesa a doçura da sensibilidade ibérica e o fatalismo voluptuoso da imaginação oriental; acrescentou-lhe o índio a inquietação do terror cósmico; ajuntou-lhe o africano a queixa imensa da sua humilhação, o travo do seu sofrimento resignado[44].

Para Ronald, portanto, o poeta sentimental é na verdade aquele em que o humor se manifesta: no seu sentido mais comum, conduzindo à alegria e ao riso, e no seu sentido médico, o do humor melancólico, que é o temperamento, o tempero e a temperatura dos criadores que, como ele (e Pessoa), são forçados a admitir: "Mas eu fujo de mim para ser sempre o mesmo".

---

[44] Idem, *Estudos brasileiros*, v. I, Rio de Janeiro, Anuário do Brasil, 1924, p. 169.

Sujeitos à deriva: identidade e alteridade em Soares, Agilulfo e Zelig*

Caio Gagliardi

— E por que não levanta a celada e mostra o rosto? O cavaleiro não fez nenhum gesto; sua direita enluvada com uma manopla férrea e bem encaixada cerrou-se mais ainda ao arção da sela, enquanto o outro braço, que regia o escudo, pareceu ser sacudido por um arrepio.
— Falo com o senhor, ei, paladino! — insistiu Carlos Magno.
— Como é que não mostra o rosto para o seu rei?
A voz saiu límpida da barbela.
— Porque não existo, sire.
— Faltava esta! — exclamou o imperador.
— Agora temos na tropa até um cavaleiro que não existe! Deixe-nos ver melhor.

---

* Uma versão resumida deste ensaio foi apresentada no *Congresso Internacional Fernando Pessoa*, em fevereiro de 2017.

Agilulfo pareceu hesitar um momento, depois com mão firme e lenta ergueu a viseira. Vazio o elmo. Na armadura branca com penacho iridescente não havia ninguém.

Italo Calvino[1]

Este diálogo situa-se no início de *O cavaleiro inexistente*, um dos romances emblemáticos de nosso tempo, publicado por Italo Calvino, em 1959, e parte de uma trilogia (juntamente com *O visconde partido ao meio* e *O barão nas árvores*) intitulada *Os nossos antepassados*, através da qual o autor tencionava traçar, com leveza e bom humor, uma genealogia do homem contemporâneo. Nessa paródia de um romance de cavalaria, escrita em chave burlesca, a narradora, Irmã Teodora, é uma freira confinada cuja penitência é justamente contar a fábula de Agilulfo. O diálogo citado ocorre durante a passagem em revista do imperador Carlos Magno por sua tropa, da qual faz parte o incorruptível cavaleiro. Referência no campo de batalha, para servir à fé cristã Agilulfo não dorme e executa suas tarefas com perfeição. Sempre imaculada, sua armadura, no entanto, está sempre vazia.

Essa parábola tem aqui o propósito de nos conduzir por um caminho próprio pelas veredas do que Leyla Perrone-Moisés chamou de "sensação do vácuo subjetivo", referindo-se, é claro, a Fernando Pessoa. A seu ver, a questão fundamental da poética pessoana é a do "sujeito tentando constituir-se, em luta entre a identidade e a alteri-dade"[2]. Ora, é justamente esta última palavra um conceito-chave para Calvino em sua análise do homem de seu tempo, isto é, os meados do século passado. Num ensaio intitulado "O mar da objetividade", o escritor considera que o homem do

---

[1] Italo Calvino, *O cavaleiro inexistente*, trad. Nilson Moulin, São Paulo, Companhia das Letras, 1993, p. 10.
[2] Leyla Perrone-Moisés, *Fernando Pessoa: aquém do eu, além do outro*, São Paulo, Martins Fontes, 1982, p. 72.

pós-guerra rendeu-se à objetividade, tornando-se resignado e pragmático, por lhe faltar a confiança para conduzir a história. Sua crise é a "crise do espírito revolucionário"[3]. Como resultado, teria se feito vítima de um processo de alienação segundo o qual sua identidade passou a ser determinada pelo, assim chamado, mundo objetivo, isto é, um conjunto de estereótipos que obliteram a consciência, planificam as reações e enferrujam os sentidos. Para Calvino, é preciso libertar a identidade da "cratera fervente da alteridade". Pensar nisso à luz de Pessoa produz um significativo contraste: se para o escritor italiano (bem sabemos que Calvino nasceu em Cuba) a alteridade é o polo contrário à afirmação do sujeito autêntico, para Pessoa, a quem "fingir é conhecer-se", ela se torna sua parte constitutiva. Podemos considerar, aliás, que é justamente por incorporar a alteridade àquilo que Pessoa propõe como uma performance do eu, que o poeta galvaniza a noção de personalidade, resgatando-a da poeira romântica.

Já para Calvino, a alteridade nunca é positiva. A seu ver, a tragédia do mundo pós-guerra, e poderíamos acrescentar, pós-Pessoa, reside em este ser habitado por pessoas sem individualidade, reduzidas a comportamentos preestabelecidos. A seu ver, a excentricidade cedeu lugar ao conformismo, o homem que outrora procurava se afirmar como exceção preocupa-se em se afirmar pela aceitação. No prefácio à segunda edição de sua trilogia (1960), Calvino considera que "O problema hoje não é mais o da perda de uma parte de si mesmo, mas o da perda total, o de não ser mais nada"[4]. Conformados, somos felizes. Cegamente felizes, diria um Soares revoltado por entender que a adaptação resulta de uma debilidade do intelecto e dos sentidos. A desgraça

3 Italo Calvino, "O mar da objetividade", in: *Assunto encerrado: discursos sobre literatura e sociedade*, trad. Roberta Barni, São Paulo, Companhia das Letras, 2009, p. 53.
4 Idem, *Os nossos antepassados*, trad. Nilson Moulin, São Paulo, Companhia das Letras, 1997, pp. 15-16.

existencial talvez possa se resumir, segundo uma concepção que reitera claramente o apelo de Calvino, a uma relação indiretamente proporcional: quanto menos humanos, mais felizes.

> Irrita-me a felicidade de todos estes homens que não sabem que são infelizes. A sua vida humana é cheia de tudo quanto constituiria uma série de angústias para uma sensibilidade verdadeira. Mas, como a sua verdadeira vida é vegetativa, o que sofrem passa por eles sem lhes tocar na alma, e vivem uma vida que se pode comparar somente a de um homem com dor de dentes que houvesse recebido uma fortuna — a fortuna autêntica de estar vivendo sem dar por isso, o maior dom que os deuses concedem, porque é o dom de lhes ser semelhante, superior como eles (ainda que de outro modo) à alegria e à dor[5].

Emperrado pela doença da burocracia, o homem contemporâneo a Calvino, e nada distante de nós, é o sujeito rasurado (por vezes dividido, noutras dilacerado), como consequência de sua institucionalização. Ele descende dos homens que surgem um século antes, os sujeitos empacados de Dostoiévski e Melville. É o ácido e amargurado narrador das *Memórias do subsolo*, que escarnece dos homens de ação e considera que possuir uma "consciência muito perspicaz é uma doença". É Akáki Akákievitch, o protagonista de "O capote", de Gógol. Por mais que mudassem os demais funcionários do escritório, ele permanecia no mesmo lugar, executando a mesma função de copista, não apenas com zelo, mas com amor. Akákievitch talvez já tivesse nascido amanuense, de uniforme e calvo[6].

---

5 Fernando Pessoa, *Livro do desassossego: composto por Bernardo Soares, ajudante de guarda-livros na cidade de Lisboa*, ed. Richard Zenith, Porto, Assírio & Alvim, 2014, p. 252.
6 Cf. Nikolai Gógol, "O capote", *in*: *O capote e outras histórias*, trad. Paulo Bezerra, São Paulo, Editora 34, 2010, pp. 7-44.

É Bartleby, outro "lamentavelmente respeitável" copista de Wall Street, que estranhamente acha melhor não realizar o seu trabalho tampouco deixar o escritório do advogado-narrador que lhe ofereceu emprego[7]. A pergunta que paira sobre a novela de Melville, sobre o que leva Bartleby a permanecer naquele local, mesmo quando o escritório muda de endereço, e consequentemente a morrer na prisão, remete-nos a Bernardo Soares. Se levarmos em conta uma entre as muitas afirmações que faz a respeito de seu espaço de trabalho e seu espaço de moradia, encontraremos uma daquelas belas distinções esquemáticas que Pessoa tanto cultivou:

> E, se o escritório da Rua dos Douradores representa para mim a vida, este meu segundo andar, onde moro, na mesma Rua dos Douradores, representa para mim a Arte. Sim, a Arte, que mora na mesma rua que a Vida, porém num lugar diferente, a Arte que alivia da vida sem aliviar de viver, que é tão monótona como a mesma vida, mas só em lugar diferente. Sim, esta Rua dos Douradores compreende para mim todo o sentido das coisas, a solução de todos os enigmas, salvo o existirem enigmas, que é o que não pode ter solução[8].

A Arte mora na mesma rua que a Vida. A tal ponto essa identificação se estabelece que, em outros momentos, esses espaços apresentam-se imiscuídos, sem fronteiras demarcadas, cambiando livremente de sentido. Dessa múltipla representação resulta uma possível resposta para a atitude de Bartleby. É como se pode ler o trecho a seguir, em que Soares se recolhe no escritório da rua dos Douradores, apegado a suas coisas como as únicas que lhe restam:

---

[7] Herman Melville, *Bartleby, o escrivão: uma história de Wall Street*, trad. Irene Hirsch, São Paulo, Cosac Naify, 2005.
[8] Fernando Pessoa, *Livro do desassossego: composto por Bernardo Soares, ajudante de guarda-livros na cidade de Lisboa*, op. cit., p. 38.

E recolho-me, como ao lar que os outros têm, à casa alheia, escritório amplo, da Rua dos Douradores. Achego-me à minha secretária como a um baluarte contra a vida. Tenho ternura, ternura até às lágrimas, pelos meus livros de outros em que escrituro, pelo tinteiro velho de que me sirvo, pelas costas dobradas do Sérgio, que faz guias de remessa um pouco para além de mim. Tenho amor a isto, talvez porque não tenha mais nada que amar — ou talvez, também, porque nada valha o amor de uma alma, e, se temos por sentimento que o dar, tanto vale dá-lo ao pequeno aspecto do meu tinteiro como à grande indiferença das estrelas[9].

Soares, talvez como Bartleby, mas também como o incógnito protagonista do "Diário de um louco"[10], de Gógol, ou o aflito funcionário público Goliadkin, de *O duplo*, de Dostoiévski[11], tem amor à escrivaninha, ao tinteiro, ao escritório, enfim, talvez por não ter mais nada que amar. Projetando-se no futuro, seja numa pequena casa ou num asilo, nosso narrador se recordará da vida monótona e cotidiana de funcionário de escritório. O mesmo escritório, já por ele descrito como "sórdido", é também o substituto aos amores não vividos, aos triunfos não experimentados. Soares teme que, ao fecharem o escritório, se lhe fechem também os sonhos, porque ele é o funcionário que sonha num escritório da Baixa, e deixar este espaço, do qual, aliás, ele por vezes *bartlebianamente* permanece durante o almoço, seja recair no desolamento de uma vida sem realidade. Assim, é forçoso concluir que se o apego ao espaço de trabalho reflete uma escassez de experiências no

---

9 *Ibidem*, p. 37.
10 Cf. Nikolai Gógol, "Diário de um louco", *in*: *O capote e outras histórias*, *op. cit.*, pp. 45-72.
11 Cf. Fiódor Dostoiévski, *O duplo*, trad. Paulo Bezerra, São Paul, Editora 34, 2011.

plano real, por ser escritor Soares é capaz de transformar esse mesmo escritório no lugar da arte e do sonho. "Seja onde estiver", afirma, "recordarei com saudade o patrão Vasques, o escritório da rua dos Douradores, e a monotonia da vida cotidiana será para mim como a recordação dos amores que me não foram advindos, ou dos triunfos que não haveriam de ser meus"[12].

Quantas vezes, afinal, surpreendemos Soares sozinho no escritório, conjecturando, imaginando e tomando consciência de si? Seja consigo, seja com uma vasta gama de funcionários das narrativas modernas, o raciocínio, a imaginação e a inteligência operam como tentativa de afastar o indivíduo do banal cotidiano, do *homo burocraticus*, ou do "mar da objetividade", como fala Calvino. Impossibilitado de escrever a própria biografia, por seu livro não conter fatos, mas uma "história sem vida", o que Soares busca, seja na mesa de seu quarto, seja no escritório, é ser menos "reles, empregado, e anônimo", ou "a glória noturna de ser grande não sendo nada"[13]. Escrever é, para si, cultivar uma consciência livre, emancipada do real.

Mas esse é um gesto que apresenta uma reação colateral. Segundo Perrone-Moisés, "a consciência é uma máquina infernal de produção de vácuo; a inteligência vai destruindo passo a passo o ser..."[14]. O que particulariza a destruição da subjetividade em Pessoa é que, ao contrário do que ocorre com Agilulfo ou o homem pragmático do pós-guerra, o pensamento ou a consciência não o levam à anulação, ao homem sem coluna cervical, mas a um vazio necessário à multiplicação. Como escritor, Pessoa é necessariamente um espaço vazio; jamais estéril. Incapaz de ser um único, tornou-se muitos, todos eles únicos. Nas

---

12 Fernando Pessoa, *Livro do desassossego: composto por Bernardo Soares, ajudante de guarda-livros na cidade de Lisboa*, op. cit., p. 38.
13 *Ibidem*, p. 34.
14 Leyla Perrone-Moisés, *Fernando Pessoa: aquém do eu, além do outro*, op. cit., p. 72.

palavras de Bernardo Soares: "Criei-me eco e abismo, pensando. Multipliquei-me aprofundando-me"[15].

Quando consideramos a perda de si mesmo, de que fala Calvino, sobre o pano de fundo da moderna narrativa de ficção, verificamos que ela é um sentimento próprio ao mundo dos pequenos funcionários ressentidos, presos a um conjunto de regras que dirigem sua conduta no trabalho e — daí sua tragédia — fora dele. A não ser pelo cargo que ocupam, não são mais nada. E sabem disso. São "homens subterrâneos", na feliz expressão de Dostoiévski, irritadiços e amordaçados. Como resposta desastrada a essa condição, Raskólnikov, o jovem estudante de São Petersburgo, "a cidade mais abstrata e meditativa de todo o globo terrestre"[16], segundo o narrador das *Memórias*, reage à doença da inação que se alastra pelas consciências profundas e inativas de seu tempo, assassinando a velha usurária que lhe aluga um quarto de pensão. O assassinato é, no entanto, a única reação possível, já que sua atitude é uma vingança moral, movida pelo desejo irreprimível de se libertar do exílio interior. Mas a angústia e a autopenitência que sobrevêm a essa atitude são implacáveis e dominam o resto do romance[17].

Essas personagens, que compõem a geografia humana do romance moderno, são consciências torturadas, paisagens interiores em degradação. Vivem como pequenos animais parasitando um meio que os anula e do qual não são capazes de se libertar. Gregor Samsa, mesmo depois de ter-se descoberto transformado num terrível inseto, reflete, pateticamente trancado em seu quarto, enquanto os pais e até mesmo o patrão o esperam ansiosos do lado de fora da porta, que pelo menos poderá usá-lo como desculpa para não ter tomado o trem a tempo de não se atrasar para

---

15 Fernando Pessoa, *Livro do desassossego: composto por Bernardo Soares, ajudante de guarda-livros na cidade de Lisboa*, op. cit., p. 101.
16 Fiódor Dostoiévski, *Memórias do subsolo*, trad. Boris Schnaiderman, São Paulo, Editora 34, 2000.
17 *Idem*, *Crime e castigo*, trad. Paulo Bezerra, São Paulo, Editora 34, 2002.

o trabalho[18]. Por seu turno, a preocupação maior de seu pai, ao ver o filho naquele estado assustador, é com as aparências e o sustento da família. É contra esse tipo de reação, inteiramente presa ao *status quo*, e simbolizada numa maçã arremessada com raiva contra o filho, e que se incrustará em seu corpo frágil e apodrecerá com ele, que Calvino se volta.

Embora de natureza humorística, surpresa não menos impactante do que a de Samsa ao se descobrir metamorfoseado é a do assessor de colegiado Kovaliov, que ao procurar uma espinha que lhe havia aparecido no nariz, na noite anterior, descobre que o lugar onde antes havia um nariz estava inteiramente plano. Esta novela de Gógol, "O nariz"[19], leva-nos até Vitangelo Moscarda, o inesquecível protagonista pirandelliano de *Um, nenhum e cem mil*[20], que, diante do espelho, parte da percepção de que, justamente, seu nariz pende para a direita, para, daí em diante, submergir por um círculo de consciência infernal até a autodegradação. Como uma marmota, a reflexão sobre si próprio cava seu espírito, aprofundando suas angústias e distanciando-o da realidade exterior. Tomado por louco, enlouquece. No final de sua tortura mental, Moscarda, mas também Samsa, poderiam ter concluído a respeito de si o mesmo que conclui Soares:

> De repente, como se um destino cirúrgico me houvesse operado de uma cegueira antiga com grandes resultados súbitos, ergo a cabeça, da minha vida anônima, para o conhecimento claro de como existo. E vejo que tudo quanto tenho feito, tudo quanto tenho pensado, tudo quanto tenho sido,

---

18 Franz Kafka, *A metamorfose*, trad. Modesto Carone, São Paulo, Companhia das Letras, 1997.
19 Nikolai Gógol, "O nariz", in: *O capote e outras histórias*, op. cit., pp. 73--104.
20 Luigi Pirandello, *Um, nenhum e cem mil*, trad. Maurício Santana Dias, São Paulo, Cosac Naify, 2015.

é uma espécie de engano e de loucura. Maravilho-me do que consegui não ver. Estranho quanto fui e que vejo que afinal não sou[21].

Reler algumas das narrativas de ficção fundadoras do século XX à luz do *Livro do desassossego* é, afinal, uma experiência iluminadora. Se o narrador do subsolo julga-se "um camundongo de consciência hipertrofiada", o caixeiro-viajante de Praga vê-se transformado, efetivamente, num inseto monstruoso. O que, afinal, os difere do contínuo da firma onde Samsa trabalha é que, enquanto este "era uma criatura do chefe, sem espinha dorsal nem discernimento"[22], nossos anti-heróis são trágicos, justamente, por serem conscientes. Essa fratura entre a vida íntima, assolada pelo mundo exterior, e as formas engessadas de comportamento, incapazes de responder afirmativamente à sua tortura existencial, está no cerne da figura do anti-herói que habita boa parte dos grandes romances da segunda metade do século XIX em diante. A angústia se intensifica como sentimento particularmente moderno.

Este é, possivelmente, o sentimento dominante do *Livro do desassossego*, sendo a palavra que o intitula um seu possível sinônimo. Para Soares, que se angustia recorrentemente com o cais, o cair da tarde, o cheiro da maresia ou o céu carregado de chuva, a angústia é um sentimento ligado à capacidade intelectual. A consciência, afinal, é também uma máquina infernal de produção de angústias.

> Quanto mais alta a sensibilidade, e mais sutil a capacidade de sentir, tanto mais absurdamente vibra e estremece com as pequenas coisas. É preciso uma prodigiosa inteligência para ter angústia ante um dia escuro. A humanidade, que

---

21 Fernando Pessoa, *Livro do desassossego: composto por Bernardo Soares, ajudante de guarda-livros na cidade de Lisboa*, op. cit., p. 55.
22 Franz Kafka, *A metamorfose*, op. cit., p. 10.

é pouco sensível, não se angustia com o tempo, porque faz sempre tempo; não sente a chuva senão quando lhe cai em cima[23].

Já em Calvino esse estado de consciência é atingido por outros meios. Ao invés do romance psicológico, que nos conduz aos subterrâneos onde está o centro nervoso da personagem, Calvino não acompanha o processo degenerativo de sua personagem. Ao invés disso, compõe uma fábula que alegoriza fantasticamente o sujeito alienado de si. Quando começa a escrever, esse processo já está acabado e cristalizado. Ao contrário das personagens de Dostoiévski, que lutam para se afirmar moralmente livres num mundo implacável em moldar suas individualidades pelo que está fora delas, em oferecer-lhes máscaras ou armaduras pré-fabricadas, as de Calvino são já o resultado desse homem esgotado, derrotado pelo império da objetividade. Essa derrota é um dado apriorístico à sua escrita. Calvino trata de um mundo que há muito é assim. Seu protagonista não é mais o sujeito de consciência hipertrofiada, mas o contínuo, o "homem do chefe". Daí ajustar-se melhor a outro gênero, eficiente em colocar em relevo a dimensão simbólica da personagem. Ainda que não passe de um invólucro sem essência humana, Agilulfo é capaz de despertar nosso interesse porque é a própria fábula que lhe confere vitalidade. Ao ser interpelado pelo jovem e audaz Rambaldo, ansioso para, na batalha que acontecerá no dia seguinte, vingar a morte de seu pai, o cavaleiro, modelo de homem hierarquizado, que segue "rigorosamente as orientações", responde-lhe:

> — É muito simples, jovem — disse Agilulfo, e agora também na sua voz havia certo calor; o calor de quem, conhecendo as minúcias de regulamentos e normas, aprecia demonstrar a

---

23 Fernando Pessoa, *Livro do desassossego: composto por Bernardo Soares, ajudante de guarda-livros na cidade de Lisboa*, op. cit., p. 350.

própria competência e igualmente questionar a falta de preparo dos outros —, deve fazer um pedido à Superintendência para Duelos, Vinganças e Máculas à Honra, especificando os motivos da solicitação, e será estudada a melhor maneira de colocá-lo em condições de ter seu desejo satisfeito[24].

Para Agilulfo, "não há dentro nem fora", e por isso a armadura já não lhe serve como proteção, pois não há subjetividade que nela se abrigue. Trata-se de uma personagem que se resume a seu nome, a uma patente e uma missão. Reduzido ao que lhe foi atribuído, é a própria armadura, reluzente e vazia. Nessa medida é que ele existe, como paladino de Carlos Magno, função social que lhe foi incumbida e que, afinal, o conforma. Ciente disso, mas já adaptado, sua armadura, ao espelhar o mundo exterior, é que lhe confere realidade. É, portanto, o alvorecer a hora perigosa para o nosso cavaleiro, aquela em que o mundo ao redor se desfaz em incerteza. Nesse "limbo incerto", angustiado diante do risco de dissolução, "precisava dedicar-se a um exercício de precisão: contar objetos, ordená-los em figuras geométricas, resolver problemas de aritmética", fixar-se em algo objetivo que pudesse preencher sua vacuidade interior. É esse mesmo mundo objetivo, no entanto, desenhado pelas normas da burocracia e pelos desígnios da hierarquia, que produziu sua inexistência.

Estreitamente ligada à sua consciência angustiada, a percepção da própria inexistência é um dado constante na biografia espiritual de Bernardo Soares. Num desses lampejos, o narrador afirma: "Cheguei hoje, de repente, a uma sensação absurda e justa. Reparei, num relâmpago íntimo, que não sou ninguém. Ninguém, absolutamente ninguém"[25]. Esse tema está intrinsecamente presente no DNA

---

24 Italo Calvino, *O cavaleiro inexistente*, op. cit., pp. 17-18.
25 Fernando Pessoa, *Livro do desassossego: composto por Bernardo Soares, ajudante de guarda-livros na cidade de Lisboa*, op. cit., p. 221.

cultural que conforma uma personagem-símbolo da efervescência norte-americana dos anos 1920 e 1930. Trata-se de Leonard Zelig, o *chameleon man* imaginado por Woody Allen, em *Zelig* (1983). Este curto, e significativo, diálogo do filme ressoa muitos momentos da obra de Pessoa:

> — Não, eu não sou médico... Quem é Leonard Zelig?
> — Você!
> — Não, eu não sou ninguém. Não sou nada.

Escrito, dirigido e representado pelo próprio Allen, Zelig é um paciente *sui generis* que rapidamente adquire a aparência, os trejeitos, a cultura e a forma de pensar daqueles com quem convive. Assim o vemos obeso, negro, índio, chinês, falando como um psicanalista, a depender de quem o cerca. Todos menos um. A personagem, que afirma sentir-se "segura" sendo como os outros, é incapaz de assumir uma personalidade própria. Em sua ânsia de aceitação, e devido à falta de autoestima, vive como reflexo, um espelho calviniano do mundo exterior, em constante fuga de si mesmo. Enquanto Zelig está sentado próximo a uma janela, em silêncio, o narrador *em off* afirma que a sua "existência era uma não existência" e que a personagem não passava de "uma cifra, uma não pessoa, uma aberração performática". Álvaro de Campos diria que Zelig, aquele que "fazia-lhes a todos a vontade", seria o epítome do sujeito "cansado, fútil, quotidiano e tributável", cuja doença era, afinal, o mal de seu próprio tempo.

Vem bem a propósito recordar que diante do "Espelho", de Machado de Assis[26], objeto que tia Marcolina mandara colocar no quarto do sobrinho recém-nomeado alferes da guarda nacional, Jacobina não passa de uma figura difusa e esfumada sem a farda. Essa era como sua "alma ex-

---

26 Cf. Machado de Assis, "O espelho", *in*: *Seus 30 melhores contos*, Rio de Janeiro, Nova Fronteira, 1987.

terior", capaz de lhe conferir nitidez. Ao assumir o posto militar, Jacobina dá-se conta de que "o alferes eliminou o homem". Em clave similar a essa, Calvino não hesitaria em identificar Zelig como a prosopopeia do que chamou de "cratera da alteridade".

Zelig convive com uma psicanalista, Eudora Fletcher, seu estranho par romântico no filme e com quem estabelece o diálogo citado, a respeito da nova personalidade de psicanalista assumida pelo paciente. Notemos que *Zelig* situa-se num momento em que a *belle époque* cedia espaço às novas formas de representação do humano, com as vanguardas e a Psicanálise, momento em que a experiência da Primeira Guerra Mundial havia inviabilizado a transcendência romântica e, na visão de Benjamin, tornado a experiência intransmissível. O sujeito redefinia-se pelos recônditos desconhecidos da personalidade, então mapeados pelo método psicanalítico. Aqueles elementos que constituíam a identidade mais ou menos estável do homem ocidental desmanchavam-se diante das novas condições a que este era submetido e através das quais era analisado. Zelig é um sujeito à deriva nas águas agitadas do início do século passado, que busca o lastro identitário no sentimento de pertença. Esse seu modo acrítico de ação, como um títere nas mãos do acaso, leva-o, por exemplo, a assumir lugar num comício nazista, que, como uma seita religiosa, oferece-lhe uma arriscada âncora salvadora.

O rápido, porém preciso, autodiagnóstico de Zelig é formidavelmente glosado pelas palavras de Vitangelo Moscarda, o sujeito em autodegradação para quem a simples enunciação do pronome pessoal do caso reto na primeira pessoa do singular deflagra uma inconsistência de base:

> Dizer "eu" a quem? Qual o sentido de dizer "eu", se para os outros a palavra tinha um sentido e um valor que jamais poderiam ser os meus? E mesmo para mim, que estou tão

apartado dos outros, qual o sentido de dizer "eu", se isso logo me provoca o horror do vazio e da solidão?[27].

Esse mesmo diagnóstico nos remete alternativamente ao início do poema "Tabacaria", no qual, segundo Álvaro de Campos, não possuir ou sequer poder desejar possuir uma identidade fixa é a possibilidade de se projetar sobre tudo e todos. Enquanto Zelig não é capaz de se distinguir dos outros, e, a não ser quando questionado, é alguém que não se vê, Pessoa, Soares e companhia heteronímica nunca deixam de se confrontar consigo mesmos. Desse ensimesmamento resulta a conversão de uma doença numa possibilidade psíquica: não ser nada abre janelas para todos os sonhos do mundo. O sensacionismo converte, desse ângulo, o negativo em positivo: a possibilidade de tratar o fingimento não apenas como fado, mas estratégia de autoconhecimento. Enquanto Zelig é um objeto de estudo, pesquisa e exposição, sendo raramente o sujeito de suas atitudes, Pessoa é, quase sempre, objeto de investigação de si próprio. Em uma expressão, vive menos do que se vê vivendo. E é através da escrita que esse mecanismo entra em marcha. A escrita de Pessoa tantas vezes cumpre o mesmo papel que a Psicanálise da Dra. Fletcher, levando-o a integrar formidavelmente os dois polos da pesquisa — é sujeito e objeto dela ao mesmo tempo.

Se voltarmos ao filme, acompanharemos a Dra. Fletcher tentando devolver seu paciente curado à sociedade, para que ele possa ter uma vida no lugar de ser mais uma curiosidade sem personalidade própria. Após uma série de tratamentos, Zelig desenvolve aparentemente uma personalidade, mas cai no outro extremo da conformidade: torna-se dogmático e impositivo, dá opiniões demasiado francas e diretas, recusa a todos e, convicto sempre, não permite que discordem de si. Da docilidade conformista, Zelig migra

---

27 Luigi Pirandello, *Um, nenhum, cem mil*, op. cit., p. 161.

para o despotismo sem freios de quem procura dar vazão aos desejos reprimidos. Primeiro a exclusividade da alteridade, em seguida a exclusividade da identidade. Podemos considerar, portanto, que a transição radical por que passa a personagem torna-a representativa de um segundo espaço simbólico no filme, ao que poderíamos calvinianamente designar por cratera da individualidade. De um superego sem ego, Zelig torna-se um ego sem superego. Um escândalo.

O que ocorre com Pessoa no seu processo de afirmação de si talvez possa ser, não num âmbito moral, mas estético, considerado um escândalo quando encenado diante do prisma romântico. Pessoa constrói sua obra tendo em conta a ausência do real e o anonimato do sujeito empírico, assumindo-se, como forma de suprir essa falta, como sujeito ficcional. O "ponto central" de sua personalidade, segundo suas próprias palavras, está na habilidade de se converter numa "pessoa inexistente" capaz de sentir o que ele já não poderia. Ser "camaleão", expressão cara a Keats, e aqui retomada à luz das metamorfoses de Zelig, é para Pessoa uma condição de escrita. Refazendo-se pelo sonho, Pessoa é o grande ator de um palco imaginado por si. É o criador de personagens autoras, isto é, que atuam criando-se a si mesmas. Pessoa é, possivelmente, o escritor que melhor representou um dado congenial ao que entendemos por "moderno", isto é, a performatividade do ato criativo ao traduzir a autoria como atuação.

Considerada a sua poética dessa perspectiva mais ampla, o gênero do filme de Allen parece tocar a fundo o que entendemos por "pessoano". *Zelig*, cujas estética e narrativa adotam o jornalismo como referência, pode ser definido como um *documentário ficcional*. E o que são esses eus pessoanos senão isso mesmo, documentários ficcionais?

A experiência estética de se ler Pessoa-Soares à luz das fábulas de Calvino e Allen confere especial relevo a seu introspectivismo radical. Agilulfo e Zelig são símbolos poderosos de uma época em que o vazio não é uma característica apenas individual. Mas se é verdade que se trata de personagens a par da própria precariedade, é também verdade que esse é um saber pálido, distante da consciência dilacerada e autorreflexiva com que Pessoa reexamina a si e seu estar num mundo cujos velhos pilares, isto é, a Religião, o Estado e a Ciência, não servem mais como lenitivos para a angústia individual.

Pessoa byroniano:
Lord Byron em Pessoa

Mariana Gray de Castro

George Gordon Byron (1788-1824) foi um poeta romântico extremamente moderno, que na sua obra antecipou algumas das ideias estéticas, técnicas literárias e processos criativos que estão no centro da obra de Fernando Pessoa. Pessoa descobriu a poesia de Byron em adolescente: leu os primeiros dois cantos de "Childe Harold's Pilgrimage" ["A peregrinação de Childe Harold"] (1812-1818) e o poema "Hours of Idleness" ["Horas de ócio"] em 1906[1]. Na biblioteca privada de Pessoa, hoje na Casa Fernando Pessoa, em Lisboa, encontram-se duas antologias de Byron: a primeira é uma edição francesa composta sobretudo por traduções em prosa; a segunda, um enorme volume publicado em 1905, na altura a mais completa edição da poesia de

---

1 Ver George Monteiro, "Portingale Lyrics: Byron", *in*: *Fernando Pessoa and Nineteenth-Century Anglo-American Literature*, Lexington, The University Press of Kentucky, 2000, pp. 52-57.

Byron[2]. Foi organizada por Hartley Taylor Coleridge, neto de Samuel Taylor Coleridge, e contém todos os poemas mais célebres de Byron na sua versão integral, incluindo "Childe Harold's Pilgrimage" e "Don Juan" (1819-1824). Pessoa assinou este livro "Alexander Search" e nele sublinhou versos e frases que atraíram especialmente a sua atenção.

Search foi um dos primeiros autores fictícios, ou proto-heterónimos, de Pessoa; redigiu poemas, em inglês, de 1904 a 1910. Seria de se esperar, então, que a poesia de Search revelasse qualidades byronianas, mas não parece ser o caso — pelo menos não existe nos poemas de Search nenhuma referência ou alusão a Byron.

Desconsiderando a obra de Search no contexto da possível influência poética de Byron em Pessoa, George Monteiro cita a proposta de H. D. Jennings segundo a qual o poema pessoano "Song of the Obscure" ["Canto do obscuro"] (1903), não atribuído a Search, é evocativo do poema de Byron "Stanzas Written on the Road between Florence and Pisa" ["Estrofes escritas na estrada entre Florença e Pisa"] (1821). Temos ainda a sugestão de Jorge de Sena de que a primeira frase do comovente tributo em prosa de Pessoa a seu amigo morto Mário de Sá-Carneiro — "Morre jovem o que os Deuses amam, é um preceito da sabedoria antiga" — seria uma tradução do verso de "Don Juan" *"Whom the gods love die young, was said of yore"* (IV, 2), em vez da tradução do aforismo do dramaturgo grego Menander, *"Whom the gods love dies young"*[3]. É possível que seja verdade, embora não me pareça fácil separar os fios desse novelo de influências, sobretudo porque o verso de Byron talvez seja uma revisitação de Menander.

2 George Gordon Byron, *The Poetical Works of Lord Byron: the Only Complete and Copyright Text in One Volume*, ed. Ernest Hartley Coleridge, Londres, John Murray, 1905. Quase todos os excertos da poesia de Byron neste artigo são deste livro: "Don Juan", pp. 778-1013; "Beppo", pp. 418-430; "Childe Harold's Pilgrimage", pp. 141-210.
3 *Ibidem*, p. 56.

Maria Helena Kopschitz propõe, segundo um estudo do tom de "Dois excertos de odes", da autoria do heterónimo Álvaro de Campos, que há nestes versos ecos de Byron, Shelley e Shakespeare[4].

Penso que a presença de Byron na obra criativa de Pessoa pode ser sentida de forma ainda mais segura em *Ultimatum* (1917), de Campos, sendo este mais reminiscente do poema "English Bards and Scotch Reviewers" ["Bardos ingleses e críticos escoceses"] (1809), que da secção "Blast/Bless" [Atacar/Louvar] da revista modernista inglesa *Blast* (1914-1915), a principal influência que costuma ser identificada. Nos três animados, viborianos ataques à sociedade contemporânea, o veneno é dirigido à cultura como um todo, que está em crise, sendo os autores as vozes solitárias que gritam no vácuo. No entanto, as listas que compõem "Blast/Bless" se referem quase exclusivamente a grupos anónimos (os franceses, por exemplo), e quando indicam indivíduos (o bispo de Londres; Edward Elgar) não sabemos por que motivo são eles atacados. O poema de Byron "English Bards and Scotch Reviewers" satiriza indivíduos e instituições por extenso, do início ao fim, tendo assim mais em comum com o *Ultimatum* de Campos:

> *Let Southey sing, although his teeming muse,*
> *Prolific every spring, be too profuse;*
> *Let simple Wordsworth chime his childish verse,*
> *And brother Coleridge lull the babe at nurse;*
> *Let spectre-mongering Lewis aim, at most,*
> *To rouse the galleries, or to raise a ghost;*
> *Let Moore still sigh; let Strangford steal from Moore,*
> *And swear that Comoëns sang such notes of yore;*

---

4 Maria Helena Kopschitz, "O Romantismo inglês e a 'Ode à noite' de Fernando Pessoa: uma leitura intertextual", *Convergência Lusíada*, v. III, n. 6. Rio de Janeiro, Centro de Estudos do Real Gabinete Português de Leitura, 1 jun. 1979, pp. 59-69.

Let Hayley hobble on, Montgomery rave,
And godly Grahame chant a stupid stave:
Let sonneteering Bowles his strains refine,
And whine and whimper to the fourteenth line;
Let Stott, Carlisle, Matilda, and the rest
Of Grub Street, and of Grosvenor Place the best,
Scrawl on, till death release us from the strain,
Or Common Sense assert her rights again[5].

[Deixe Southey cantar, apesar de sua musa fervilhante,
Prolífica todas as primaveras, ser profusa demais;
Deixe o simples Wordsworth musicar seus versos infantis,
E seu irmão Coleridge embalar o infante;
Deixe Lewis que invoca espectros tentar, ao menos,
Entusiasmar a plateia, ou invocar um fantasma;
Deixe Moore continuar a suspirar; deixe Strangford roubar a Moore,
E jurar que Camões já cantara tais notas ancestrais;
Deixe Hayley continuar a tropeçar, Montgomery delirar,
E o bom Grahame entoar uma parva pauta:
Deixe o soneteiro Bowles refinar seus refrões,
Lamentando e choramingando até ao décimo quarto verso;
Deixe Stott, Carlisle, Matilda e os demais
De Grub Street, e de Grosvenor Place os maiores,
Continuarem a rabiscar, até que a morte nos libere destes esforços,
Ou o Senso Comum voltar a reinar[6].]

Campos, *Ultimatum*:

Fora tu, George-Bernard-Shaw, vegetariano do paradoxo, charlatão da sinceridade, tumor frio do ibsenismo, arranjista

---

[5] George Gordon Byron, *The Poetical Works of Lord Byron*, op. cit., p. 93.
[6] Afora quando houver referência diferente, as traduções são de Mariana Gray de Castro.

da intelectualidade inesperada, Kilkenny-Cat de ti próprio, Irish-Melody calvinista com letra da Origem-das-Espécies!
Fora tu, H. G. Wells, ideativo de gesso, saca-rolhas de papelão para a garrafa da Complexidade!
Fora tu, G. K. Chesterton, cristianismo para uso de prestidigitadores, barril de cerveja ao pé do altar, adiposidade da dialéctica cockney com o horror ao sabão influindo na limpeza dos raciocínios!
Fora tu, Yeats da céltica-bruma à roda de poste sem indicações, saco de podres que veio à praia do naufrágio do simbolismo inglês!
Fora! Fora!
Fora tu, Rapagnetta-Annunzio, banalidade em caracteres gregos, "D. Juan em Pathmos" (solo de trombone)!
E tu, Maeterlinck, fogão do Mistério apagado![7].

Além disso, Pessoa não escreveu muito *sobre* Byron, fazendo-lhe somente referências de passagem; num texto sobre os três tipos de génio artístico, por exemplo, classifica Byron como "o artista para quem a arte é uma necessidade como que física, direta, como são a de comer e a de beber. Para este a arte é uma função da vida"[8]; noutro, louva-o pela sua beleza física (Pessoa tende a escrever sobre os românticos ingleses com romantismo):

The artist must be born beautiful and elegant; for he that worships beauty must not be unfair himself. And it is assuredly [?] a terrible pain for an artist to find not at all in himself that which he strives for. Who, looking at the portrait of Shelley, of Keats, of Byron, of Milton and of Poe, can wonder that these were poets? All were beautiful, all were beloved and

---

7 Fernando Pessoa, *Ultimatum e páginas de sociologia política*, recolha de textos Maria Isabel Rocheta e Maria Paula Morão, intr. e org. Joel Serrão, Lisboa, Ática, 1980, p. 12.
8 Teresa Rita Lopes, *Pessoa por conhecer*, v. II, *op. cit.*, p. 52.

admired, all had in love warmth of land heavenly joy, as far as any poet, or indeed any man can have.

[O artista tem de nascer belo e elegante, pois o adorador da beleza não deve ser feio ele próprio. E é seguramente uma dor terrível para um artista não lograr descobrir em si mesmo aquilo que forceja por alcançar. Quem, olhando para os retratos de Shelley, Keats, Byron, Milton e Poe, pode interrogar-se se foram poetas? Todos eram belos, todos eram amados e admirados, todos tinham no amor o calor da vida e gozo celeste, tanto quanto os podem ter qualquer poeta ou, até, qualquer homem[9].]

Pessoa tinha na sua biblioteca um livro de ensaios sobre a literatura inglesa com um capítulo chamado "The Romantic Revival" ["A renascença romântica"][10]. Nele, desenhou duas linhas na margem ao lado da segunda frase do seguinte juízo: *"The prose writers of the romantic movement brought back two things into writing which had been out of it since the seventeenth century. They brought back egotism and they brought back enthusiasm"* [Os escritores de prosa do movimento romântico trouxeram de volta duas coisas que haviam desaparecido da literatura desde o século XVII: o egoísmo e o entusiasmo][11].

Byron não escreveu muita prosa, mas o egoísmo e o entusiasmo são seguramente duas características-chave da sua poesia. Como a sua mulher, alienada e sofredora, escreveu a uma amiga: *"In regard to his poetry, egotism is the vital principle of his imagination, which it is difficult for him to kindle on any subject with which his own*

---

9 Fernando Pessoa, *Páginas de estética e de teoria e crítica literárias*, op. cit., pp. 119-120.
10 G. H. Mair, "The Romantic Revival", *in: English Literature: Modern*, Londres, Williams and Norgate / Nova Iorque, Henry Holt & Co. / Toronto, Wm. Briggs / India, R. & T. Washbourne, 1911, pp. 161-189.
11 *Ibidem*, p. 187.

character and interests are not identified" [Quanto à sua poesia, o egoísmo é o princípio vital da sua imaginação, que só é despertada pelos assuntos que se identifiquem com a sua própria pessoa e interesses][12]. (Esta é, seguramente, a coisa mais simpática que uma mulher que teve a infelicidade de se envolver com Byron poderia dizer sobre o seu egoísmo.)

O egoísmo, ou egocentrismo, poético de Byron manifesta-se nos seus poemas longos, como "Childe Harold's Pilgrimage" e "Don Juan", pois os sujeitos líricos estão mais interessados nas suas próprias personalidades e pensamentos do que em qualquer outro assunto. O heterónimo pessoano Álvaro de Campos é igualmente egocêntico neste sentido, partilhando com Byron a confiança de que os seus gostos e experiências bastem para fascinar o leitor. O egoísmo de Campos leva-o a focar-se, de forma obsessiva, em suas ideias, sonhos, ações (ou, mais habitualmente, inações), e é capaz de levar à introspeção e à autopiedade excessivas, de índole adolescente, como por exemplo no poema que começa "Cruzou por mim, veio ter comigo, numa rua da Baixa":

> Coitado do Álvaro de Campos!
> Tão isolado na vida! Tão deprimido nas sensações!
> Coitado dele, enfiado na poltrona da sua melancolia!
> Coitado dele, que com lágrimas (autênticas) nos olhos,
> Deu hoje, num gesto largo, liberal e moscovita,
> Tudo quanto tinha, na algibeira em que tinha pouco, àquele
> Pobre que não era pobre, que tinha olhos tristes por
> profissão[13].

Quanto ao entusiasmo poético, no caso de Byron este era um ingrediente-chave daquilo a que chamou *mobility*

---

[12] George Gordon Byron *apud* Harriet Stowe, *The True Story of Lord and Lady Byron*, Whitefish, Kessinger Publishing, 2005, p. 159.
[13] Fernando Pessoa, *Poesia de Álvaro de Campos*, ed. Teresa Rita Lopes, Lisboa, Assírio & Alvim, 2002, p. 298.

[mobilidade], que definiu como "*an excessive susceptibility of immediate impressions*" [uma suscetibilidade excessiva a impressões imediatas][14]. A definição que Byron nos oferece de *mobility* descreve à perfeição uma das experiências modernistas mais duradouras de Pessoa, o sensacionismo.

O lema sensacionista de Campos, exibido nas suas odes futuristas e anunciado em vários poemas, incluindo o primeiro verso de "Passagem das horas", é "sentir tudo de todas as maneiras"[15]. Os poemas de Byron visam fazer o mesmo, e estão repletos de mudanças abruptas de tom, ritmo, e assunto. Enquanto que contemporâneos populares como Walter Scott e William Wordsworth procuravam aperfeiçoar formas reconfortantes de se dirigir ao leitor, a relação de Byron com o seu leitor é caracterizada por transições, descontinuidades e desassossegos. Um exemplo delicioso é o cabeçalho à edição de 1832 de "Don Juan":

> *I would to heaven that I were so much clay,*
> *As I am blood, bone, marrow, passion, feeling —*
> *Because at least the past were passed away —*
> *And for the future — (but I write this reeling,*
> *Having got drunk exceedingly today,*
> *So that I seem to stand upon the ceiling)*
> *I say — the future is a serious matter —*
> *And so — for God's sake — hock and soda water!*

> [Tivesse eu tanto barro em mim pesado,
> Quanto sangue, ossos, dor, nervos, paixão
> — Ao menos o passado era passado —
> E o futuro — (eu escrevo em confusão,
> Tendo bebido tanto, que, coitado
> Penso pisar o teto em vez do chão)

---

14 George Gordon Byron, *The Works of Lord Byron: Poetry*, v. VI, ed. Ernest Hartley Coleridge, Londres, John Murray, 1831, p. 600.
15 Fernando Pessoa, *Poesia de Álvaro de Campos*, *op. cit.*, p. 298.

O futuro não é questão de moda —
Então — Que diabo! um viva ao vinho e à soda!]¹⁶.

Nesta estrofe, uma angústia existencial sobre a condição trágica do ser humano é imediatamente deflacionada, com humor e ironia, por algo tão mundano como uma bebedeira. Passamos, no mesmo fôlego, dos céus para os tetos, por meio de um pouco de álcool. É a vida.

Campos, igualmente entusiasmado pelas suas impressões imediatas, também tende a alternar entre o absurdo e o sublime. As suas sensações, como as de Byron, abrangem, a um ritmo alucinante, o profundo e o superficial, o metafísico e o íntimo, muitas vezes no espaço de breves versos:

Grandes são os desertos e tudo é deserto,
Salvo erro, naturalmente.
Pobre da alma humana com oásis só no deserto ao lado!
Mais vale arrumar a mala¹⁷.

Noutro poema, Campos acaba por descobrir precisamente a mesma solução que Byron encontrou face ao problema de meditações metafísicas: embebedar-se.

Há doenças piores que as doenças,
Há dores que não doem, nem na alma
Mas que são dolorosas mais que as outras.
Há angústias sonhadas mais reais
Que as que a vida nos traz, há sensações
Sentidas só com imaginá-las
Que são mais nossas do que a própria vida.
Há tanta cousa que, sem existir,

---

16 George Gordon Byron, "Don Juan", *in*: George Gordon Byron e John Keats, *Entreversos*, trad. Augusto de Campos, Campinas, Editora da Unicamp, 2009, p. 31.
17 Fernando Pessoa, "Grandes são os desertos e tudo é deserto", *in*: *Poesia de Álvaro de Campos, op. cit.*, p. 429.

> Existe, existe demoradamente,
> E demoradamente é nossa e nós...
> Por sobre o verde turvo do amplo rio
> Os circunflexos brancos das gaivotas...
> Por sobre a alma o adejar inútil
> Do que não foi, nem pôde ser, e é tudo.
> Dá-me mais vinho, porque a vida é nada[18].

As justaposições de Campos do profundo e do banal, do sério e do "da-boca-para-fora", são byronianas em tom e execução. Não pretendo propor, é claro, que o egoísmo e o entusiasmo poéticos de Campos descendam em linha direta dos poemas de Byron; os traços de hereditariedade divagam para beber, também, de outras fontes, tais como a fé futurista na modernidade, o canto de si mesmo de Walt Whitman e o culto de personalidade de Oscar Wilde. Mas a aproximação entre a poesia de Byron e a de Campos é acentuada pelo fato de Pessoa, que sempre se fascinou pelas ideias clínicas do século XIX sobre aquilo a que chamava "loucura" (na verdade, saúde mental), ter diagnosticado ambos os autores como histéricos:

> *The basis of lyrical genius is hysteria. The more pure and narrow the lyrical genius, the clearer the hysteria is, as in the case of Byron*
>
> [A base do génio lírico é a histeria. Quanto mais puro e restrito o génio lírico, tanto mais nítido será esse histerismo, como no caso de Byron][19].

É possível que o diagnóstico que Pessoa faz a Byron tenha sido influenciado pelos escritos do último sobre a poesia. Como outros poetas românticos, Byron considerava

---

18 Idem, *Poesia de Álvaro de Campos*, op. cit., p. 321.
19 Idem, *Páginas de estética e de teoria e crítica literárias*, op. cit., pp. 299 e 301.

que a poesia era a válvula de escape para emoções fortes: *"The lava of the imagination whose eruption prevents an earthquake"* [A lava da imaginação cuja erupção evita um terramoto][20]. Segundo essa lógica, a composição poética será a catarse pessoal de emoções turbulentas. Um dos mais célebres aforismos de Byron é: *"All convulsions end with me in Rhyme"* [Todas as convulsões levam, em mim, à rima][21]. As palavras curiosas de Byron para descrever o que pode acontecer ao poeta que não consiga alcançar o escape constituído pela criação poética — "convulsões", "um terramoto" — espelham as ideias da sua época sobre os principais sintomas da histeria, como Pessoa bem sabia, sendo ele tão conhecedor da literatura clínica oitocentista sobre as neuroses.

Pessoa descreve Álvaro de Campos, numa carta a Adolfo Casais Monteiro, como "o mais histericamente histérico de mim"[22]. Afirma ainda, num texto em inglês, que *"none has ever approached him in the [...] hystericism of our age"* [ninguém o alcançou no [...] histerismo da nossa época][23]. Associa a loucura de Campos ao sensacionismo na última estrofe do poema "Passagem das horas", quando Campos se autodescreve como "Absolutamente doido só por sentir"[24].

A "mobilidade" poética de Byron e Campos leva ambos, como vimos, a justaposições mirabolantes e maravilhosas. O poeta irlandês Paul Muldoon propõe que esta característica de Byron, juntamente com as suas rimas ultrajantes, estão na base do humor que é omnipresente nos seus poemas longos:

---

20 Lord Byron, *The Works of Lord Byron: Letters and Journals*, v. III, ed. R. E. Prothero, Londres, John Murray, 1899, p. 405.
21 *Ibidem*, p. 293.
22 "Carta a Adolfo Monteiro, 13.10.1935", in: *Correspondência 1923-1935*, ed. Manuela Parreira da Silva, Lisboa, Assírio & Alvim, 1999, p. 341.
23 Teresa Rita Lopes, *Pessoa por conhecer*, v. II, *op. cit.*, pp. 236-237.
24 Fernando Pessoa, *Álvaro de Campos: a passagem das horas*, ed. Cleonice Berardinelli, Lisboa, Impresa Nacional-Casa da Moeda, 1988, p. 33.

> *Byron's mature style is wonderfully discursive, ranging from Aristotle through hitting the sack to hitting the bottle of sack, while relishing the rhyme on "Aristotle" and "bottle" along the way; he reminds us time and time again that poetry can be serious without being solemn, that it might even be fun*[25].

[O estilo maduro de Byron é maravilhosamente discursivo; vai desde Aristóteles até à cama e à bebedeira, enquanto saboreia a rima entre "Aristotle" [Aristóteles] e *"bottle"* [garrafa]; Byron lembra-nos, vezes sem conta, que a poesia pode ser séria sem ser solene, e que pode até ser *divertida*.]

(Ainda em "Don Juan", Byron tem a audácia de rimar Plato [Platão] com *potato* [batata] (VII, 4).)

As justaposições sensacionistas de Byron e Campos de tom, ritmo e assunto apontam para o seu entusiasmo pela digressão, como Muldoon refere acima. Jonathan Swift (1667-1745) e Laurence Sterne (1713-1768) já haviam empregado digressões em prosa, mas Byron foi o primeiro autor em língua inglesa a fazer uso delas em verso. Ao longo da sua carreira, desenvolveu um repertório enorme de estratégias poéticas para mudar o assunto. Este é um exemplo típico, do poema "Beppo" (1818), quando o sujeito poético interrompe a ação que está a narrar para comentar os seus próprios gostos e desgostos, com o egoísmo e o entusiasmo que lhe são característicos:

> *I love the language, that soft bastard Latin,*
> *Which melts like kisses from a female mouth,*
> *And sounds as if it should be writ on satin,*
> *With syllables which breathe of the sweet South,*
> *And gentle liquids gliding all so pat in,*

---

[25] Paul Muldoon, "Introduction", *in*: *Lord Byron*, Londres, Faber & Faber, 2011, p. ix.

That not a single accent seems uncouth,
Like our harsh northern whistling, grunting guttural,
Which we're obliged to hiss, and spit, and sputter all.
("Beppo", XLIV)

[Amo a língua, aquele suave Latim bastardo,
Que se derrete como beijos da boca de uma mulher,
E soa como se devesse ser escrita em setim,
Com sílabas que respiram o doce Sul,
E líquidos gentis deslizando todos tão oportunos
Que nem um único acento parece grosseiro,
Como os nossos duros sopros do norte, grunhidos guturais
Que temos de chiar, e cuspir, e engasgar.]

Muldoon afirma:

In Beppo *we see Byron at his brilliant best — witty, wise, at one moment stepping on the gas and cruising along the narrative equivalent of a six-lane highway, at the next content to pull over and make a leisurely digression down some back road or blind alley*[26].

[*Beppo* revela Byron no seu melhor: espirituoso, sábio, num passo a pisar o acelerador e guiar, à velocidade de cruzeiro, na equivalente narrativa de uma autoestrada de seis faixas, no próximo momento satisfeito em sair para fazer um passeio pelas estradas das traseiras, ou becos sem saída.]

A digressão é a característica predominante, e mais acentuada, dos poemas longos de Byron. "Don Juan" está pleno de digressões a comentar a ação, a sociedade ou, mais normalmente (como no exemplo de "Beppo" acima) o próprio sujeito poético. Por exemplo:

---

26 *Ibidem.*

Don Jose and his lady quarrell'd — why,
Not any of the many could divine,
Though several thousand people chose to try,
'T was surely no concern of theirs nor mine;
I loathe that low vice — curiosity;
But if there's anything in which I shine,
'T is in arranging all my friends' affairs,
Not having of my own domestic cares. (I, 23)

[Dom José e a sua senhora discutiram — por quê,
Nenhum dos muitos divinava,
Apesar de milhares de pessoas tentarem,
Seguramente não lhes dizia respeito, nem a mim;
Abomino esse vício reles — a curiosidade
Mas se houver alguma coisa em que eu brilhe
É a organizar os romances dos amigos,
Não tendo preocupações domésticas minhas.]

Contudo, no início de "Don Juan" o sujeito lírico afirmara:

My way is to begin with the beginning;
The regularity of my design
Forbids all wandering as the worst of sinning. (I, 7)

[O meu modo é começar no início.
Caminhadas e errâncias, isto eu
Condeno sem rebuços, como um vício[27].]

É como se Byron fosse irresistivelmente atraído a apartes poéticos, não obstante declarar ser contra quaisquer desvios à narração. Como por fim concede:

I must own,
If I have any fault, it is digression;

---

27 Lord Byron, "Don Juan", *in*: George Gordon Byron e John Keats, *Entreversos, op. cit.*, p. 43.

Leaving my people to proceed alone,
While I soliloquize beyond expression. (III, 96)

[Devo admitir,
Se tenho algum defeito, é a digressão;
Deixo que minha gente prossiga sozinha,
Enquanto soliloquio para além da compreensão.]

A mesma confissão é feita no poema "To the Earle of Clare" ["Ao Conde de Clare"], após mais uma longa digressão:

Now, Clare, I must return to you;
And, sure, apologies are due:
Accept, then, my concession.
In truth, dear Clare, in Fancy's flight
I soar along from left to right;
My Muse admires digression[28].

[Agora, Clare, devo voltar a si;
E é certo que me devo desculpar:
Aceite, então, a minha admissão.
Em verdade, meu caro Clare, no voo da imaginação
Pairo de um lado para o outro;
A minha Musa admira a digressão.]

Sobre a dificuldade em seguir um curso narrativo sem desvios, "Beppo" traz os seguintes versos reveladores:

To turn, — and to return; — the devil take it!
This story slips for ever through my fingers. (LXIII, 1-2)

[Voltar — e retornar — com os diabos!
Esta história desliza sempre entre os meus dedos.]

---

28 Lord Byron, *The Poetical Works of Lord Byron*, op. cit., p. 58.

Álvaro de Campos padece da mesma enfermidade. Como afirma no fim do poema "Ah, um soneto...":

> Mas — esta é boa — era do coração
> Que eu falava... e onde diabo estou eu agora
> Com almirante em vez de sensação?...[29].

As digressões mais passageiras de Byron permitem que o sujeito lírico intervenha de forma direta na ação que está a relatar, a fim de comentar a qualidade e o efeito das suas palavras. Isto significa que os alter egos mais interessantes de Byron, como os de Pessoa, estão muito conscientes de se estar constantemente a criar e a escrever:

> *Amongst her numerous acquaintance, all*
> *Selected for discretion and devotion,*
> *There was the Donna Julia, whom to call*
> *Pretty were to give a feeble notion*
> *Of many charms in her as natural*
> *As sweetness to the flower, or salt to ocean,*
> *Her zone to Venus, or his bow to Cupid,*
> *(But this last simile is trite and stupid).*
>
> ("Don Juan", I, 55)

> [Entre os seus muitos conhecidos, todos
> Escolhidos por sua discrição e devoção,
> Estava Donna Julia, a quem chamar
> Bonita seria dar uma fraca noção
> Dos muitos encantos nela tão naturais
> Como a doçura numa flor, o sal no oceano,
> A sua zona a Vénus, ou o seu arco a Cupido,
> (Mas esta última imagem é banal e estúpida).]

---

29 Fernando Pessoa, *Poesia de Álvaro de Campos, op. cit.*, p. 443.

O semi-heterónimo Bernardo Soares está igualmente apto a interromper a livre expressão dos seus pensamentos para os meditar, e cogitar a melhor maneira de os exprimir. Um bom exemplo é quando Soares cria uma imagem original para o seu estado de espírito: "hoje, pensando no que tem sido a minha vida, sinto-me qualquer bicho vivo, transportado num cesto de encurvar o braço, entre duas estações suburbanas". Na próxima frase, reflete a metáfora que escolheu ("A imagem é estúpida, porém a vida que define é mais estúpida ainda do que ela"), mas em seguida decide desenvolver a analogia: "Esses cestos costumam ter duas tampas, como meias ovais, que se levantam um pouco em um ou outro dos extremos curvos se o bicho estrebucha"[30].

A forma como os sujeitos líricos de Byron e, na sua esteira, Campos e Soares fazem digressões contínuas para comentar as ações que estão a descrever aponta para a natureza essencialmente dramática de todas essas personagens.

Pessoa tinha na sua biblioteca um livro de ensaios com uma resenha de 1831 sobre as cartas e diários de Byron (*Letters and Journals*, 1830). O autor critica o fato de as personagens fictícias de Byron — tanto os sujeitos líricos quanto os heróis dos poemas — não terem grande profundidade:

> *It is hardly too much to say, that Lord Byron could exhibit only one man and only one woman, a man proud, moody, cynical, with defiance on his brow, and misery in his heart, a scorner of his kind, implacable in revenge, yet capable of deep and strong affection: a woman all softness and gentleness, loving to caress, and to be caressed, but capable of being transformed by passion into a tigress.*
>
> *Even these two characters, his only two characters, he could not exhibit dramatically.*

---

30 Idem, *Livro do desassossego*, ed. Richard Zenith, 3ª ed., Lisboa, Assírio & Alvim, 2001, p. 90.

[Não será exagero afirmar que Lord Byron só conseguia exibir um único homem e uma única mulher, um homem orgulhoso, temperamental, cínico, com teimosia na face e angústia no coração, que despreza os seus próximos, implacável na vingança, mas capaz de afetos profundos e fortes: uma mulher toda ela suavidade e delicadeza, que adora abraçar, e ser abraçada, mas capaz de se transformar, pela paixão, em tigresa.
Mesmo estas duas personagens, as suas duas únicas personagens, ele não era capaz de exibir de forma dramática][31].

Embora seja verdade que os heróis de Byron sejam todos parecidos uns com os outros, partilhando as características indicadas acima, o juízo final do crítico — de que eles não são exibidos de forma dramática — é curioso, pois a construção de personagens de Byron é quase tão dramática quanto a de Pessoa.

Pessoa sempre descreveu os heterónimos como sendo personalidades dramáticas, e o próprio poeta, portanto, uma espécie de dramaturgo. Por exemplo, em carta de 1931 a João Gaspar Simões, afirma:

> O ponto central da minha personalidade como artista é que sou um poeta dramático; tenho, continuamente, em tudo quanto escrevo, a exaltação íntima do poeta e a despersonalização do dramaturgo [...]. Desde que o crítico fixe [...] que sou essencialmente poeta dramático, tem a chave da minha personalidade[32].

Se aceitarmos esta autodefinição, há uma conclusão lógica, proposta pelo próprio Pessoa:

---

31 Lord Macaulay, "Byron", in: *Essays, Historical and Literary: from the Edinburgh Review*, Londres/Nova Iorque/Melbourne, Ward, Lock & Co., s.d., p. 191.
32 Fernando Pessoa, *Correspondência 1923-1935*, op. cit., p. 255.

Não há que buscar em quaisquer [dos heterónimos] ideias ou sentimentos meus, pois muitos deles exprimem ideias que não aceito, sentimentos que nunca tive. Há simplesmente que os ler como estão, que é aliás como se deve ler[33].

Ou seja, tratando-se de personagens dramáticas, os heterónimos não são idênticos a Pessoa, o seu criador. Byron também se sentira compelido a redigir um prefácio a "Childe Harold's Pilgrimage", para explicar que o herói fictício do poema não era, de todo, o próprio Byron, mas sim um filho da sua imaginação:

A fictitious character is introduced for the sake of giving some connexion to the piece; which, however, has no pretension to regularity. It has been suggested to me by friends, on whose opinions I set a high value, that in this fictitious character, "Childe Harold", I may incur the suspicion of having intended some real personage: this I beg leave, once for all, to disclaim — Harold is the child of imagination, for the purpose I have stated[34].

[Uma personagem fictícia é introduzida para dar alguma coerência à obra; a qual, no entanto, não pretende ser regular. Foi-me sugerido por amigos, cujas opiniões muito prezo, que nesta personagem fictícia, "Childe Harold", pode haver a suspeita de eu fazer referência a uma pessoa real: quero, de uma vez por todas, negá-lo — Harold é o filho da imaginação, cujo propósito já indiquei.]

A distância dramática que existe entre Byron e os seus sujeitos líricos pode ser ainda mais evidente. O autor fictício da carta em verso "Epistle from Mr. Murray to Dr. Polidori" ["Epístola de Sr. Murray a Dr. Polidori"] é um certo

---

33 *Ibidem.*
34 Lord Byron, *The Poetical Works of Lord Byron*, op. cit., p. 143.

"John Murray". Este começa por criticar o destinatário da carta, Dr. Polidori, por via de elogios envenenados:

> *Dear Doctor, I have read your play.*
> *Which is a good one in its way, —*
> *Purges the eyes and moves the bowels,*
> *And drenches hankerchiefs like towels*
> *With tears, that, in a flux of grief*
> *Afford hysterical relief*
> *To shatter'd nerves and quicken'd pulses,*
> *Which your catastrophe convulses*[35].

[Caro Doutor, li a sua peça,
Que é boa à sua maneira, —
Purga os olhos e move as tripas,
E molha como toalhas os lenços
De lágrimas, que, num fluxo de luto
Permitem uma catarse histérica
Aos nervos esmagados e à arritmia
Que a sua catástrofe convulsa.]

Mais adiante, John Murray, o autor fictício da carta, critica o seu verdadeiro autor, Byron:

> There's Byron, too, who once did better,
> Has sent me, folded in a letter,
> A sort of — it's no more a drama
> Than Darnley, Ivan, or Kehama;
> So alter'd since last year his pen is,
> I think he lost his wits in Venice[36].

[Eis Byron, também, que certa vez fez melhor,
Enviou-me, dobrado numa carta

---

35 *Ibidem*, p. 1029.
36 *Ibidem*, p. 1030.

Uma espécie de — não é mais um drama
Que Darnley, Ivan, ou Kehama;
A sua pena alterou-se tanto neste último ano
Que penso que perdeu a cabeça em Veneza.]

(Esta última rima é especialmente byroniana; ninguém mais se atreveria a rimar "*pen is*" com "Venice".)
"Epistle from Mr. Murray to Dr. Polidori" é um poema tão dramático quanto qualquer item da obra dos heterónimos pessoanos: basta recordarmos as intromissões epistolares de Álvaro de Campos durante a relação de Pessoa com a sua namorada Ophélia Queiroz. Pessoa por vezes escrevia cartas a Ophélia com a assinatura de Campos, contendo críticas irónicas de Pessoa. Numa destas cartas, Campos "escreve": "aconselho V. Exa. a pegar na imagem mental, que acaso tenha formado do indivíduo cuja citação está estragando este papel razoavelmente branco, e deitar essa imagem mental na pia"[37].

A poesia dramática é, por sua natureza, impessoal, ou despersonalizada: leva ao desaparecimento do próprio poeta, até à invisibilidade. John Keats, poeta romântico contemporâneo de Byron (não eram amigos; muito pelo contrário), na sua célebre carta a Richard Woodhouse sobre o processo criativo, escreve sobre o *"chameleon poet"* [poeta camaleão], que estaria *"continually in for and filling* [sic] *some other Body"* [sempre a representar, e encher, algum outro corpo]; o resultado era que o autor ficava com *"none, no Identity"* [sem nenhuma identidade própria]: perdia no processo a sua própria identidade[38].

---

37 Fernando Pessoa, "Carta de 25.9.1929", *in*: *Correspondência 1923-1935*, *op. cit.*, p. 164.
38 John Keats, "Carta a Richard Woodhouse, 27.10.1818", *in*: *Letters of John Keats 1814-1821*, v. I, ed. H. E. Rollins, Cambridge, Harvard University Press, 1958, pp. 386-387. O trecho é, por vezes, reproduzido como *continually in, for, and filling*, ou *continually informing and filling*.

Os modernistas da geração de Pessoa viriam a colocar a despersonalização no centro da sua teoria e prática literárias: o ensaio seminal de T.S. Eliot, "Tradition and the Individual Talent" ["Tradição e talento individual"] (1919), defende que a melhor parte da obra de um poeta é *"a continual self-sacrifice, a continual extinction of personality"* [um autossacrifício contínuo, uma contínua extinção da personalidade][39]; James Joyce postulou que o autor ideal era *"like the God of creation, [...] within or behind or beyond or above his handiwork, refined out of existence, indifferent, paring his fingernails"* [como o Deus da criação, [...] dentro ou atrás ou além ou acima de sua obra, invisível, refinado para fora da existência, indiferente, limando as unhas][40]. Pessoa, nas várias versões do texto teórico "Os graus da poesia lírica", explica que a progressão ascendente da poesia, da lírica até à dramática, é caracterizada por crescentes graus de despersonalização[41].

Os escritos de Keats sobre a natureza dramática do "caráter poético" são muitas vezes apontados como o modelo romântico do entusiasmo modernista pela despersonalização, mas Byron foi outro percursor importante neste contexto. Vale a pena recordarmos que ele foi um dramaturgo de sucesso, e que se referia às suas peças de teatro como "drama mental"[42]. Pessoa chamou ao seu universo heteronímico um "drama em gente", mas este poderia igualmente ser considerado um drama mental.

Em "Childe Harold's Pilgrimage", Byron compara a criação poética ao nascimento de um filho, resultando em

---

39 T.S. Eliot, *Selected Prose of T.S. Eliot*, ed. Frank Kermode, Londres, Faber & Faber, 1975, p. 40.
40 James Joyce, *A Portrait of the Artist as a Young Man* (1916), ed. Seamus Deane, Londres, Penguin, 1992, pp. 219 e 233.
41 Fernando Pessoa, *Páginas de estética e de teoria e crítica literárias*, op. cit., pp. 105-108.
42 Lord Byron apud Alan Richardson, "Byron and the Theatre", *in*: *The Cambridge Companion to Byron*, ed. Drummond Bone, Cambridge, Cambridge University Press, 2004, pp. 133-150 (p. 133).

descendentes poéticos (equivalentes a personagens dramáticas) que são criaturas independentes mas, ao mesmo tempo, partilham do DNA do poeta-pai, já que foram geradas dos seus pensamentos e emoções.

> *Tis to create, and in creating live*
> *A being more intense, that we endow*
> *With form our fancy, gaining as we give*
> *The life we image, even as I do now.*
> *What am I? Nothing: but not so art thou,*
> *Soul of my thought! with whom I traverse earth,*
> *Invisible but gazing, as I glow*
> *Mix'd with thy spirit, blended with thy birth,*
> *And feeling still with thee in my crush'd feelings' dearth.* (III, 6)

> [É para criar, e ao criar viver
> Um ser mais intenso, que damos forma
> À nossa imaginação, ganhando enquanto damos
> A vida que imaginamos, como faço agora.
> Que sou eu? Nada: mas tu não és assim,
> Alma do meu pensamento! com quem viajo a terra,
> Invisível mas a ver, enquanto eu brilho
> Misturado com o teu espírito e nascimento,
> E sentindo ainda contigo a morte dos meus sentimentos esmagados.]

É uma imagem brilhante, que nos ajuda a compreender como é que o poeta se torna tão despersonalizado, ao criar os seus sujeitos poéticos e personagens fictícios, que acaba por desaparecer por inteiro ("Que sou eu? Nada"). Assim, as suas vozes imaginárias — autores fictícios, sujeitos poéticos e os demais — são, paradoxalmente, mais reais do que o próprio autor de carne e osso: *"but not so art thou,/ Soul of my thought! with whom I traverse earth"* [mas tu não és assim,/ Alma do meu pensamento!]. No poema "The Vision of Judgment" ["A visão do julgamento"] (1821), Byron também descreve o autor como "*really, truly, nobody at all*" [realmente e verdadeiramente, ninguém]⁴³.

A despersonalização dramática de Byron está associada a outra problemática fulcral da sua obra: o fingimento.

Byron escreveu que odiava "*things* all fiction [...] *pure invention is but the talent of a liar*" [tudo o que seja *pura ficção* [...] a pura invenção é apenas o talento de um mentiroso]⁴⁴. Em "Don Juan", insiste que está a contar-nos a verdade, mesmo que esta possa ser desagradável:

> *I know Gulbeyaz was extremely wrong;*
> *I own it, I deplore it, I condemn it;*
> *But I detest all fiction even in song,*
> *And so must tell the truth, howe'er you blame it.* (VI, 8)

[Sei que Gulbeyaz estava completamente enganado;
Aceito-o, deploro-o, condeno-o;
Mas odeio toda a ficção, mesmo em canto,
Por isso devo dizer a verdade, por muito que me culpem.]

Contudo, vimos que a sua poesia nega a possibilidade de sinceridade, devido à distância dramática que existe entre o autor e suas criações. Byron reconheceu que o poeta, por mais sincero que pretenda (ou finja) ser, é, no fundo, um mentiroso, divertindo-se a fingir os sentimentos que apresentava aos leitores. Como escreve em "Don Juan":

> *feeling, in a poet is the source*
> *Of others' feeling, but they are such liars,*
> *And take all colours - like the hands of dyers.* (III, 87)

---

43 Lord Byron *apud* Jane Stabler, "Byron, Postmodernism and Intertextuality", *in*: *The Cambridge Companion to Byron*, *op. cit.*, pp. 265-284 (p. 274).
44 Lord Byron, *Letters and Journals*, v. IV, *op. cit.*, p. 93.

[a emoção, no poeta, é a fonte
De sentimentos alheios, mas eles são tão mentirosos
E assumem tantas cores — como as mãos dos tintureiros.]

Em "Autopsicografia" (1934), Pessoa expõe a mesma ideia, que está no coração da sua obra e teoria estética:

O poeta é um fingidor
Finge tão completamente
Que chega a fingir que é dor
A dor que deveras sente.

Não admira que Pessoa se entusiasmasse pelas meditações poéticas de Byron sobre o fingimento artístico. Sublinhou os seguintes versos de "Beppo" na antologia de Byron que possuía:

But to my tale of Laura, — for I find
Digression is a sin, that by degrees
Becomes exceeding tedious to my mind,
And, therefore, may the reader too displease —
The gentle reader, who may wax unkind,
And caring little for the Author's ease,
Insist on knowing what he means — a hard
And hapless situation for a Bard.   (L)

[Quanto a meu conto de Laura — pois considero
Que a digressão é um pecado, que passo a passo
Se torna para mim entediante,
E, portanto, pode também ser desprezada pelo leitor —
O gentil leitor, que pode ser pouco caridoso
E não se importando pelo Autor,
Insistir em saber o que ele quer dizer — situação dura
E desgraçada para um Bardo.]

Byron apontou outra dificuldade em estabelecermos a sinceridade do autor, para além da distância dramática que existe entre o mesmo e os seus autores fictícios (a despersonalização e o fingimento a ela associados): o fato de a identidade não ser única e imutável, mas sim múltipla e inconsistente. Os modernistas como Pessoa atacaram a ideia de existir um "eu" fixo, conhecível, como uma ficção, e, mais uma vez, Byron já avançara esta ideia profundamente moderna. Escrevera em "Don Juan", no auge do Romantismo:

> I almost think that the same skin
> For one without — has two or three within. (XVII, 2)
>
> [Quase penso que a mesma pele
> Que é uma por fora — contém dois ou três por dentro.]

Esta intuição é outro tema fulcral da sua poesia, fato notável quando recordarmos que Byron morreu várias décadas antes de William James e outros psicólogos oitocentistas escreverem as suas teses sobre os diferentes "eus" que habitam dentro de cada um de nós. Byron já sabia, mais de trinta anos antes de Walt Whitman, reconhecer a verdade (na edição de 1855 de *Leaves of Grass*) que o ser humano moderno contradiz-se porque não pode deixar de o fazer: porque contém multidões. Escreve em "Don Juan":

> *If people contradict themselves, can I*
> *Help contradicting them and every body,*
> *Even my veracious self? — But that's a lie;*
> *I never did so, never will — how should I?*
> *He who doubts all things, nothing can deny.* (XV, 88).
>
> [Se as pessoas se contradizem a si próprias, poderei eu
> Evitar contradizê-las e a toda a gente,
> Até o meu ser verdadeiro? — Mas é mentira;

Nunca o fiz, nunca o farei — como poderia?
Quem duvida de tudo, nada pode negar.]

Esta desconfiança de tudo ("*all things*") é semelhante à "capacidade negativa" de Keats, formulada na mesma época. No contexto do ceticismo, Byron propõe ainda:

*There's no such thing as certainty, that's plain
As any of Mortality's conditions.* ("Don Juan", IX, 17)

[Não há nada de certo, é seguro
Como qualquer das condições da Existência.]

A poesia ortónima de Pessoa também questiona tudo, revelando uma busca contínua da verdade por detrás da aparência superficial da realidade, sempre além do nosso alcance (veja-se o poema "Isto", por exemplo). A sua procura, durante toda uma vida, de verdades alternativas reflete-se na sua biblioteca privada, que contém mais títulos de livros espirituais e esotéricos que obras literárias.

A poesia cintilante de Byron, repleta de digressões, ironia e diferentes personagens e vozes dramáticas, prenuncia alguns dos elementos basilares que Pessoa iria mais tarde meditar, adotar e desenvolver na sua própria obra: a digressão, a despersonalização, o fingimento e a desconfiança de verdades absolutas. A imagem de Pessoa byroniano é, portanto, atraente, pois ajuda-nos a melhor compreender e apreciar algumas das características mais "pessoanas" da sua obra: as que ele herdou de Byron.

"quase devagar" — desvios e choques na estrada aberta de Sintra. Álvaro de Campos ao luar e ao volante na companhia de Marinetti, Apollinaire e Alberti

Rui Miranda

O impacto do movimento futurista em Portugal, e nomeadamente a sua recepção no contexto modernista português, e particularmente em Fernando Pessoa, foi já objeto de considerável atenção crítica[1]. O rótulo "futurista" serve

---

[1] Cf. Gianluca Miraglia, "The Reception of Futurism in Portugal", *in*: Steffen Dix e Jerónimo Pizarro (eds.), *Portuguese Modernisms: Multiple Perspectives on Literature and the Visual Arts*, Londres, Legenda, 2011, pp. 236-249; Bernard McGuirk, *Erasing Fernando Pessoa*, Londres, Critical, Cultural and Communications Press, 2017, pp. 83-110; João Alves das Neves, *O movimento futurista em Portugal*, Lisboa, Dinalivro, 1987; Carlos D'Alge, *A experiência futurista e a geração de Orfeu*, Lisboa, Instituto de Cultura e Língua Portuguesa, 1989; Kenneth David Jackson, *As primeiras vanguardas em Portugal: bibliografia e antologia crítica*, Frankfurt-am-Main/Madri, Iberoamericana, 2003.

inclusivamente para delimitar uma fase da poesia de Álvaro de Campos, embora os escritos assinados por Campos rejeitem o título. No rascunho de uma carta que tinha como destinatário Marinetti, Campos admite coincidir parcialmente e ter simpatia pela atitude dos futuristas, mas afirma discordar das práticas e declara-se *"nullement futuriste"* [de modo algum futurista][2]. Numa carta datilografada da mesma altura, ainda que nunca enviada, ao *Diário de Notícias* (datada de 4.6.1915), rejeita o termo "futurista" que a crítica da época chegou a aplicar a *Orpheu*:

> A atitude principal do futurismo é a Objectividade Absoluta, a eliminação, da arte, de tudo quanto é *alma*, quanto é sentimento, emoção, lirismo, subjectividade em suma. O futurismo é dinâmico e analítico por excelência. Ora, se há coisa que [seja] típica do Interseccionismo (tal é o nome do movimento português) é a subjectividade excessiva, a síntese levada ao máximo, o exagero da atitude *estática*. "Drama estático", mesmo, se intitula uma peça, inserta no 1º número do *Orpheu*, do sr. Fernando Pessoa. E o tédio, o sonho, a abstracção são as atitudes usuais dos poetas meus colegas naquela brilhante revista[3].

Campos, que se despede na carta com a rubrica "engenheiro e poeta sensacionista", declara fidelidade apenas às suas sensações, mas o uso do adjetivo "estático" para a defesa e distinção da arte de *Orpheu* em oposição ao Futurismo antecipa já em 1915 vincadas diferenças face à dinâmica espaventosamente apregoada por Marinetti. Campos não hesita em apontar a futilidade do gesto futurista na busca de um maiúsculo Absoluto, neste caso em concreto a "Objectividade Absoluta".

---

2 Fernando Pessoa, *Obra essencial de Fernando Pessoa: cartas*, v. 7, ed. Richard Zenith, Lisboa, Círculo de Leitores, 2007, p. 114.
3 *Idem, Obra essencial de Fernando Pessoa: prosa publicada em vida*, v. 3, ed. Richard Zenith, Lisboa, Círculo de Leitores, 2006, pp. 188-189.

Partindo da análise de Bernard McGuirk ao "choque do novo" em Guillaume Apollinaire e Rafael Alberti, este artigo insistirá em poemas que, tal como o poema de Campos, simultaneamente reverberam e se diferenciam (conscientemente ou não) dos ditames futuristas[4]. As mudanças em nível de tecnologia, transportes e comunicações no final do século XIX e início do século XX exigirão da arte, como Robert Hughes ilustra no seu documentário e livro *The Shock of the New* [*O choque do novo*], uma adaptação a*celerada* à *aceleração* do entorno, levando a um inevitável choque entre, por um lado, convenções artísticas, meios e géneros estabelecidos, e, por outro, uma realidade em rápida mutação[5]. "Zone" ["Zona"], de Guillaume Apollinaire (1913)[6], plasma as vertiginosas expansão e mudança da mesma Paris em que Marinetti chega a residir e em que se publica o manifesto futurista ("Le futurisme", publicado em 1909), ao passo que "Carta abierta" ["Carta aberta"], de Rafael Alberti (1926-1927), reage a esse choque a partir da periférica Santa María del Puerto, Cadíz[7]. A definição da modernidade, por Charles Baudelaire, no ensaio "La modernité" ["A modernidade"] (*Le peintre de la vie moderne*, 1863), pecará então por defeito, mas o seu carácter premonitório merece ser assinalado: "*La modernité, c'est le fugitif, le transitoire, le contingent, la moitié de l'art, dont l'autre moitié est l'éternel et l'immuable*"[8] [A modernidade é o fugaz, o transitório, o contigente, metade da arte, sendo a outra metade o eterno e o imutável][9].

4 Cf. Bernard McGuirk, "Machinations: Shock of the Old, Fear of the New — Apollinaire and Alberti", in: Steve Giles (ed.), *Theorizing Modernisms: Essays in Critical Theory*, Londres/Nova Iorque, Routledge, 1993, pp. 52-86.
5 Robert Hughes, *The Shock of the New*. BBC/Time-Life Films, 1980.
6 Guillaume Apollinaire, *Alcools suivi de Le Bestiaire et de Vitam Impendere Amori*, ilust. Raoul Dufy, Paris, Gallimard, 2007, pp. 7-14.
7 Rafael Alberti, *Cal y canto: sobre los ángeles. Sermones y moradas*, 3ª ed., Buenos Aires, Losada, 1977, pp. 56-58.
8 Charles Baudelaire, "La modernité", in: *Variétés critiques: modernité et surrealism. Esthétique spiritualiste*, v. 2, 3ª ed., Chiré-en-Montreuil, G. Cres et Cie, 1924, p. 50.
9 As traduções são de responsabilidade do autor.

Este artigo debruçar-se-á sobre a figuração de aceleração por meio do automóvel que ocupa, como é sabido, um lugar de destaque na narrativa do manifesto futurista. Segundo Bifo Berardi, o movimento futurista vai mais longe quando entende que *"one's perception of time can be changed"* [a percepção individual do tempo pode ser alterada] e, no manifesto futurista, perspectiva *"time as acceleration, and views acceleration as a process of increasing potency"* [o tempo como aceleração, e vê a aceleração como um processo de aumentar a potência][10]. No manifesto futurista, o automóvel surge em destaque no âmbito da celebração da aceleração, da velocidade e do "homem do volante" de que os pontos do manifesto abaixo transcritos dão conta:

> 3. *La littérature ayant jusqu'ici magnifié l'immobilité pensive, l'extase et le sommeil, nous voulons exalter le mouvement aggréssif, l'insomnie fiévreuse, le pas gymnastique, le saut périlleux, la gifle et le coup de poing.*
>
> 4. *Nous déclarons que la splendeur du monde s'est enrichie d'une beauté nouvelle: la beauté de la vitesse. Une automobile de course avec son coffre orné de gros tuyaux, tels des serpentes à l'haleine explosive... une automobile rugissante, qui a l'air de courir sur de la mitraille, est plus belle que la Victoire de Samothrace.*
>
> 5. *Nous voulons chanter l'homme qui tient le volant, dont la tige idéale traverse la terre, lancée elle-même sur le circuite de son orbite*[11].

[3. Tendo a literatura até agora glorificado a imobilidade pensativa, o êxtase e o sono, nós queremos exaltar o movi-

---

10 Franco "Bifo" Berardi, *The Uprising: on Poetry and Finance*, Los Angeles, Semiotext(e), 2012, p. 89.
11 *Figaro: Journal Non Politique*, Paris, 20 fev. 1909, p. 1.

mento agressivo, a insónia febril, o passo de corrida, o salto mortal, a bofetada e o soco.

4. Nós declaramos que o esplendor do mundo se enriqueceu com uma nova beleza: a beleza da velocidade. Um automóvel de corrida com o seu capô ornamentado com grandes tubos, como serpentes de hálito explosivo... um automóvel rugindo, com o ar de ser movido a fogo de metralhadora, é mais belo que a *Vitória de Samotrácia*.

5. Nós queremos cantar o homem ao volante, cuja haste ideal atravessa a terra, lançada ela também sobre a sua órbita.]

O automóvel adquire uma carga simbólica importante no contexto histórico do início do século XX enquanto metonímia do período de rápidas transformações ao nível de comunicações, tecido urbano, comunicação social, transportes, fluxos migratórios e tendências demográficas, organização industrial (como a linha de montagem e o fordismo) — com as consequentes reverberações. Em "Zone", o automóvel surge como um elemento que corre mesmo o risco de parecer uma relíquia antiga:

Ici même les automobiles ont l'air d'être anciennes
La religion seule est restée toute neuve la religion
Est restée simple comme les hangars de Port-Aviation[12].

[Aqui mesmo os automóveis têm o ar de ser antigos
A religião apenas permaneceu inteiramente nova a religião
Permaneceu simples como os hangares de Port-Aviation.]

A referência aos hangares não é surpreendente: os aviões povoam os céus (e trazem mensagens pelos céus em

---

12 Guillaume Apollinaire, *Alcools suivi de Le Bestiaire et de Vitam Impendere Amori*, op. cit., p. 7.

"Carta abierta") enquanto figuras seráficas, no espaço antes (pré-inovações tecnológicas) dominado exclusivamente por divindades. Em Alberti, a apologia da era tecnológica em que cabos e aviões dominam os céus tem paralelo no fato de o Papa subir para um automóvel:

> *Yo nací — ¡respetadme! — con el cine.*
> *Bajo una red de cables y aviones.*
> *Cuando abolidas fueron las carrozas*
> *de los reyes y al auto subió el Papa*[13].

> [Eu nasci — respeitai-me! — com o cinema.
> Sob uma rede de cabos e aviões.
> Quando abolidas foram as carruagens
> dos reis e o papa entrou num automóvel.]

Anos antes do manifesto, porém, Marinetti celebrava já o automóvel enquanto entidade ambiguamente divina (deus veemente, monstro) com os gigantescos pneus dançando na estrada, ainda que com fome por horizontes e presas siderais em "L'Automobile" ["O automóvel"] (1905)[14]. O automóvel que se lançará *"dans l'Infini libérateur!"* [para o Infinito libertador!] deixa já antever o papel central reservado à velocidade no que virá a ser o esquema futurista (*"Plus vite!... encor plus vite!..."* [Mais depressa!... ainda mais depressa!...]), ainda que o poema esteja imbuído ainda de traços simbolistas e decadentistas. Em 1928, o automóvel ocupa ainda um lugar crucial no poema "Ao volante do Chevrolet pela estrada de Sintra", mas a "estrada deserta" não oferece liberdade no infinito, apenas desvios no e do indefinido em relação a diversos ritmos e acelerações, tradições e apropriações.

---

13 *Idem, Cal y canto, op. cit.*, p. 57.
14 Filippo Tommaso Marinetti, *Poesia*, v. 1, n. 7, ago. 1905, p. 11.

O CHOQUE, O VELHO E O NOVO

> Um automóvel que nunca vi (não os havia antes)
> Estagna amarelo escuro ante uma porta entreaberta.
> Tudo é velho onde fui novo.
>
> Álvaro de Campos,
> "Notas sobre Tavira"

Na opinião de Eduardo Lourenço, Pessoa não está "sintonizado com o *vanguardismo* (ou sucessivos *vanguardismos*) da época", e o seu modernismo "não foi e não será nunca apologia e delírio da quotidianidade presente e suas fulgurações, mera apologia do novo, mas consciência das insolúveis contradições do mundo moderno e da mesma modernidade"[15]. Esta visão aproximaria Pessoa de Apollinaire e Alberti (*inter alia*), e não de Marinetti. Também a *"nueva vida"* [nova vida] em Alberti ou o *"Esprit Nouveau"* (e, mais propriamente o vaivém entre *Esprit Nouveau* [Espírito Novo] e *Modernisme* [Modernismo]) de Apollinaire respondem apenas parcialmente e provisoriamente (sem os resolver) aos problemas da modernidade poética[16]. Não se trata simplesmente de notar a relevância histórica da contraposição de elementos "tradicionais" e "modernos", ainda que esta possa ser indicativa — e é-o, claramente — da posição de Apollinaire num cruzamento entre *"established literary influences and a blatant modernistic trend, between one century and the next"* [influências literárias estabelecidas e uma vertente marcadamente modernística, entre um século e o seguinte][17], a *"longue querelle de la tradition et de*

---

15 Eduardo Lourenço, "Da literatura como interpretação de Portugal", *in: O labirinto da saudade*, Lisboa, Gradiva, 2000, pp. 113-114.
16 Jean-Pierre Bertrand e Pascal Durand, *Les poètes de la modernité: de Baudelaire à Apollinaire*, Paris, Seuil, 2006, p. 314.
17 Peter Broome e Graham Chesters, *The Appreciation of Modern French Poetry, 1850-1950*, Cambridge, Cambridge University Press, 1976, p. 31.

l'invention" [longa contenda entre tradição e invenção] (cf. Apollinaire em "La jolie rousse" ["A bela ruiva"]). Em "Ao volante...", o "homem ao volante" (que faz lembrar o do manifesto futurista) está também "[a]o luar e ao sonho".

Essa mesma negociação, e consequente tensão criativa, entre tradição e novo ou entre tradição e vanguarda, que não escapou ao exame dos críticos de Apollinaire e Alberti, respectivamente[18], ajuda a perscrutar uma diferença importante entre a "forma de realizar" de Campos e a dos futuristas, uma diferença que Campos faz questão de reinvindicar já na carta de 1915 ao *Diário de Notícias*[19]. Em "Ao volante do Chevrolet pela estrada de Sintra", o automóvel está longe das representações do automóvel em Marinetti, mas está igualmente distante de suscitar o desejo que suscita em "Ode triunfal" (localizada nesse outro epicentro de modernidade, Londres)[20], e funciona como um *"objective correlative"* (T.S. Eliot), um veículo que permite ao sujeito poético "seguir" ("Sozinho guio") "[n]a estrada de Sintra, ou na estrada do sonho, ou na estrada da vida":

> Ao volante do Chevrolet pela estrada de Sintra,
> Ao luar e ao sonho, na estrada deserta,
> Sozinho guio, guio quase devagar, e um pouco
> Me parece, ou me forço um pouco para que me pareça,
> Que sigo por outra estrada, por outro sonho, por outro mundo,
> Que sigo sem haver Lisboa deixada ou Sintra a que ir ter,
> Que sigo, e que mais haverá em seguir senão não parar
> mas seguir[21]?

---

18 Peter Por, "Le travestissement de la tradition et/ou la création du nouveau dans *Alcools*", in: Michel Décaudin, *Guillaume Appolinaire: relire "Alcools"*, Paris, Lettres Modernes, 1996, pp. 81-126; José Luis Tejada, *Rafael Alberti, entre la tradición y la vanguardia: poesía primera, 1920-1926*, Madri, Gredos, 1977.
19 Fernando Pessoa, *Prosa publicada em vida*, op. cit., p. 189.
20 Idem, *Obra essencial de Fernando Pessoa: poesia dos outros eus*, ed. Richard Zenith, v.4, Lisboa, Assírio & Alvim, 2007, pp. 227-235.
21 *Ibidem*, p. 356.

A linha teleológica (do século da confiança no futuro[22]) é interrompida: nem Lisboa deixada nem Sintra a que ir ter, na estrada que, antes de ser "estrada do sonho" e "estrada da vida", está e é uma "estrada deserta" no poema:

> Vou passar a noite a Sintra por não poder passá-la em Lisboa,
> Mas, quando chegar a Sintra, terei pena de não ter ficado
> em Lisboa.
> Sempre esta inquietação sem propósito, sem nexo, sem
> consequência,
> Sempre, sempre, sempre,
> Esta angústia excessiva do espírito por coisa nenhuma,
> Na estrada de Sintra, ou na estrada do sonho, ou na estrada
> da vida...[23].

A repetição de "sempre" e "sem" na viagem "pela estrada" antecipa um desvio do ritual ("Sorrio do símbolo") e engendra uma litania negativa ("sem") que se repete em excesso ("Sempre [...] sem [...] sem [...]; Sempre, sempre, sempre") com a "angústia excessiva do espírito por coisa nenhuma" — um "não parar, mas seguir" — como móbil[24]. O símbolo não remete para o transcendente (como no Simbolismo), mas para o imanente, o que se encontra à frente: na década de 1920, uma cruz (que se mantém como o emblema da Chevrolet) era suportada, no ornamento da tampa do radiador visível desde o interior do veículo, por um par de asas com um pneu ao centro. A distância irónica do sujeito poético ("Sorrio do símbolo, ao pensar nele, e ao virar à direita") realça a articulação (ou choque, para usar o termo)

---

22 Franco "Bifo" Berardi, *The Uprising*, op. cit., p. 146.
23 Fernando Pessoa, *Poesia dos outros eus*, op. cit., p. 356.
24 Esse poema é também ilustrativo dos dois "traços importantes" que Silvina Rodrigues Lopes identifica na poesia de Álvaro de Campos: "a repetição e o modo dramático". *Cf.* Silvina Rodrigues Lopes, "Grandes são os desertos e tudo é deserto", *in*: Osvaldo Manuel Silvestre e Pedro Serra (orgs.), *Século de ouro: antologia da poesia portuguesa do século XX*, Lisboa, Cotovia, 2002, p. 484.

entre os planos da tradição e da invenção: o pneumático de borracha ladeado por asas que remetem para a imagética mitológico-religiosa, e fazem lembrar os *"géantes pneumatiques"* [pneus gigantes] que, no poema de Marinetti, dançam na estrada antes de arrancar para os céus; a cruz, também com óbvias conotações religiosas, ornamentando o capô que oculta o motor. A velocidade que o automóvel atinge na estrada de Sintra é descrita de forma atavicamente futurista como "galgar", ao passo que o efeito de elevação que o movimento do automóvel provoca ("sob mim, comigo") desemboca numa evocação romântica e decadentista ("ao luar").

> Maleável aos meus movimentos subconscientes no volante,
> Galga sob mim comigo o automóvel que me emprestaram.
> Sorrio do símbolo, ao pensar nele, e ao virar à direita.
> Em quantas coisas que me emprestaram eu sigo no mundo!
> Quantas coisas que me emprestaram guio como minhas!
> Quanto me emprestaram, ai de mim!, eu próprio sou![25]

As imagens de Cristo enquanto detentor do recorde *"du monde pour l'hauteur"* em "Zone" (no falhado refúgio do sujeito poético na igreja, o regresso ao "pré-moderno" funciona apenas como um exercício nostálgico com uma gradação que culmina em tons fársicos[26]) ou do Papa a subir para o automóvel em "Carta abierta" permitem aos sujeitos poéticos registar o choque entre o "antigo" e o "novo", entre a reverência devida e a banalidade que se adivinha subjacente quer ao sagrado quer ao tecnológico. Já Campos, que sorri ao pensar no "símbolo" (do automóvel? *o* automóvel?), consegue manter uma distância irónica sobre o que vê e aquilo que projeta ("me forço um pouco para que pareça"), à direita e à esquerda, entre Sintra e Lisboa.

---

25 Fernando Pessoa, *Poesia dos outros eus*, op. cit., p. 356.
26 Guillaume Apollinaire, *Alcools suivi de Le Bestiaire et de Vitam Impendere Amori*, op. cit., pp. 8-9.

A noção de "choque do novo", afinal, tem tanto de instigante quanto de enganadora. Em primeiro lugar, parece sugerir que o "novo" implica uma ruptura com o passado e a substituição em absoluto do antigo pelo moderno. Nos "símbolos", assim chamados e conscientemente manipulados, de "Ao volante do Chevrolet pela estrada de Sintra" confluem aspectos futuristas (automóvel; volante; estrada) e traços decadentistas de inspiração romântica (o sonho e o luar; a cruz). Apollinaire, Alberti ou Campos parecem sugerir exatamente o entendimento do novo em relação a uma tradição com a qual coexiste ou que pode mesmo continuar, embora sob formas dissonantes e em ruptura. "À la fin" [No final] marca o início do poema "Zone"[27]. Faltam o primeiro e o último "*pliegos*" [páginas] em "Carta abierta". Se "Carta abierta" propõe (e se propõe enquanto) um "*madrigal dinámico*"[28], "Zone" subverte (ou complementa?) o bucolismo com a visão pseudopastoral de Paris com a Torre Eiffel como pastora[29]. Em "Zone", o recorde mundial de altura é detido por Cristo; em "Carta abierta" é a "alma" do sujeito poético que "*bate el récord continuo de la ausencia?*" [bate o recorde contínuo de ausência?][30]. Em "Ao volante...", o luar e o automóvel, a cruz e a máquina são significantes esvaziados que, quiasmaticamente, emprestam sentido ao sujeito poético na negociação entre tradição e invenção ("guio como minhas!"; "eu próprio sou!").

A noção de "choque do novo" pode também induzir em erro por um segundo motivo. Caso se subentenda por "choque do novo" que a causa exclusiva do choque é o "novo" (ou seja, a tecnologia, o moderno), quando a fragmentação ou dissolução do sujeito (e da alma, do coração, e outros elementos que poeticamente compõem a noção de sujeito) é

---

27 Cf. Bernard McGuirk, "Machinations", *op. cit.*, p. 56.
28 Rafael Alberti, *Cal y canto*, *op. cit.*, p. 58.
29 Guillaume Apollinaire, *Alcools suivi de Le Bestiaire et de Vitam Impendere Amori*, *op. cit.*, p. 7.
30 Rafael Alberti, *Cal y canto*, *op. cit.*, p. 58.

um traço da modernidade pós-baudelairiana que absorverá os novos temas (velocidade, máquina, etc.). Campos parece sugerir esta insistência na tensão entre o transitório e o imutável ao definir a relação da sua "Ode triunfal" com os futuristas, que, segundo Campos na carta anteriormente mencionada, embora o inspirasse em termos de assunto, se pauta por uma "forma de realizar" diferente[31]. Como nota Eiras, tal sucede não apenas no final do poema, que expõe o *breakdown* [colapso], mas no decorrer do poema quando, entre parêntesis, o sujeito poético de "Ode triunfal" coloca em cena o *locus* da infância[32]. O impulso futurista em se livrar da subjetividade e da alma (*vide* carta ao *Diário de Notícias*) é temperado pela "estática" evocação do *locus* da infância que interrompe a velocidade do "ritmo futurista"[33]. O retorno da e à subjetividade em estado idealizado (infância) nas odes não compensa o colapso da máquina; mas tão-pouco oferece uma economia do próprio, de identificação, em que o sujeito (e a subjetividade) esteja imune ao choque/estranhamento da modernidade.

O sujeito poético que guia "quase devagar" em "Ao volante..." é antecipado pelo Campos "futurista", das odes, que entre parêntesis e na reescrita das fórmulas futuristas deixa antever já, se não uma desaceleração em contraponto à aceleração futurista[34], pelo menos uma separação entre velocidade e poder. Em "Ode marítima"[35], é *"l'homme qui tient le volant"* [o homem ao volante] que funciona como dínamo da dramatizada aceleração ("E dentro de mim um volante começa a girar, lentamente"[36]; "Acelera-se ligeiramente o

---

31 Fernando Pessoa, *Prosa publicada em vida*, op. cit., p. 189.
32 Pedro Eiras, "'Ode triunfal' with a Breakdown at the End", *in*: David G. Frier (ed.), *Pessoa in an Intertextual Web: Influence and Innovation*, Londres, Legenda, 2012, p. 113.
33 Cf. Fernando Pessoa, *Poesia dos outros eus*, op.cit., p. 233-234.
34 Franco "Bifo" Berardi, *The Uprising*, op. cit., p. 89.
35 Fernando Pessoa, *Poesia dos outros eus*, op. cit., pp. 242-272.
36 *Ibidem*, p. 243.

volante dentro de mim"[37]; "Acelera-se cada vez mais o volante dentro de mim"[38]; "E a aceleração do volante sacode-me nitidamente"[39]) e colapso ("Parte-se em mim qualquer cousa"[40]), que ajuda a fazer entender a "forma de realizar" de Campos. Entre outros aspectos, que os símbolos não escapam à máquina, e vice-versa.

A aceleração é polvilhada — tal como em "Ode triunfal" — por parentéticas diversões a tempos e espaços outros. Como no caso de "Ode triunfal", as diversões são mais do que um devaneio nostálgico e/ou emergência do "verdadeiro" Campos. A conjunção de "antigo" e "moderno" em Campos dá-se por meio não de um uso de "[...] *raw ordinary substances, but its already 'poeticized' substance in poetic configurations that he uses secondly as an already used material*" [matérias-primas comuns, mas da sua substância já "poeticizada" em configurações poéticas que ele utiliza em segunda mão][41]. Trata-se, como refere Eiras a propósito de "Ode triunfal", de uma máquina de reciclar[42]. Uma máquina que recicla não apenas "o passado" (Coleridge, Stevenson, o cancioneiro medieval português com "Nau Catrineta" e "A bela infanta" em "Ode marítima"; "E há Platão e Virgílio dentro das máquinas e das luzes eléctricas" em "Ode triunfal"[43]) mas, como alerta Balso, o "moderno" (e Balso nomeia os futuristas) é *já* também matéria poética conscientemente reescrita; a máquina é reciclável e reciclada.

Em "Ode triunfal", é como máquina (automóvel, mais especificamente) que Campos deseja (impossivelmente) "poder exprimir-me todo como um motor", "[s]er completo como uma máquina!" e "[p]oder ir na vida triunfante como

---

37 *Ibidem*, p. 246.
38 *Ibidem*, p. 248.
39 *Ibidem*, p. 249.
40 *Ibidem*, p. 263.
41 Judith Balso, *Pessoa: the Metaphysical Courier*, trad. Drew Burk, Nova Iorque, Atropos Press, 2011, p. 196.
42 Pedro Eiras, "'Ode triunfal' with a Breakdown at the End", *op. cit.*, p. 104.
43 Fernando Pessoa, *Poesia dos outros eus*, *op. cit.*, p. 228.

um automóvel último modelo!"[44]. Campos, antes de não o poder ser (motor/automóvel), já era — em escritos para as "Notas para a recordação do meu mestre Caeiro" — uma "machina nervosa de não fazer coisa nenhuma"[45]. Em "Ode triunfal", Campos encena quer *"l'insomnie fiévreuse"* [insónia febril] do manifesto futurista quer resquícios da "máquina nervosa": "À *dolorosa* luz das grandes lâmpadas eléctricas da fábrica/ Tenho febre e *escrevo*".[46]

Em "Ode marítima", a "máquina de febre" entra em colapso também:

> Parte-se em mim qualquer cousa. O vermelho anoiteceu.
> Senti de mais para poder continuar a sentir.
> Esgotou-se-me a alma, ficou só um eco dentro de mim.
> Decresce sensivelmente a velocidade do volante[47].

O esgotamento da "alma" — aquilo que, segundo Campos, os futuristas procuravam eliminar da arte — leva ao abrandamento ("Abranda o seu giro dentro de mim o volante"[48]) e, por fim, à paragem:

> Com um ligeiro estremecimento,
> (T-t--t---t----t-----t...)
> O volante dentro de mim para[49].

O "(T-t--t---t----t-----t...)" é uma reciclagem que não anula as reticências perante o Futurismo. O Futurismo é um "-ismo" mais, para ser emprestado e utilizado. Há menos diferenças entre a dinâmica anglo-saxónica do engenheiro volvido a Lisboa "(T-t--t---t----t-----t...)" de "Ode marítima" e

---

44 *Ibidem*, p. 228.
45 Teresa Rita Lopes, *Pessoa por conhecer*, v. 2, *op. cit.*, p. 413.
46 Fernando Pessoa, *Poesia dos outros eus*, *op. cit.*, p. 227.
47 *Ibidem*, p. 263.
48 *Ibidem*, p. 268.
49 *Ibidem*, p. 272.

o "f-f-f-f-f-f-f-f......" da dinâmica demasiado italiana atribuída ao futurista em "MARINETTI, ACADÉMICO" do que, à primeira vista, se poderia supor⁵⁰. Em 1929, o estridente Marinetti era apenas um académico — e, segundo Pedro Eiras, desde o manifesto que o era⁵¹— como Álvaro de Campos não deixou de notar:

> As Musas vingaram-se com focos eléctricos, meu velho,
> Puseram-te por fim na ribalta da cave velha,
> E a tua dinâmica, sempre um bocado italiana, f-f-f-f-f-f-f-f......⁵².

É certo que em 1929 as contradições performativas do Futurismo são por demais evidentes, e estão cristalizadas simbolicamente na figura de Marinetti como académico na Itália de Benito Mussolini⁵³. A dinâmica apregoada por Marinetti apenas acelera a sua incorporação "na ribalta", mas "da cave velha".

As odes reescrevem o lema futurista (um automóvel de corrida é mais belo que a Vitória de Samotrácia), substituindo o comparativo de superioridade pelo de igualdade. Em "Ode triunfal", "(Um orçamento é tão natural como uma árvore / E um parlamento tão belo como uma borboleta)"⁵⁴.

---

50 "*Pour moi, vos mots en liberté n'ont pas de sens*"o [Para mim, as suas palavras em liberdade não têm sentido], afirma o autoproclamado "sensacionista". Cf. Fernando Pessoa, *Cartas, op. cit.*, p. 115.

51 Pedro Eiras, "'Ode triunfal' with a Breakdown at the End", *op. cit.*, p. 103.

52 Fernando Pessoa, *Poesia dos outros eus, op. cit.*, p. 365.

53 Apesar da reapreciação crítica do Futurismo nas últimas décadas, a política do Futurismo e a sua relação com o fascismo são ainda causa de intenso debate, cf. Emilio Gentile, "Political Futurism and the Myth of the Italian Revolution", *in*: Günter Berghaus, *International Futurism in Arts and Literature*, Berlim, De Gruyter, 2012, pp. 1-14. É ainda problemático dar conta de uma contiguidade entre uma prática estética "progressiva" e uma ideologia política "reaccionária", cf. Andrew Hewitt, *Fascist Modernism: Aesthetics, Politics, and the Avant-Garde*, Stanford, Stanford University Press, 1993, p. 1.

54 Fernando Pessoa, *Poesia dos outros eus, op. cit.*, p. 231.

Campos repete com diferenças; ou, para usar os termos de "Ao volante do Chevrolet pela estrada de Sintra", segue com o que lhe foi emprestado. Não há relação hierárquica entre os termos e não se supõe uma relação cronológica linear e unívoca:

> O binómio de Newton é tão belo como a Vénus de Milo.
> O que há é pouca gente para dar por isso.
>
> óóóó — óóóóóóóóó — óóóóóóóóóóóóóóóó
> (O vento lá fora)[55].

Entre parêntesis, o sujeito poético desmonta sarcasticamente o processo futurista de "palavras em liberdade" ("óóóó — óóóóóóóóó — óóóóóóóóóóóóóóóó"), reduzindo-o a uma onomatopeia de um elemento "tão natural" como o vento. A substituição da velocidade por uma capacidade imaginativa (não ao alcance de todos) que permite entender e comparar a ciência e a arte funciona como uma crítica aos que, reduzidos às fórmulas futuristas, se ficam pelas comparações estéticas valorativas e de superfície entre o veloz carro e a estátua da deusa da velocidade. Se, como refere Zenith no decorrer da sua cuidada análise do processo de elaboração textual das odes, a "ousadia efervescente de Campos também foi uma construção", estes extratos são parte integrante de um indestrinçável movimento de descontrução[56].

ACELERAÇÃO E DESVIOCELERAÇÃO E DESVIO

> Esta vila da minha infância é afinal
> uma cidade estrangeira.

---

55 Idem, *Poesias de Álvaro de Campos*. Lisboa, Ática, 1944, p. 110.
56 Richard Zenith, "Campos triunfal", *Estranhar Pessoa*, n. 2, outono 2015, p. 13.

> (Estou à vontade, como sempre, perante
> o estranho, o que me não é nada)
> Sou forasteiro tourist, transeunte.
> E claro: é isso que sou.
> Até em mim, meu Deus, até em mim.
>
> Álvaro de Campos,
> "Notas sobre Tavira"

O Chevrolet pode não ser um carro de corrida marinettiano ou um último modelo de Campos em "Ode triunfal", mas serve mesmo como veículo de uma aparente libertação do sujeito poético. Apenas momentaneamente, porém. Da consciencialização, da parte do sujeito poético, dos significantes simbólicos em que *segue* e é decorre uma reavaliação da função do automóvel, que o "fecha" e "inclui" (as repetições são significativas). A distinção entre automóvel ("ele"/"nele") e um *eu* (mais exatamente, "me") ocorre como consequência do distanciamento ("sorrio do símbolo"), momento de introdução de uma capacidade de olhar em redor para além do símbolo e do prosaicamente real casebre ("— sim, o casebre"), à esquerda e à direita, enquanto segue sempre sem (propósito, nexo, consequência), sempre nem (Lisboa deixada), nem (Sintra a que ir ter):

> À esquerda o casebre — sim, o casebre — à beira da estrada.
> À direita o campo aberto, com a lua ao longe.
> O automóvel, que parecia há pouco dar-me liberdade,
> É agora uma coisa onde estou fechado,
> Que só posso conduzir se nele estiver fechado,
> Que só domino se me incluir nele, se ele me incluir a mim[57].

Não se verifica a pseudonostalgia das odes, de "Zone" ou de "Carta abierta"; Campos revela protonostalgia pelo que

---

57 Fernando Pessoa, *Poesia dos outros eus*, op.cit., p. 356.

não é, e não conhece. Há um desvio, que relembra as interrupções parentéticas nas odes à infância; no entanto, este desvio é, significativamente, de encontro a uma infância de um/a outro/a, "não é a minha". A infância (como a velha lua e o novo carro) é "emprestada", assim como as formas: impulsionado agora pelo casebre como antes pelo emblema no/do automóvel, o sujeito poético segue em símbolos emprestados de contos de fada. O "casebre modesto, mais que modesto" despoleta símbolos em que o poeta segue ("fada") e é ("príncipe") emprestado também. O sorriso de Campos encontra eco no sorriso do projecionista de "Carta abierta" ("En todas partes, tú, desde tu rosa,/ desde tu centro inmóvil, sin billete"[58] [Em todas as partes, tu, desde a tua rosa,/ desde o teu centro imóvel, sem bilhete]) que ri, imóvel, rei de tudo, projetando sonhos com o símbolo-automóvel emprestado, que nem uma "fada real". O sujeito poético, com o automóvel emprestado, converte *"en aparente realidad la irrealidad más absoluta"*[59] [em aparente realidade a irrealidade mais absoluta], o que providencia uma resposta parcial e provisória, não uma solução:

> À esquerda lá para trás o casebre modesto, mais que
>   modesto.
> A vida ali deve ser feliz, só porque não é a minha.
> Se alguém me viu da janela do casebre, sonhará: Aquele
>   é que é feliz.
> Talvez à criança espreitando pelos vidros da janela do
>   andar que está em cima
> Fiquei (com o automóvel emprestado) como um sonho,
>   uma fada real.
> Talvez à rapariga que olhou, ouvindo o motor, pela janela
>   da cozinha

---

58 Rafael Alberti, *Cal y canto*, op. cit., p. 57.
59 Yara Gonzales-Montes, *Pasion y forma en Cal y Canto*, Nova Iorque, Abra, 1982, p. 233.

No pavimento térreo,
Sou qualquer coisa do príncipe de todo o coração de rapariga,
E ela me olhará de esguelha, pelos vidros, até à curva em que
me perdi.
Deixarei sonhos atrás de mim, ou é o automóvel que os deixa?
Eu, guiador do automóvel emprestado, ou o automóvel
emprestado que eu guio?[60].

O poema passa de uma relação de inclusão (eu ["me"; "a mim"]) no automóvel, a uma relação de disjunção (eu *ou* o automóvel) com a abertura às margens, esquerda e direita, que balizam o percurso (igualmente disjuntivo) "[n]a estrada de Sintra, ou na estrada do sonho, ou na estrada da vida". A distinção entre o sujeito e o automóvel configura assim uma outra resposta ao *"aceleramiento de los astros"*[61], ao ritmo futurista, de bela velocidade, em que o sujeito se "inclui" e "fecha" no automóvel. O automóvel segue na exata medida em que permite imaginar o que *não é (m)eu* ("só porque não é a minha"), o que é outro e do outro. "Ao volante..." não dá mostras da paralisia da empatia que Berardi associa ao ritmo futurista[62] e que este poema, ao contrário das odes, se esforça por desacelerar: "quase devagar".

Campos, inclusivamente o das odes, tem menos confiança no futuro para o qual se está acelerando e, por outro lado, mais empatia com o *eu* (por muito que desdobrado, dividido ou fragmentado) e os (seus?) outros. Será mais justamente comparado com outros que exibem o choque do novo sem se deixarem fechar nas formas e fórmulas das crenças num futuro: "Zone", num desdobramento entre *je* [eu] e *tu*, elenca desde imigrantes e outras figuras anónimas a um nomeado (e desconhecido companheiro de infância) René

---

60 Fernando Pessoa, *Poesia dos outros eus*, op. cit., pp. 356-357.
61 Rafael Alberti, *Cal y canto*, op. cit., p. 58.
62 Franco "Bifo" Berardi, *The Uprising*, op. cit., p. 146.

Dalize[63]; em "Carta abierta", o sujeito poético que apostrofiza os leitores evoca também figuras da sua infância a par de imagens do cinema[64]. Campos — mesmo nas suas manifestações mais futuristas, acrescentar-se-ia — é, como nota Richard Zenith, o heterónimo pessoano em que a presença de outros humanos e de interesse nas suas relações (quase inexistente em Caeiro, Reis ou Pessoa) mais se faz notar.[65] A interrupção do "ritmo futurista" — conscientemente glosado em "Ode triunfal" e, até certo ponto, no "homem do volante" (vide manifesto futurista) de "Ode marítima" — é quebrado por parêntesis de contornos nostálgicos relativos à infância; neste caso, e ao contrário das odes, a infância de outrem: a "criança" e a "rapariga que olhou, ouvindo o motor, pela janela da cozinha" ("Ao volante...") representam um desbloqueamento face à aparentemente dominante paralisia empática, apesar de tudo (leia-se: interrupções nostálgicas pela infância própria), em consonância com a "dinâmica" do imposto/suposto "ritmo futurista".

Eiras deixa um aviso quanto à futilidade de tentar ler na seção que evoca a infância em "Ode triunfal" uma revelação do Campos "verdadeiro" em oposição ao Campos futurista, já que aos escritos de Pessoa subjaz o questionamento da divisão entre verdade e mentira[66]: ou sonho, ou vida; "fada real". Por outras palavras, o Campos supostamente "real" é, já e sempre, no limite, uma "fada real" que guia e é emprestada, constrói e é construída por releituras e reescritas (Marinetti, Whitman, Caeiro, etc...) e dramatizações da (ir)realidade. Assim sendo, o Campos "derrotista", pós-futurista, não é um vencido da vida em ressaca do Futurismo; simplesmente não abdica da subjetividade e da imaginação, de ser o poeta sensacionista que se propôs ser por oposição

---

63 Guillaume Apollinaire, *Alcools suivi de Le Bestiaire et de Vitam Impendere Amori*, op. cit., p. 8.
64 Rafael Alberti, *Cal y canto*, op. cit., pp. 56-57.
65 Richard Zenith, "Campos triunfal", op. cit., p. 25.
66 Pedro Eiras, "'Ode triunfal' with a Breakdown at the End", op. cit., p. 114.

a mero futurista. O acima mencionado jogo entre a dinâmica velocidade futurista (eliminação de "subjectividade") e o estático retorno nostálgico ao *tópos* de infância ("subjectividade excessiva") é abandonado na fase posterior em que a poesia não depende deste contraponto dramatizado nas odes, e vai além da "minha infância" para a vida e infância "que não é a minha".

Se as odes dramatizam uma dinâmica que eventualmente apresenta momentos de colapso, "Ao volante do Chevrolet..." dramatiza um colapso que apresenta um momento de aceleração. A aceleração ("Acelero..."), que é precedida de uma enumeração em gradação que recria a violência da linguagem futurista ("desejo terrível, súbito, violento, inconcebível"), não aumenta poder nem conduz senão a um desvio ("desviei"), aumenta apenas a fissura interior que se contrapõe a uma futurista dissolução do sujeito que o feche e inclua numa teleologia que, apesar de todo o seu espalhafato, redunda em *(T-t--t---t----t-----t...)*, em *f-f-f-f-f-f-f-f......*, em óóóó — óóóóóóóóó — óóóóóóóóóóóóóóóó:

Na estrada de Sintra ao luar, na tristeza, ante os campos
                  e a noite,
Guiando o Chevrolet emprestado desconsoladamente,
Perco-me na estrada futura, sumo-me na distância que
                   alcanço,
E, num desejo terrível, súbito, violento, inconcebível,
Acelero...
Mas o meu coração ficou no monte de pedras, de que me
              desviei ao vê-lo sem vê-lo,
À porta do casebre,
O meu coração vazio,
O meu coração insatisfeito,
O meu coração mais humano do que eu, mais exacto que
                   a vida[67].

---

67 Fernando Pessoa, *Poesia dos outros eus*, op. cit., p. 357.

O possessivo na anáfora "O meu coração" contrasta com o automóvel, "emprestado desconsoladamente". A aceleração e o desvio enfatizam em vez de sanar o *éloignement* que o sorriso — conotando um distanciamento irónico — já preconizava, e impede que o indivíduo se inclua, fechado no automóvel, numa paralisia empática e com significado definido; pelo contrário, a aceleração expõe ao maior risco o coração, *locus* de sentimento e/ou imaginação usado de forma tão frequente e — autopsicograficamente — notória por Pessoa e tão abusado por Campos (como no caso da enumeração gradativa que culmina com "bazar o meu coração", no poema em "Sentir tudo de todas as maneiras"). A outra vida imaginada (como o coração, com o coração) é mais humana e mais exata, escapa a tentações de identificação (subjectivas: a infância, o casebre dos outros) ou de dissolução (no objecto: eu *ou* o automóvel). "Ao volante do Chevrolet pela estrada de Sintra" "segue" (para usar o verbo prevalente no poema) no caminho (ou estrada) da tensão moderna entre o transitório e o imutável baudelairianos, segue "ao luar, ao volante" apresentando soluções parciais e provisórias às questões da modernidade entre e para lá da objetividade absoluta do coração objecto/objectivo ("vazio"; "exacto") e da subjectividade excessiva do coração sujeito/subjectivo ("insatisfeito"; "humano"). O desvio ("Mas o meu coração ficou no monte de pedras, de que me desviei ao vê-lo sem vê-lo") preconiza uma resposta à violência do choque do automóvel, literal e de inspiração autobiográfica, que Marinetti narra triunfalmente no manifesto. O desvio da e na tradição é tão triunfal como o choque do e no último modelo; as musas podem ser vingativas.

"Ao volante do Chevrolet pela estrada de Sintra" dramatiza a vingança das musas, neste caso com o luar, em relação à aceleração futurista, à confiança futurista na violência e num futuro teleologicamente assegurado. A solução futurista ao "choque do novo" promovida pelos futuristas, sanada no âmbito e sob a égide da lógica do mercado e do capital, não funciona para o engenheiro, desocupado e em automóvel emprestado, em trânsito "sem Lisboa deixada nem Sintra a que ir ter". Remarcam-se deste modo as *"divisions in subjectivity in order to call into question bourgeois ideals of rational progress and self-presence"* [divisões na subjetividade de forma a questionar os ideais burgueses de progresso racional e de presença do "eu"] que marcaram a modernidade desde o Simbolismo e que o Futurismo havia colapsado na sua tentativa de dissolver o sujeito para o transformar em *"transparent vehicle of capitalist modernity"* [veículo transparente da modernidade capitalista][68]. A teleologia, a confiança num futuro, é uma impossibilidade: perde-se na "estrada futura", some-se "na distância que alcança". A aceleração/aproximação ("cada vez mais perto de Sintra") aumenta o distanciamento ("cada vez menos perto de mim") entre o "coração" que fica para trás e a "imaginação" que está cansada.

> Na estrada de Sintra, perto da meia-noite, ao luar, ao volante,
> Na estrada de Sintra, que cansaço da própria imaginação,
> Na estrada de Sintra, cada vez mais perto de Sintra,
> Na estrada de Sintra, cada vez menos perto de mim...[69].

A repetição anafórica enfatiza o tédio da estrada (apenas "de Sintra", repetidamente), o choque da repetição que instala o *tedium vitae* da subjectividade mesmo no auge do "novo" e do "moderno", como nos casos de Apollinaire e Alberti. O "cansaço da própria imaginação" refreia igualmente o impulso "dinâmico e analítico" (o futurista, o de Campos, bem como o fulgor futurista de Campos) e conduz inevitavelmente o *eu* na direção de "o tédio, o sonho e abstracção"; termos usados já em 1915 por Campos, como supramencionado, para caracterizar a arte dos de Orpheu.

---

68 Peter Nicholls, *Modernisms: a Literary Guide*, Nova Iorque, Palgrave Macmillan, 1995, pp. 98-99.
69 Fernando Pessoa, *Poesia dos outros eus, op. cit.*, p. 357.

O ritmo "quase devagar", que permite olhar não apenas, confiantemente, em frente (para um futuro) permite dramatizar — e repetindo, com diferenças, as palavras do manifesto — uma "*mobilité pensive*" que o automóvel confere, simultaneamente "ao luar", "ao volante". "Acelero..." torna evidente (mais ainda, isto é) o colapso ("que cansaço da própria imaginação") não como acidente, mas como condição estrutural da poesia sempre e já pós-futurista de Campos. "Quase devagar" não apresenta nem representa um "*breakdown*" [colapso]: é "colapso". "A "forma de realizar" de Campos implica uma articulação aporética entre o antigo e o novo, um vaivém (nem-nem, sempre-sem) que — por ser também colapso — é a condição de possibilidade de uma poesia em que a eliminação de subjetividade se conjuga com uma subjetividade excessiva, em que a dinâmica (futurista) e o estático (dos companheiros de *Orfeu*) coexistem na *estrada aberta*. Falta, já e (nem) sempre, o último *pliego*.

Traduzir-se em tradição*

Rodrigo Lobo Damasceno

A minha maneira de amá-los é traduzi-los (...). Tradução para mim é persona. Quase heterônimo. Entrar dentro da pele do fingidor para refingir tudo de novo, dor por dor, som por som, cor por cor. Por isso nunca me propus traduzir tudo. Só aquilo que sinto. Só aquilo que minto. Ou que minto que sinto, como diria, ainda uma vez, Pessoa em sua própria persona.

Augusto de Campos,
Verso, reverso, controverso.

As poéticas de Fernando Pessoa e de Ezra Pound permitem ao poeta *traduzir-se em tradição* na medida em que o

---

* Este texto é a parte inicial do capítulo (de mesmo título) da dissertação *Situação do autor na poesia moderna: Fernando Pessoa e Ezra Pound*, orientada pelo Prof. Dr. Caio Gagliardi e defendida em 2015, na FFLCH/USP. Em seguida ao que aqui se apresenta, analiso, ao longo do capítulo, algumas traduções de Pound feitas para a língua portuguesa (por autores como Augusto de Campos, Gualter Cunha e Dirceu Villa), a questão de

impedem de *traduzir sem tradição*. Isso se percebe já no fato de que, para ambos, a tradução aparece sempre ligada à história — seja uma história da tradução, em específico, seja a história da literatura, de um modo mais amplo[1]. Por exemplo: ao comparar as histórias literárias espanhola e italiana com a inglesa, Pound é taxativo em seu mau julgamento desta última justamente pela sua falta de interesse nas traduções e nos tradutores:

> De maneira assaz curiosa, as histórias das literaturas espanhola e italiana sempre levam em conta os tradutores. As histórias da literatura inglesa sempre passam por cima das traduções — suponho que seja por um complexo de inferioridade; entretanto, *alguns dos melhores livros escritos em inglês são traduções*[2].

Pessoa, por sua vez, num dos seus poucos, mas profundos escritos sobre a tradução, anota que

> Não sei se já alguma vez alguém escreveu uma História da Tradução (ou traduções). Havia de ser um livro extenso, mas muito interessante. Tal como uma História do Plagiato — uma obra-prima possível que espera um autor casual — *ela haveria de transbordar de lições literárias*[3].

▷ como traduzir os poemas multilíngues de Pound e as suas traduções de traduções, bem como os versos traduzidos por Pessoa do inglês e as suas falsas traduções de poesia grega, etc., tudo isso a partir do problema central da despersonalização que *personae* e heteronímia levantam já em suas obras autorais e teóricas.
1 Haroldo de Campos fala da necessidade de uma "noção de que a operação tradutora está ligada necessariamente à construção de uma tradição" — o que já implica "projetar o problema no campo mais lato da historiografia literária" (Haroldo de Campos, *Transcriação*, org. Marcelo Tápia e Thelma Médici Nóbrega, São Paulo, Perspectiva, 2013, p. 79).
2 Ezra Pound, *A arte da poesia: ensaios escolhidos*, trad. Heloisa de Lima Dantas e José Paulo Paes, São Paulo, Cultrix, 1976, p. 48.
3 Fernando Pessoa, *Pessoa inédito*, op. cit., p. 220.

Essas duas declarações são índices da centralidade da prática tradutória na escrita dos dois autores — porque, se para Pound alguns dos melhores livros ingleses *são* traduções, para Pessoa um olhar atento sobre a sua história encontraria lições *literárias*, e não apenas *tradutórias*. De modo que já se insinua, nesse ponto, uma ideia de que a obra traduzida poderia ser vista em pé de igualdade com a obra original, bem como o tradutor poderia ser considerado também ele um autor — ou, mais propriamente: o autor poderia ser visto como um tradutor. Nos termos do crítico Marcos Siscar, pode-se dizer que Pessoa e Pound entendem a tradução "como fato de poesia", e não como mera contingência de um sistema literário em sua relação com outro — o que significar dizer que eles a entendem em face dos "paradigmas da nossa relação com a tradição. Reivindicar-se como coletividade, no presente (pensar sincronicamente, como se dizia há algumas décadas), é um dos modos de *traduzir a tradição*"[4].

Traduzir a tradição, no entanto, é um movimento duplo — pois é tanto uma forma de reivindicá-la para o presente quanto uma forma de atirar-se e incorporar-se, a si mesmo, ao passado (*traduzindo-se em tradição*, afinal). Esse duplo movimento é fundamental para compreender as posturas pessoana e poundiana — porque dá conta tanto da ânsia dos dois poetas frente ao luto, da sua vontade ou necessidade de interromper uma relação com o passado que se pauta pela perda, revivendo-o, quanto da sua sanha interventiva que busca desestabilizar esse passado de modo a criar nele uma fissura na qual o poeta contemporâneo possa se encaixar.

No entanto, considerando a tradução no seu caráter mais estrito, qual seja, o de transposição de sentido e de forma de uma língua a outra, a ideia de traduzir a tradição

---

4 Marcos Siscar, "O inferno da tradução", *in*: Maurício Mendonça Cardozo e Marilene Weinhardt (orgs.), *Centro, centros: literatura e literatura comparada em discussão*, Curitiba, Editora UFPR, 2011, p. 82.

se choca com um problema, que pode ser assim ilustrado: ao traduzir os poemas de Edgar Allan Poe, Fernando Pessoa não traduz a tradição na qual ele cria e se incorpora, que é a da língua portuguesa que forma a comunidade na qual sua obra é lida e repercutida; o mesmo pode ainda ser pensado, por exemplo, em relação a Pound e à poesia chinesa. Desse modo, traduzir a tradição, se se entende a tradução em seu sentido mais estrito, é também traduzir outra tradição, abandonando, em alguma medida, a sua própria — e a si mesmo. E esse abandono é mais uma metáfora para o local vazio ocupado pelo poeta (ou pelo vazio que o ocupa), para a sua mudez — daí Haroldo de Campos, no ensaio "Transluciferação mefistofáustica", definir a tradução como uma "*persona* através da qual fala a tradição", e aí vale notar que é justamente o "Fernando Pessoa tradutor de Annabel Lee" que, segundo Augusto de Campos, "está mais próximo — como 'pessoa' — das *personae* poundianas"[5].

A declaração de Haroldo é importante sobretudo pelo fato de ele ter sido um pensador engajado no reconhecimento do tradutor como autor cuja voz própria se distingue da voz do criador do original (o que lhe imputa um inevitável papel de interventor) — e de, ainda assim, preservar a tese da mudez do poeta, da sua posição de *meio* através do qual quem fala é Outro. Essa persistência parece vir da noção de que o flerte com a ideia de Autor é perigoso, correndo-se sempre o risco de recair no monólogo, típico de uma diluída natureza romântica — o que não interessava a um poeta essencialmente dialógico como Haroldo.

O exemplo proposto, no qual Pessoa traduz Allan Poe e Pound traduz os chineses, pode ser pensado nos termos que fundamentam o ensaio do teórico e poeta brasileiro.

5 Augusto de Campos, "Ezra Pound: 'Nec spe nec metu'", *in*: Ezra Pound, *Poesia*, trad. Augusto de Campos, Haroldo de Campos, Décio Pignatari, J.L. Grünewald e Mário Faustino, São Paulo/Brasília, Hucitec/Editora UnB, 1983, p. 25.

Diz Haroldo que a tradução é "um 'canto paralelo', um diálogo não apenas com a voz do original, mas com outras vozes textuais". Como exemplo, então, cita Odorico Mendes, que "interpolava, quando lhe parecia bem, em suas traduções homéricas, versos de Camões, Francisco Manoel de Melo, Antonio Ferreira, Filinto Elísio", e também a sua própria tradução do *Fausto* de Goethe, na qual, em certos trechos, diz ter usado "deliberadamente de uma dicção cabralina, haurida no auto *Vida e morte Severina* [sic]"[6]. A suspeita de que a tradução não é um diálogo apenas com a voz do original, mas uma conversa também com outras vozes, fica assim explicada — surgindo aqui uma *terceira voz*, a voz da tradição da língua na qual o poema traduzido se compõe[7]. João Barrento resume essa relação da seguinte forma:

> Vista deste modo, a realidade do poema em tradução [...] não corresponde apenas, nem a um texto outro tornado próprio, nem a um texto próprio inscrito sobre o outro, mas a uma terceira coisa: nessa nova realidade textual fala uma terceira voz, que eu definiria, de momento, como a *memória* (múltipla, estratificada) da minha língua e da sua tradição poética, ou *o meu inconsciente* delas — porque, como dizia um mestre das coisas da língua e crítico da linguagem como o austríaco Karl Kraus, nós não temos a língua, é ela que nos tem[8].

Não por acaso, Barrento encontra essa dinâmica tradutória nas versões de Pessoa para os poemas de Allan Poe, afirmando que o poeta português "segue uma tradição portuguesa da adaptação e da assimilação que vem do século XIX, transforma quase sempre os originais à luz de modelos

---

6 Haroldo de Campos, *Transcriação*, *op. cit.*, p. 91.
7 A tese do ensaísta português, em que pese a sua importância para essa reflexão, é desafiada — não por outras teses, de Pessoa ou de Pound, mas por suas traduções.
8 João Barrento, *O poço de Babel*, Lisboa, Relógio d'Água, 2002, p. 109.

poéticos portugueses". Algo muito semelhante é dito por Ming Xie ao analisar as versões poundianas de Confúcio, já que para ele a grande originalidade das versões poundianas foi o uso de formas e de gêneros ocidentais (sobretudo da poesia inglesa entre os séculos XV e XVII que, em seu entender, eram paralelas ou equivalentes às originais em chinês[9].

Contudo, na passagem citada mais acima, Barrento afirma que esse método de tradução, que ele identifica em Pessoa (e Xie encontra em Pound), agiria "neutralizando e desterritorializando o poema na tradução, com vista a conferir-lhe mais ampla universalidade de sentido"[10], o que parece francamente contraditório, já que, por exemplo, a inserção na tradição portuguesa de um poema como "Annabel Lee", que na versão pessoana soa um tanto a cantiga trovadoresca ou poesia popular portuguesa, indica simplesmente uma alteração de território, e não necessariamente uma ampliação de natureza universalizante.

É também a partir desse paradigma que Lawrence Venuti comenta a ideia de Hugh Kenner segundo a qual Pound jamais teria traduzido algo para uma forma já existente no inglês[11] — pois para Venuti, na verdade, Pound sempre traduzia a partir de formas culturais inglesas já existentes (incluindo aí padrões anglo-saxões de acento e aliteração, precisão modernista, coloquialismo norte-americano, etc.)[12].

Contudo, essa relação entre o poeta-tradutor e a língua à qual ele pertence é, além de inevitável, instável, pois ela não se dá apenas no sentido de confirmar a língua conformando

---

9 Ming Xie, "Pound as Translator", in: Ira B. Nadel (org.), *The Cambridge Companion to Ezra Pound*, Cambridge, Cambridge University Press, 2001, p. 214.
10 João Barrento, *O poço de Babel*, op. cit., p. 174
11 Hugh Kenner, *The Pound Era*, Londres, Pimlico, 1991, p. 9.
12 Lawrence Venuti, *The Translator's Invisibility: a History of Translation*, Londres, Routledge, 2008, p. 178.

o poema à sua tradição. Ao comentar as suas traduções de Guido Cavalcanti, por exemplo, Pound chega a afirmar que, apesar da sua dificuldade em ler o italiano de Cavalcanti, o que realmente atrapalha o seu trabalho era a linguagem vitoriana com a qual tinha que lidar ao traduzi-lo[13], o que parece dar sinais de uma relação problemática de pertencimento e reconhecimento dentro de sua própria tradição linguística, bem como a premência do persistente debate que se dá no âmbito da teoria da tradução acerca da aceitação do estrangeiro como método de alteração da identidade do próprio. Nesse mesmo texto, Pound reconhece explicitamente a existência e a convivência — que não deve ser necessariamente pacífica — de diversos "ingleses" dentro do próprio inglês: "Ninguém aprende inglês, pode-se aprender uma série de ingleses"[14]. Nos termos de Gayatri Spivak, no ensaio "Tradução como cultura", pode-se falar que Pound intui a convivência de "idiomas" dentro de uma língua. É óbvio que os termos e a reflexão de Spivak se dão desde um espaço e de um tempo irremediavelmente distantes daqueles de Ezra Pound, sendo ela *uma teórica* dos Estudos Culturais e ele um poeta misógino e francamente fascista[15]; mas mesmo Venuti observa que a tradução modernista, que tem Pound em seu centro, pôs em destaque certa noção de diferença (e o respeito a ela) que serviu para valorizar valores marginais na língua inglesa, bem como abertura para o estrangeiro[16].

Pound, então, traduziria Cavalcanti porque *faltam* ao inglês certas características que o contato com o italiano do

---

13 Ezra Pound, "Guido's Relations", *in*: Lawrence Venuti (org.), *The Translation Studies Reader*, Londres/Nova Iorque, Routledge, 2009, p. 87 (tradução minha).
14 *Ibidem*, p. 88 (tradução minha).
15 Sobre as relações entre tradução e gênero em Pound, cf. Steven G. Yao, *Translation and the Languages of Modernism: Gender, Politics, Language*, Nova Iorque, Palgrave, 2002.
16 Lawrence Venuti, *The Translator's Invisibility*, *op. cit.*, p. 177.

poeta medieval pode lhe fornecer ou lhe devolver[17]. Num breve texto intitulado "Traduire", Blanchot resume exemplarmente esse sentido de *falta* ao caracterizar o tradutor como um homem estranho e nostálgico de algo que falta à sua própria língua, algo que se oferece na língua e no poema estrangeiro[18]. O que aqui se nota é uma espécie de posição medial do poeta: entre a tradição alheia e a própria, é nele que se dá o diálogo com as três vozes. Segundo Paul Ricoeur,

> Dois parceiros são de fato colocados em relação pelo ato de traduzir, o estrangeiro — termo cobrindo a obra, o autor, sua língua — e o leitor, destinatário da obra traduzida. E, entre os dois, o tradutor, que transmite, faz passar a mensagem inteira de um idioma ao outro. É nessa desconfortável situação de *mediador* que reside a prova em questão[19].

Ora, é em termos muito semelhantes a esses que Cavarero descreve a cadeia poética tal como ela aparece encenada no Íon platônico, na qual

> a Musa tem um papel fundamental. É a fonte da mensagem, a origem da transmissão em voz, a nascente da mania fonética. Sua voz é, contudo, inaudível para os comuns mortais. Para estes, a Musa é muda. O público tem acesso a seu canto somente pela *mediação* da voz do poeta ou do rapsodo[20].

Naturalmente, *mediação* pode ser lida nesse contexto como *tradução* — do mesmo modo que Ricoeur chama o

---

17 Segundo Xie, por exemplo, as traduções de Cavalcanti feitas por Pound tentavam trazer de volta o vigor intelectual e a precisão da linguagem pré-shakespeariana, que o poeta norte-americano julgava superior e de certa forma perdida (Ming Xie, "Pound as Translator", *op. cit.*, p. 216).
18 Maurice Blanchot, "Traduire", *in*: *L'Amitié*, Paris, Gallimard, 1971, p. 72.
19 Paul Ricoeur, *Sobre a tradução*, trad. Patrícia Lavelle, Belo Horizonte, Editora UFMG, 2011, p. 22.
20 Adriana Cavarero, *Vozes plurais: filosofia da expressão vocal*, trad. Flávio Terrigno Barbeitas, Belo Horizonte, Editora UFMG, 2011, p. 118.

tradutor de *mediador*. Mas a relação que se ensaia aqui, a do autor enquanto tradutor, deve enfrentar uma interdição poderosa feita por Walter Benjamin em seu ensaio "A tarefa do tradutor", espécie de totem da teoria da tradução moderna — texto inescapável ao qual sempre se retorna. Segundo o pensador alemão, assim como para a filosofia, não existiria "uma musa para a tradução"[21].

No contexto do ensaio de Benjamin, essa interdição diz respeito sobretudo à tentativa do filósofo de compreender e apresentar a tradução enquanto *forma*, e não enquanto um simples meio para a *transmissão de conteúdo* de uma língua para outra. A ideia de uma Musa implicaria uma necessidade de fidelidade — que interessa pouco a quem deseja pensar a tradução enquanto criação ou forma. A rigor, as poéticas de Pessoa e de Pound, tal como encaradas aqui, compartilham o mesmo pressuposto de Benjamin. Arnaldo Saraiva, por exemplo, diz que para o tradutor Pessoa,

> Se à partida o texto a traduzir se lhe impõe como modelo, logo ele o remodela, ou modeliza e o anula como modelo sobrepondo-lhe outro modelo, o seu, de que aquele pode passar também a depender como de um investimento. O bom tradutor não *copia* para outra língua, porque *cria* ou *recria* noutra língua[22].

A musa a exigir fidelidade, no entanto, não é aquela musa profana que, a partir da secularização do discurso da Inspiração ou do Entusiasmo, se desloca de uma origem *divina* e *una* para uma origem *textual* e *múltipla*. Em suas reflexões sobre a Inspiração, percebendo-a já distanciada do *entusiasmo grego* e do *mito romântico da musa*, Barthes descreve a experiência da seguinte forma:

---

[21] Walter Benjamin, "A tarefa do tradutor", *in: Escritos sobre mito e linguagem*, org. Jeanne Marie Gagnebin, trad. Susana Kampff Lages e Ernani Chaves, São Paulo, Duas Cidades/Editora 34, 2011, p. 113.
[22] Arnaldo Saraiva, "Fernando Pessoa: poeta-tradutor de poetas", *in: Fernando Pessoa: poeta-tradutor de poetas*, Rio de Janeiro, Nova Fronteira, 1999, p. 46.

Há uma imitação muito difusa, mesclando, se necessário, vários autores amados, e não uma imitação única e maníaca; o que inspira o leitor-escritor (aquele que espera escrever) já é, para além de determinado autor amorosamente admirado, uma espécie de objeto global: a Literatura[23].

Parecerá justo, portanto, afirmar que a tradução possui uma musa profana — ou antes: musas profanas. É verdade que Haroldo de Campos abdica da Musa em favor de um Anjo portador de Luz, daí a sua famosa associação entre a tradução e Lúcifer, proposta em seu ensaio: "A tradução, como a filosofia, não tem Musa [...], diz Walter Benjamin [...]. E no entanto, se ela não tem Musa, poder-se-ia dizer que tem um Anjo. De fato, no entender do próprio W. Benjamin, cabe à tradução uma função angelical, de portadora, de mensageira"[24]. Mas, se cabe falar em musa profana, de origem múltipla e textual, que pouco ou nada tem a ver com a ideia de fidelidade, de transmissão unívoca de sentido entre uma língua e outra ou entre quem diz e quem fala, quem escreve e quem lê, é desse modo que, através da tradução de Pound, velhos poetas ingleses e um poeta medieval italiano se tornam outra vez audíveis *para os comuns mortais* (retomando as palavras de Cavarero tomadas de Platão). Ou, ainda mais significativo (porque em diálogo justamente com a experiência inicial do entusiasmo grego, da musa divina): é desse modo que, no "Canto I", Pound traduz a tradução latina de Andreas Divus para certo trecho da *Odisseia* e, não satisfeito com as duas vozes já em jogo, deixa soar também ecos de "The Seafarer", a terceira voz em sua origem saxônica — e, por fim, assina o poema como criação sua, pórtico dos *Cantos*, seu grande projeto. Nesse ponto,

---

23 Roland Barthes, *A preparação do romance: a obra como vontade: notas de curso no Collège de France 1979-1980*, v. II, trad. Leyla Perrone-Moisés, São Paulo, Martins Fontes, 2005, pp. 21-22.
24 Haroldo de Campos, *Deus e o diabo no Fausto de Goethe*, São Paulo, Perspectiva, 2005, p. 179.

o paradigma da *terceira voz* proposto por Barrento a partir de autores como Blanchot, Derrida e Spivak já entra em curto-circuito. O mesmo ocorre nas relações tradutórias e criativas de Pessoa com os epigramas gregos e com um poema de Elizabeth Browning, no qual recorre a um poema de Camões (que, ademais, foi escrito originalmente em espanhol), bem como nas obras multilíngues e nas *traduções das traduções* de Ezra Pound. Em todos estes casos, o transporte do sentido, da mensagem, rebaixado por Benjamin, é uma preocupação mínima[25]. Compagnon já observava, sobre a musa leiga da citação, que "A leitura (solicitação e excitação) e a escrita (reescrita) não trabalham com o sentido: são manobras e manipulações, recortes e colagens. E se, ao final da manobra, reconhece-se nela um sentido, tanto melhor, ou tanto pior, mas já é outro problema"[26] — *outro problema*, diz Compagnon, o que se pode traduzir por: *outra obra*.

A modificação do original, sua transformação em outro problema ou em outra obra, seja por meio da releitura ou da tradução, é um dos aspectos definidores do ensaio de Walter Benjamin. Atrelada ao conceito de "pervivência", que consiste basicamente na relação do original com as gerações de leitores que se seguem àquela na qual ele foi produzido, e que garante a sua renovação (*make it new*) e a sua releitura, está a ideia de alteração desse mesmo original.

---

25 Julio Cortázar escreveu seu desejo de "*una narrativa que no sea pretexto para la transmisión de un 'mensaje' (no hay mensaje, hay mensajeros y eso es el mensaje, así como el amor es el que ama)*" [uma narrativa que não seja pretexto para a transmissão de uma "mensagem" (não há mensagem, há mensageiros e isso é a mensagem, assim como o amor é aquele que ama)] (Julio Cortázar, *Rayuela*, edição crítica, coord. Julio Ortega e Saúl Yurkievich, Madri/Paris/Cidade do México/Buenos Aires/São Paulo/Rio de Janeiro/Lima, ALLCA XX, 1996, p. 326, tradução minha), o que se pode traduzir aqui como o desejo de uma tradução que não seja pretexto para a transmissão de uma "mensagem" (*não há mensagem, há mensageiros e isso é a mensagem, assim como o amor é o que ama*).

26 Antoine Compagnon, *O trabalho da citação*, trad. Cleonice P.B. Mourão, Belo Horizonte, Editora UFMG, 2007, p. 46.

Benjamin escreve que "na sua 'pervivência' (que não mereceria tal nome, se não fosse transformação e renovação de tudo aquilo que vive), o original se modifica"[27]. Derrida leva ainda mais além a ideia de Benjamin ao dizer que "Tal sobrevida dá um pouco mais de vida, mais que uma sobrevivência. A obra não vive apenas mais tempo, ela vive mais e melhor, acima dos meios de seu autor"[28]. Nada disso é estranho ao ideal de tradução exposto por Fernando Pessoa numa curiosa observação sobre a necessidade de se traduzir poemas inclusive na própria língua em que foram originalmente escritos[29]. Diz Pessoa que, a partir do momento em que se conclui que o poema importa mais do que o poeta, justifica-se "tomar um poema que é tudo menos perfeito, de um autor famoso, à luz do criticismo de uma outra era, torná-lo perfeito pelo corte, substituição ou adição"[30]. Se importa mais o poema do que o poeta, o que se vislumbra é um ideal de *comunidade textual*, na qual as relações se dão não entre poetas, "mas entre dois textos (duas 'produções' ou duas 'criações')"[31] — algo que se vê encenado tanto na leitura pessoana da tradição (inclusive por meio da tradução) quanto nas leituras internas que os *textos heteronímicos* (e não os heterônimos) realizam uns dos outros.

Em seu comentário ao texto de Benjamin, Derrida observa ainda que, a partir do momento em que a relação passa a ser entre dois textos, e não entre dois autores, o *morto* ou o *mortal do texto* já não se encontra engajado no processo de pervivência que a tradução dispara. Esse poeta ou tradutor morto, no entanto, permanece presente e engajado em certo

---

27 Walter Benjamin, "A tarefa do tradutor", *op. cit.*, p. 107.
28 Jacques Derrida, *Torres de Babel*, trad. Junia Barreto, Belo Horizonte, Editora UFMG, 2002, p. 33.
29 Ricoeur define essa necessidade de tradução dentro de uma mesma comunidade linguística afirmando que "há estrangeiro em todo outro. É coletivamente que definimos, reformulamos, explicamos, procuramos dizer o mesmo de outro modo" (Paul Ricoeur, *Sobre a tradução, op. cit.*, p. 50).
30 Fernando Pessoa, *Pessoa inédito, op. cit.*, p. 220.
31 Jacques Derrida, *Torres de Babel, op. cit.*, p. 33.

nível a partir do momento em que, evocado diretamente no corpo do poema, sua voz soa dramaticamente a partir de uma personagem, de uma *persona*. Isso se nota, por exemplo, na já referida tradução pessoana de um poema de Elizabeth Browning, em que Camões se enuncia, ou mesmo no também já citado "Canto I", de Pound, no qual Homero e Andreas Divus são evocados para a criação justamente de uma metáfora da tradução, como observou Hugh Kenner — metáfora que por sinal se define como um processo de ressuscitação: "*Odysseus goes down to where the world's whole past lives, and that the shade may speak, brings them blood: a neat metaphor for translation*" [Odisseu desce para onde vive todo o passado, e para que as sombras possam falar, leva sangue para elas: uma bela metáfora para a tradução][32]. Do mesmo modo, Pound confessa que o seu interesse ao traduzir Propércio fora justamente, mais do que ser fiel ao original reproduzindo-o, trazer um *homem* morto de volta à vida — o homem aqui entendido como linguagem[33].

Esse processo interessa especialmente quando considerado em relação à ideia de sacrifício que marcaria a atitude do próprio autor diante da sua obra (considere-se os processos de *personae* e heteronímia como exemplos disso, em Pound e Pessoa, respectivamente) — afinal, é por meio desse abandono da própria expressão e da própria vida que outra vida e outra expressão podem retornar do passado, por meio da tradução e da recriação.

---

32 Hugh Kenner, *The Pound Era*, op. cit., p. 360 (tradução minha).
33 É importante considerar que, sobretudo em Pound, a insistência em se referir ao homem, ao autor, ao morto do texto, pode indicar um caminho fundamental para a fuga da fidelidade excessiva ao texto. E, mesmo no caso da proposta de Pessoa, é fundamental notar que, apesar da sobrevalorização do texto em detrimento do autor, o poeta português recomenda a escolha de um poema de um "autor famoso" (Fernando Pessoa, *Pessoa inédito*, op. cit.).

O drama estático pessoano e a tradição do *theatrum mentis**

Flávio Rodrigo Penteado

1. Preliminares

"Como todos os inovadores, fomos objeto de largo escárnio e de extensa imitação"[1]. Fernando Pessoa se referiu nesses termos à experiência de *Orpheu* dez anos após o surgimento da revista. Ainda que o texto do qual provém esta passagem, inconcluso, mirasse o conjunto do empreendimento, é estimulante lê-la à luz de *O marinheiro*, estampado no número inaugural do periódico que veio a público em março de 1915. Nesse caso, dificilmente poderemos falar em "extensa imitação" daquele drama na dramaturgia portuguesa posterior, mas não é difícil identificar o "largo

---

* Este texto comporá um capítulo da tese de doutorado *Fernando Pessoa e a deteatrização*: o drama estático e seu lugar na moderna dramaturgia europeia, realizada sob orientação do professor Caio Gagliardi na FFLCH-USP

1 Fernando Pessoa, *Pessoa inédito, op. cit.*, p. 256. A ortografia arcaizante do autor foi atualizada por mim.

escárnio" que se formou ao redor da peça, tantas e tantas vezes reduzida a pastiche da vertente simbolista que Maurice Maeterlinck consolidou no teatro. Não é para menos: o influxo do autor belga é de tal maneira evidente na composição do drama que o próprio autor aparenta ter recorrido a diferentes estratégias para neutralizá-lo[2]. Constitui tarefa custosa, é certo, analisar o texto sem sequer mencionar o simbolismo de língua francesa; em contrapartida, deve-se reconhecer que Pessoa, obcecado pela ideia de emulação, jamais se contentaria em ser um epígono de Maeterlinck. A imitação de um modelo, se quisermos colocar desta forma, está lá. Entretanto, lá está também a deformação desse mesmo modelo, com o intuito de superá-lo, conforme já defendido por Teresa Rita Lopes no clássico estudo que publicou em francês. Assim, tendo em vista as palavras da abertura deste parágrafo, torna-se plausível a seguinte constatação: *O marinheiro* responde a um princípio de inovação. Mas de que espécie?

Não devemos ignorar o modo como Pessoa se relacionou com a noção de vanguarda. Se, por um lado, não se reduziu à adesão irrestrita das mais recentes correntes estéticas então em voga e se propôs a criar seus próprios movimentos de renovação — Paulismo, Interseccionismo,

---

[2] O autor informa ter composto a peça entre 11 e 12 de outubro de 1913. A pesquisadora Claudia J. Fischer argumenta que, como em outras ocasiões, Pessoa teria "forjado a data de uma das suas criações com intenção de desenhar (e manipular) uma história da génese da sua obra". Para tanto, baseia-se no fato de as primeiras referências ao texto, na correspondência do autor, surgirem apenas em 1914, mesmo ano em que Pessoa documenta suas leituras de Maeterlinck. A data disposta ao final da peça, portanto, garantiria a precedência de seu drama em relação aos do dramaturgo belga. Cf. Claudia J. Fischer, "Autotradução e experimentação interlinguística na génese d'*O marinheiro* de Fernando Pessoa", *Pessoa Plural: Revista de Estudos Pessoanos*, Providence, n. 1, 2012, pp. 23-24. Já em texto com a data provável de 1916 e cuja atribuição de autoria é incerta, Pessoa assinala que "a melhor nebulosidade e subtileza de Maeterlinck é grosseira e carnal em comparação" a O marinheiro, outro recurso para assegurar a originalidade e a superioridade de seu drama. Cf. Fernando Pessoa, Páginas íntimas e de autointerpretação, *op. cit.*, pp. 148-149.

Sensacionismo —, não demorou, por outro lado, a rejeitá-los em favor da promoção da "individualidade própria" de cada criador[3], o que pode ter sido uma das motivações de sua autodeclarada renúncia de procedimentos interseccionistas[4].

O caso é que, inspirando-se em Maeterlinck, Pessoa se empenha em instituir, com o drama estático, uma modalidade teatral inovadora. Sabemos que, em sua busca por "uma maneira nova de empregar um processo já antigo"[5], o escritor deixará de lado esse gênero de texto, que permanecerá basicamente restrito à peça publicada em *Orpheu*[6], e concentrará forças no mecanismo da heteronímia, responsável pela fundamentação da série de livros que daria origem às suas "obras completas", ora referida como *Aspectos*, ora como *Ficções do interlúdio*. Uma vez levada adiante a conhecida clave de leitura fornecida pelo próprio autor na célebre "Tábua bibliográfica" de 1928, segundo a qual toda a sua obra seria orientada por princípios dramáticos, tais livros podem ser concebidos como realizações da forma dramática fora de seu espaço convencional (a esfera dramatúrgica propriamente dita), estilhaçando as noções

---

[3] "Os artistas de ORPHEU pertencem cada um à escola de sua individualidade própria, não lhes cabendo portanto [...] designação alguma coletiva. As designações coletivas só pertencem aos sindicatos, aos agrupamentos com uma ideia só [...]" (Fernando Pessoa, *Sensacionismo e outros ismos*, op. cit., p. 69). Ortografia atualizada por mim.
[4] Tal renúncia, no entanto, pode ser modalizada. Cf. Caio Gagliardi, "Uma girândola para o riso: a rejeição de Fernando Pessoa ao interseccionismo", in: *Fernando Pessoa ou Do interseccionismo*, Campinas, 2005, tese (doutorado em teoria e história literária), Instituto de Estudos da Linguagem/Unicamp, pp. 30-44.
[5] Fernando Pessoa, *Teoria da heteronímia*, ed. Fernando Cabral Martins e Richard Zenith, Lisboa, Assírio & Alvim, 2012, p. 218.
[6] Com relação ao período criativo de Pessoa no âmbito desta modalidade teatral, eis o que observam Filipa de Freitas e Patricio Ferrari: "Pela datação dos textos, o teatro estático teve dois períodos distintos: o primeiro, mais significativo, que engloba a maior parte das peças, entre 1913/1914 e 1918; e o segundo, entre 1932 e 1934, altura em que Pessoa retomou o teatro estático [...]" (Fernando Pessoa, *Teatro estático*, ed. Filipa de Freitas e Patricio Ferrari, Lisboa, Tinta da China, 2017, p. 13).

tradicionais de gênero. Esta é, em linhas gerais, a proposta de José Augusto Seabra e Teresa Rita Lopes, baseada, ainda, na seguinte suspeita: o drama estático *O marinheiro* teria sido o passo decisivo para a germinação dos heterônimos, a condição necessária para seu aparecimento.

Não obstante a pertinência da hipótese lançada pelo par de críticos para a compreensão do conjunto da obra do autor, tal leitura resulta pouco produtiva para o aprofundamento da análise do drama estático pessoano enquanto modalidade teatral específica, perspectiva que pouca atenção tem recebido até o presente. De fato, teríamos muito a ganhar se deixássemos de conceber *O marinheiro* prioritariamente como condição para o advento da heteronímia, isto é, como símbolo de uma experiência malograda — o dramaturgo que Pessoa, segundo não poucos críticos, nunca chegou a ser, conforme atestariam seus vários dramas inacabados, entre eles uma versão do *Fausto* —, experiência esta que precede outra, extremamente bem-sucedida — a instituição dos heterônimos.

Se seguirmos a intuição de que a obra de Pessoa oferece um diálogo fértil entre inovação e tradição, poderemos, em vez de qualificar aquela pretensa nova modalidade teatral como simples reprodução de modelo anterior (o teatro estático concebido e praticado por Maeterlinck), chegar à percepção de que peças como *O marinheiro* podem ser aproximadas de realizações dramáticas não necessariamente vinculadas às convenções do Simbolismo, o que amplia as possibilidades de entendimento do texto, uma vez que este, embora tenha sido gestado à luz das convenções daquela corrente, apresenta características que a ultrapassam.

2. OS CAMINHOS DE UMA TRADIÇÃO

> Será possível que esse pequeno mundo
> que cada ser humano traz em si venha

> a se transformar no médium e no revelador
> do grande mundo onde todos nos debatemos?...
>
> Jean-Pierre Sarrazac[7]

Constitui ponto pacífico, entre aqueles que se debruçam sobre *O marinheiro* e buscam salientar a presença de ação neste "drama estático", a ressalva de que, nele, os eventos se desenrolam não no âmbito físico, mas no íntimo, de modo que os movimentos ali executados se consumam apenas internamente. Tem-se aí, portanto, um drama de feições anímicas, perfeitamente habilitado a acomodar as leituras de teor psicológico que seu autor forneceu para a compreensão do conjunto de sua obra, concretizada *em* e *por* um "drama em gente". Embora este seja um lugar-comum da fortuna crítica desta peça, não será óbvia a constatação de que o texto, ao ecoar práticas similares nos domínios da filosofia, da religião e, naturalmente, do drama, pode ser inserido na tradição de um *teatro da mente*, fruto de uma metamorfose da ancestral noção de "teatro do mundo". Deste modo, a mente, aqui compreendida como sinônimo de alma ou mesmo espírito, passaria a conter dentro de si mesma o mundo. Traçar alguns caminhos dessa tradição, nela situando a dramaturgia de Pessoa, constitui o objetivo central deste capítulo.

Remonta à Antiguidade Clássica a ideia de que o mundo, tal como o percebemos, corresponde a uma miragem, isto é, a uma construção ficcional. Semelhante condição, sintetizada no conhecido mito da caverna platônico, não tardaria muito a encontrar na experiência teatral sua metáfora mais duradoura. Já no início da Era Cristã, tanto Epicteto, em seu *Manual*, quanto Porfírio, na carta à sua esposa Marcela, recorrem à analogia com o teatro: o primeiro, ao defender o

---

[7] Jean-Pierre Sarrazac, *Théâtres intimes*, Paris, Actes Sud, 1989, p. 10. Salvo indicação em contrário, a tradução para o português de todas as citações em língua estrangeira é de minha responsabilidade.

princípio de que cabe ao homem desempenhar o papel que lhe foi destinado pelo autor da peça (nesse caso, Deus)[8]; o segundo, ao se referir à vida como um espetáculo representado não por nós mesmos, mas por outros, a serviço dos deuses[9]. Reproduzida por séculos a fio, a ideia de que a vida — e, por consequência, o mundo — se desenvolve em conformidade à dinâmica do teatro teria, no entanto, soado trivial antes mesmo de ser imortalizada por Calderón n'*O grande teatro do mundo* (1645), em que vêm à cena figuras pertencentes a variados estratos sociais, visto que Cervantes, a certa altura da segunda parte do *Quixote* (1615), faz o rústico Sancho Pança zombar do engenhoso fidalgo quando este, com pompa e circunstância, recorre ao princípio de que a vida é teatro[10].

Fica claro, nos fragmentos citados de Epicteto e Porfírio e, sobretudo, no auto sacramental de Calderón, que o tropo do *theatrum mundi* comporta uma dimensão religiosa, apontando para o olhar divino que se situa além da cena, regendo todas as ações que se desenrolam no palco do mundo. Ainda no século XVII, porém, Descartes promove um deslocamento nessa concepção. Nas palavras de Marian Hobson, o filósofo

> interioriza o teatro do mundo em um percurso individual, a um só tempo espiritual e epistemológico. [...] não é mais um

---

8 Epicteto, *Manual de Epicteto ou Recomendações estoicas para o bem viver*, trad., intr. e notas José R. Seabra Filho, Belo Horizonte, Nova Acrópole, 2016, p. 35.
9 Porfirio, *Carta a Marcela*, trad. Agustín López e Maria Tabuyo, Palma de Maiorca, El Barquero, 2007, p. 25.
10 Cf. o seguinte diálogo: "Não há comparação alguma que mais ao vivo nos represente o que somos e o que devemos ser como a comédia e os comediantes. Senão, dizes-me: não viste já representar alguma comédia em que se introduzem reis, imperadores e pontífices, cavaleiros, damas e diversos outros personagens? Um faz de rufião, outro de embusteiro, este de mercador, aquele de soldado, outro de simples discreto, outro de enamorado simplório; e, acabada a comédia, despindo-se dos trajes dela, ficam iguais todos os comediantes. [...] — Bela comparação — disse Sancho —, embora não seja tão nova, que já não a tenha eu ouvido muitas e diversas vezes" (Miguel de Cervantes, *Dom Quixote de la Mancha*, trad. Almir de Andrade e Milton Amado, Rio de Janeiro, José Olympio, 1952, p. 1072).

observador externo e divino quem permite escapar ao falso e ao irreal: trata-se de um princípio interno do ser [...] O Espectador transcendente é interiorizado no Cogito e a prova da existência de Deus passa a depender dele dali para frente[11].

Gassendi, contemporâneo do autor das *Meditações metafísicas*, tem dificuldade em aceitar a consciência como algo homogêneo, pressuposto do cogito cartesiano, visto que a concebe como descontínua e esfacelada. Tal premissa se avizinha de ideias defendidas por Hume em seu *Tratado da natureza humana*, no qual passagens como a que segue quase poderiam fazer supor sua leitura por Pessoa[12]:

atrevo-me a afirmar do resto dos homens que cada um deles não passa de um feixe ou colecção de diferentes percepções que se sucedem umas às outras com inconcebível rapidez e que estão em perpétuo fluxo e movimento. [...] A mente é uma espécie de teatro em que diversas percepções fazem sucessivamente a sua aparição; passam, voltam a passar, fogem deslizando e misturam-se numa variedade infinita de atitudes e situações[13].

11 Marian Hobson, "Du theatrum mundi au theatrum mentis", *Revue des Sciences Humaines*, Université de Lille 3, n. 167, 1977, p. 383. Provém deste artigo, rapidamente referido em nota por Jean-Pierre Sarrazac (cf. *Théâtres intimes*, *op. cit.*, p. 114), a inspiração para a presente análise da metamorfose de uma noção em outra. A autora, porém, se restringe ao exame de concepções filosóficas, sem se deter em realizações dramáticas, conforme a proposta deste capítulo, cujo alcance é mais restrito do que aquele ambicionado por Sarrazac. De fato, na obra mencionada, o crítico procede a uma detalhada análise de tal processo, percorrendo um largo espectro de dramaturgos, desde Strindberg até Vinaver, passando por Ibsen, Tchekhov, O'Neill, Pirandello e Beckett, entre vários outros.
12 Não se encontram livros de Hume no que restou da biblioteca do escritor, sob a guarda da Casa Fernando Pessoa. Em seus textos em prosa, há referência explícita a ideias políticas defendidas pelo filósofo, mas não às especulações sobre as quais passaremos a seguir. *Cf.* Fernando Pessoa, *Sobre o fascismo, a ditadura militar e Salazar*, ed. José Barreto, Lisboa, Tinta da China, 2014, pp. 112, 185 e 226.
13 David Hume, *Tratado da natureza humana*, trad. Serafim da Silva Fontes, pref. e rev. téc. João Paulo Monteiro, Lisboa, Fundação Calouste Gulbenkian, 2001, p. 301.

No capítulo que contém o trecho acima, inclusive, no qual Hume se propõe a esquadrinhar do que é composta a identidade pessoal, a afinidade com temáticas tão características do universo pessoano é recorrente:

> Quanto a mim, quando penetro mais intimamente naquilo a que eu chamo *eu próprio*, tropeço sempre numa ou outra percepção particular, de frio ou calor, de luz ou sombra, de amor ou ódio, de dor ou prazer. Nunca consigo apanhar-me a *mim próprio*, em qualquer momento, sem uma percepção, e nada posso observar a não ser a percepção. Quando as minhas percepções são afastadas por algum tempo, como por um sono tranquilo, durante esse tempo não tenho consciência de *mim próprio* e pode-se dizer verdadeiramente que não existo[14].

Verifica-se, por certo, uma sistemática recusa à transparência e à homogeneidade do indivíduo cartesiano, recusa que ambiciona demonstrar o quanto há de fantasioso e contingente na composição do sujeito, cuja mente se reduz a um aglomerado de percepções sucessivas, a todo tempo submetidas à variabilidade. Sendo perturbadora a perspectiva de assumir tal constatação na vida cotidiana, Hume argumenta que temos por hábito buscar refúgio em noções como as de "alma", "eu" e "substância", forjadas para que possamos nos convencer da "existência contínua das percepções dos nossos sentidos"[15].

Pouco mais de um século mais tarde, especulações correlatas às do filósofo britânico tomaram forma no *Monsieur*

---

14 *Ibidem*, p. 300. Saliente-se que, nesta passagem, embora a referência à consciência tenha sabor muito pessoano, o autor português confere menor ênfase ao problema da "percepção", tão importante para Hume e retomado pela fenomenologia de Husserl e Merleau-Ponty, preferindo se deter sobre o conceito de "sensação", cujo trabalho de fundo parece ser o de Condillac, contemporâneo do filósofo britânico. Para maior aprofundamento de tais relações, *cf.* Caio Gagliardi, "A falsa pista de um cego teimoso", *Via Atlântica*, v. 18, 2010, pp. 159-176.
15 *Ibidem*, p. 303.

Teste de Valéry, contemporâneo de Pessoa: "Supondo um observador 'eterno' cujo papel se limitasse a repetir e a remontar o sistema do qual o Eu é essa parte instantânea que acredita ser o Todo./ O Eu nunca poderia se engajar se não acreditasse — ser tudo". A conjectura é amplificada mais adiante: "E contudo — como elegemos uma personagem para ser nós mesmos — como se forma esse centro?/ Porque, no teatro mental, és: Tu? — *Tu* e não *eu*?"[16].

Os exemplos poderiam se multiplicar, mas já bastam para introduzir possibilidades de entendimento do drama estático pessoano que sejam menos dependentes do imaginário simbolista. Sendo evidente o influxo de Maeterlinck sobre a modalidade teatral proposta pelo escritor português, não será o caso, salientemos, de negar esta filiação, mas sim de lhe expandir as possibilidades de entendimento. E não se pode mesmo ignorar semelhante vínculo, na medida em que a tradição que se procura delinear neste capítulo encontra um representante de peso em outro escritor de língua francesa vinculado à estética simbolista: Mallarmé, apreciador do dramaturgo belga desde sua tomada de contato com *La Princesse Maleine* (1889)[17], ansiava pela fundação de uma espécie alternativa de teatro, um teatro que fosse "inerente ao espírito"[18]. Perde espaço, aqui, a

---

16 Paul Valéry, *Monsieur Teste*, trad. Cristina Murachco, São Paulo, Ática, 1997, pp. 109 e 112.
17 As afinidades entre as proposições dramáticas dos dois autores são detalhadamente analisadas em Maria de Jesus Reis Cabral, "Mallarmé, Maeterlinck e o 'princípio invisível' do drama", *Máthesis*, n. 20, Viseu, Universidade Católica Portuguesa, 2011, pp. 155-176. Quanto às semelhanças entre aquelas de Mallarmé e Pessoa, cf. da mesma autora: "Théâtre(s) sous un crane: Mallarmé et Pessoa (d'*Igitur* au *Faust Tragédie subjective*)", *Carnets: Revista Electrónica de Estudos Franceses*, n. 4, Universidade de Aveiro, jan. 2012, pp. 191-210.
18 Stéphane Mallarmé, "Tábuas e folhas" ["Planches et Feuillets", 1897], *in*: *Rabiscado no teatro*, trad. e notas Tomaz Tadeu, Belo Horizonte, Autêntica, 2010, p. 95. Em "O gênero ou os modernos", o autor ainda escreve: "A rigor um papel basta para evocar qualquer peça: com a ajuda de sua personalidade múltipla cada um é capaz de representá-la para si no interior" (*ibidem*, p. 65).

ação exterior encerrada no teatro do mundo, dirigido por preceitos miméticos, e ganha força a concepção do indivíduo "plural como o universo", objeto de múltiplos eventos desenrolados no palco da mente, um pouco à maneira do que Hume já havia proposto ao se contrapor a Descartes. O teatro, em síntese, é concebido como extensão do sujeito, e não mais como espaço autônomo e à parte do ser, passível de ser representado de forma unívoca e transparente.

Antevista por Mallarmé, a proposta maeterlinckiana de um "teatro estático", destituído de ação no sentido tradicional, requer atenção. Formulada em "O trágico cotidiano" (1896), já se fazia perceber na primeira versão do texto, "A propósito de Solness, o construtor", publicada dois anos antes no jornal *Le Figaro*, por ocasião da primeira montagem francesa, pelo Théâtre de l'Œuvre, do texto de Henrik Ibsen. Em artigo recente, Jacques Rancière retorna ao texto de Maeterlinck e focaliza, já de início, o modo como a peça em questão é caracterizada ali: "um drama quase sem ação"[19]. O crítico não ignora a presença do advérbio antes do adjetivo — "*quase* sem ação", enfatiza, não é o mesmo que "sem ação" — e tem isso em conta ao nos convidar para uma análise mais aprofundada da categoria dramática da ação ou da ausência desta.

Uma forma de compreender o conceito clássico de ação, tal como propõe Rancière, reportando-se a Aristóteles, é tomá-lo como a exteriorização de emoções interiores, aptas a serem traduzidas pelo discurso. Em última análise, trata-se, assim, de um sistema de correspondências, em que o externo coincide com o interno. É justamente a esse regime que Maeterlinck reage ao enxergar em *Solness, o construtor* (1892) a perspectiva de um modelo dramático alternativo ao tradicional. Se, na lógica aristotélica, predominava uma cadeia de ações que permitia ao sujeito passar da ignorância para o conhecimento, o novo regime do trágico cotidiano

---

19 Cf. Jacques Rancière, "Le théâtre immobile", in: *Aisthesis: scènes du régime esthétique de l'art*, Paris, Galilée, 2011.

almeja um caminho direto para tanto, ao pôr em cena o simples resultado de um encontro com o desconhecido, sem o situar no âmbito de uma revelação metafísica. Deste modo, o teatro estático maeterlinckiano não consiste na exposição de consciências atormentadas, mas sim de sensações praticamente incomunicáveis pela fala, balbuciadas por indivíduos comuns que, de repente, despertam para os movimentos imperceptíveis do mundo que os cerca.

Se tais propostas chegaram ao Portugal de Pessoa, não é de espantar que tenham repercutido também do outro lado do continente europeu. De fato, praticamente no mesmo período em que era composto *O marinheiro*, o dramaturgo russo Leonid Andréiev difundia suas *Cartas sobre o teatro* (1912), das quais a primeira, em especial, revela incontestável parentesco com o Maeterlinck de "O trágico cotidiano":

> Precisará o teatro de *ação*, em sua forma consagrada de atos e movimentos executados no palco — uma forma não só aceita por todos os teatros, mas até mesmo defendida como única e indispensável forma de salvação?/ A este herético questionamento, me atrevo a responder que não. Não há necessidade de tal ação, na medida em que a *Vida em si mesma*, nos seus conflitos mais dramáticos e trágicos, se afasta da ação exterior, refugiando-se cada vez mais nas profundezas da alma, no silêncio e na imobilidade exterior da experiência intelectual [...] o pensamento humano, com toda a sua angústia e luta: eis o verdadeiro herói da vida moderna[20].

20 Leonid Andreyev, "Theatre and the Inner Life", *in*: *The Russian Symbolist Theatre: an Anthology of Plays and Critical Texts*, trad. e ed. Michael Green, Nova Iorque, The Overlock Press, 2013. Outro dramaturgo russo do mesmo período, Nicolas Evreinoff, desenvolveu ideias similares a esta, particularmente em sua peça *O teatro da alma*, lida por Pessoa em tradução inglesa e analisada por mim em um dos capítulos de minha dissertação de mestrado. *Cf.* Flávio Rodrigo Vieira Lopes Penteado Corrêa, "Vitoriano Braga, Nicolas Evreinoff e as ideias teatrais de Pessoa", *in*: *O teatro da escrita em Fernando Pessoa*, São Paulo, 2015, dissertação (mestrado em literatura portuguesa), FFLCH-USP, pp. 98-119.

Teatro da alma, teatro da mente: não é fruto do acaso a recorrência dessas noções nas variadas referências evocadas até aqui. O que sucede é a gradual conversão de uma tradição, o *theatrum mundi*, de estirpe platônica, em outra, de sabor mais moderno: o *theatrum mentis*. No campo dramatúrgico, opera-se um desvio do exterior para o interior: antes desenrolado na esfera interpessoal, na qual imperava o diálogo entre dois indivíduos, o conflito dramático passa a se concentrar no íntimo das personagens. Tal como clarifica Jean-Pierre Sarrazac, porém, esta "dramaturgia da subjetividade" não deve ser confundida com a expressão narcísica de uma intimidade que procura se sobrepor ao mundo. Trata-se, antes, de abrir o palco para expressões do sujeito que testemunhem a incorporação, por ele, do teatro do mundo. A abordagem do drama estático pessoano à luz de tal tradição permite integrá-lo, para além dos limites da estética simbolista, na corrente mais ampla da moderna dramaturgia ocidental.

3. *O MARINHEIRO* E O REGIME DO INFRADRAMÁTICO

Em conhecido fragmento no qual se propõe a conceituar a modalidade teatral inaugurada por *O marinheiro*, Pessoa defende que, nos dramas daquela espécie, o "enredo dramático não constitui ação" e se antecipa a quem, por esse motivo, se recusasse a acolhê-los no domínio do teatro, ao sustentar que a essência de tal arte residiria não na "proposta e consequência da ação", mas sim na "revelação das almas através das palavras trocadas"[21].

Nesse excerto, Pessoa forneceu ferramentas teóricas para o que considerava ser a adequada compreensão de seu "drama estático". O escritor, contudo, não se deu por satisfeito e se empenhou, ainda, na redação de outros textos de natureza similar, dedicados à assimilação do conjunto de

---

21 Fernando Pessoa, *Prosa publicada em vida, op. cit.*, p. 31.

obras que compunham a revista na qual a peça foi dada a conhecer, os quais tinham também o declarado objetivo de amplificar a promoção de *Orpheu* em Portugal. Tais textos têm em comum o fato de almejarem pôr em relevo a singularidade, no âmbito europeu, do movimento em torno do qual se articulavam os autores ali publicados: "Nunca em Portugal tinha aparecido uma corrente literária que mostrasse originalidade, não relativa, senão absoluta; isto é, que *excedesse* as correntes literárias contemporâneas dos outros países" (grifo do autor)[22].

Já no que diz respeito a *O marinheiro*, pode-se observar maior flexibilidade na forma como a peça é mencionada: em um dos textos, faz-se referência ao "curioso e doentio drama estático de Fernando Pessoa", possivelmente na esteira do escândalo provocado no meio literário português pelo aparecimento da revista[23]; em outro, o drama é qualificado como "um prolongamento do Simbolismo, ainda mais complexo mas mais disciplinado"[24], evidenciando o parentesco da peça com aquela corrente estética, sem todavia deixar de lhe assinalar a superioridade em relação a tal movimento. Deve-se realçar, enfim, a posição de destaque ocupada por aquele drama em um dos textos de divulgação redigidos por Pessoa, no qual figura como a última obra a ser citada e a única a merecer um comentário crítico um pouco mais extenso:

> O mais extraordinário é a grande divergência de individualidades que uma corrente tão nova já comporta. Há os poemas

---

22 *Idem, Sensacionismo e outros ismos, op. cit.*, p. 46.
23 *Ibidem*, p. 44. No mesmo sentido de contribuir para a dilatação do escândalo, cabe destacar, ainda, a seguinte passagem de um "Panfleto contra Orpheu", concebido pelo próprio escritor: "*O marinheiro* do Sr. F[ernando] P[essoa] é de partir a cabeça mais sólida. Ninguém percebe nada, salvo, aqui e ali, umas frases que era melhor não perceber. Em todo caso, o *sr.* tem a grande vantagem de não cometer imoralidades nem espalhafatos. É deplorável como indicação de um estado mental, mas não é irritante ou nojento" (*ibidem*, p. 62).
24 *Ibidem*, p. 49.

de Sá-Carneiro, perturbadores e geniais, os poemas suaves e doentios de Ronald de Carvalho [...], os heráldicos e brilhantes sonetos de Alfredo Guisado, as líricas solenes e litúrgicas de Côrtes-Rodrigues, os deliciosos "Frisos", infantis e exóticos [...] do desenhador José de Almada Negreiros e, finalmente, esse noturno "drama estático" de Fernando Pessoa, revelação de uma vida interior espantosamente rica, e onde o fogo central de uma tragédia que se passa apenas nos sonhos de três figuras (elas próprias talvez também sonhos) é contido dentro de uma sobriedade externa difícil de encontrar fora da Grécia antiga[25].

A sugestão de que a peça acomodaria a "revelação de uma vida interior" pode ser associada ao princípio de um teatro da mente que se tem procurado esboçar até aqui (nesse sentido, as personagens do drama podem ser percebidas como produto de uma consciência que as ultrapassa, conforme veremos mais adiante); entretanto, o que mais parece reclamar nossa atenção no trecho acima é a vinculação do drama ao horizonte da tragédia clássica, aparentemente distante desse texto que, à primeira vista, está mergulhado na atmosfera do decadentismo finissecular. Não se trata, por certo, de uma referência isolada: em mais um texto projetado para a divulgação de *Orpheu*, lê-se que algumas das obras ali estampadas "têm, mesmo perante um critério clássico, muito que se admire"[26]; e em outro texto da mesma natureza, agora atribuído ao heterônimo Antonio Mora, este autor fictício afirma dever sua "compreensão dos literatos de *Orpheu* a uma leitura aturada sobretudo dos gregos, que habilitam quem os saiba ler a não ter pasmo de coisa nenhuma"[27].

Embora a exaltação da arte grega não constitua raridade nos escritos de Pessoa, a remissão ao modelo antigo,

---

25 *Ibidem*, p. 47.
26 *Ibidem*, p. 46.
27 *Ibidem*, p. 53.

especificamente no caso de *O marinheiro*, talvez soe menos surpreendente se nos lembrarmos de que Maeterlinck, em "O trágico cotidiano", já havia associado a expressão "teatro estático" às tragédias de Ésquilo, realçando a imobilidade subjacente a estas peças.

No que concerne ao dramaturgo belga, tal associação corresponde menos a uma interpretação incutida por ele do que a uma verificação de cunho histórico, visto que, nos seus primórdios, a tragédia era proclamada por um único ator (o protagonista), em posição estática. Quanto ao autor português, os críticos têm apontado, com frequência, para o caráter paradoxal da expressão "drama estático", pois, em grego, a palavra "drama" significa "ação".

Para experientes comentadores da *Poética* aristotélica como Roselyne Dupont-Roc e Jean Lallot, semelhante definição, entretanto, está longe de ser consensual. Tal como sustentado pelo par de tradutores do texto para o francês, os termos "emoções" (*pathè*) e "*ações*" (*praxeis*) estão habitualmente concatenados na obra de Aristóteles[28], o que está na base da já mencionada interpretação, por Rancière, do conceito de ação como a exteriorização de emoções interiores. Este é também o fundamento da proposta de compreensão do conceito por Sarrazac, segundo a qual o termo grego igualmente recobriria aquilo que hoje entendemos por "*estados*, notadamente a infelicidade ou a felicidade" (grifo do autor), possibilitando que se possa conceber a ação como "a passagem de um estado a outro"[29].

O que está em jogo aqui, portanto, é a redefinição do próprio conceito de drama ao se repensar o estatuto da ação, gesto evidenciado pelos referidos estudiosos franceses e já intuído por diferentes autores no fim do século XIX,

---

28 Aristóteles, *La Poétique*, texto, trad. e notas Roselyne Dupont-Roc e Jean Lallot, Paris, Seuil, 1980, p. 148.
29 Jean-Pierre Sarrazac, *Poética do drama moderno: de Ibsen a Koltès*, trad. Newton Cunha, J. Guinsburg e Sonia Azevedo, São Paulo, Perspectiva, 2017, p. 14.

a exemplo de Nietzsche e Strindberg[30]. É legítimo, então, aproximarmos desse contexto o fragmento em que Pessoa estabelece os termos de seu "teatro estático", no qual afirma dispensar a "progressão da ação", de modo que não haveria espaço, nesta modalidade teatral, para conflito ou "propriamente enredo"[31]. Contudo, se analisarmos com mais atenção a mecânica de uma peça como *O marinheiro*, poderemos inferir que as proposições daquele fragmento não se concretizam por completo no texto[32].

Com efeito, o estatismo posto em prática por Pessoa, assim como já ocorria nos primeiros dramas de Maeterlinck, lida menos com a supressão da ação do que com o remanejamento de seu estatuto. Dito de outro modo, o interesse de suspender tal categoria dramática, manifestado por ambos os dramaturgos, não deve ser confundido com sua dissolução. Isso porque, diferentemente do que a denominação "teatro estático" parece indicar, não se trata de repudiar toda e qualquer espécie de deslocamento, e sim de revigorar os meios de situá-lo no tecido dramatúrgico, de forma que a progressão da ação — transfigurada, mas não abolida

---

30 Sarrazac assinala que o autor de *O nascimento da tragédia* já havia posto em causa o modelo tradicional de drama: "Concepção do 'drama' enquanto ação. Essa concepção é muito ingênua [...] O sentimento que se declara, a compreensão de si, não são ações?"(*ibidem*, p. 14.) Em outra altura de sua *Poética*, o estudioso refere uma passagem de texto escrito pelo dramaturgo sueco na qual se lê: "Em grego antigo, drama parece ter querido dizer acontecimento, incidente e não ação, ou aquilo que nós chamamos de intriga. A vida não se passa de modo algum segundo a regularidade de uma construção dramática" (*ibidem*, p. 76).
31 Fernando Pessoa, *Prosa publicada em vida*, op. cit., p. 31. Cumpre enfatizar que o autor não estabelece distinção clara entre "drama" e "teatro": no fragmento teórico em que articula o conceito, emprega "teatro estático"; já em referência a *O marinheiro*, "drama estático".
32 Já realizei uma leitura mais detida de *O marinheiro*, em confronto com premissas oferecidas pelo próprio autor, no seguinte artigo: Elen de Medeiros e Flávio Rodrigo Penteado, "Pessoa e Nelson: proposições do drama moderno em Portugal e no Brasil", *Revista Raído*, Dourados, Universidade Federal da Grande Dourados, v. 10, n. 22, 2016, pp. 66-88. Cf., em particular, a sucinta análise da peça proposta nas pp. 72-77.

— resulte não do intercâmbio dialógico, e sim da tensão entre imobilidade física e movimentação psíquica.

Está armado, portanto, um dos pilares do novo paradigma de drama concebido por Sarrazac: o regime do infradramático, interior e implosivo (ao contrário do antes vigente, exterior e explosivo), o qual se orienta pelo princípio da ação reflexiva e interiorizada, menos ativa do que passiva, uma "ação-estado" que não propriamente substitui a ação dramática, antes lhe alarga o espectro[33].

Uma das formulações primordiais desse novo paradigma se encontra no já referido "O trágico cotidiano", de Maeterlinck, a quem habitualmente se atribui papel decisivo na redefinição do estatuto da ação na forma dramática. Entretanto, cabe observar que o dramaturgo belga, ao redesenhar o modelo tradicional de drama, elegeu como precursoras as derradeiras peças de Ibsen, pelo que será útil, em nosso percurso por esse "teatro íntimo e de conflitos intrassubjetivos, intrapsíquicos"[34] e suas reverberações na dramaturgia de Pessoa, examinar alguns aspectos de tais textos.

4. Ibsen e o drama interior

Os últimos dramas de Ibsen são justamente aqueles em que, sob o impacto de uma divisão bastante escolar, seriam mais perceptíveis os atributos da "fase simbolista" do autor. Sem que subscreva o esquematismo de uma caracterização cronológica (embora a considere, em certa medida, justificável, por corresponder a certas transformações pelas quais passou a obra dramática do escritor norueguês), Tereza Menezes observa como o dramaturgo, no período final de sua carreira, passou a acrescentar elementos nebulosos e mesmo insólitos aos seus textos, abrindo espaço para o

---

33 Jean-Pierre Sarrazac, *Poética do drama moderno*, op. cit., pp. 54 e 58.
34 *Ibidem*, p. 54.

não dito e o imponderável. Desta forma, delineou-se o que a pesquisadora propõe chamar de "dramas interiores", por explorarem menos os acontecimentos externos do que as reverberações que provocam nas personagens[35].

Uma vez aceita a conceituação proposta pela estudiosa brasileira, não se poderia reconhecer, afinal, nas últimas peças de Ibsen, uma ênfase na "revelação das almas através das palavras trocadas" similar àquela que viria a ser projetada por Pessoa em seus dramas estáticos?

De outra espécie é o argumento de Gustavo Rubim, que, em referência às últimas peças do autor, aceita a recorrente alegação de que estas teriam exposto questões caras ao movimento simbolista, mas defende, logo na sequência, que "o modo dessa exposição é tão pouco simbolista quanto o teatro de Ibsen é parecido com o de Maeterlinck ou com os dramas estáticos de Fernando Pessoa, ou seja, coisa nenhuma"[36]. Importa reter, desta assertiva, a sugestão de que em nada se parecem as realizações dramáticas dos três autores, pois, conforme se tencionará sustentar, em modalização de semelhante ponto de vista, tais realizações são passíveis de ser alinhadas em uma mesma tradição, voltada para o interior das figuras postas em cena[37].

Se o parentesco dos primeiros dramas de Maeterlinck com os derradeiros de Ibsen já foi insinuado pelo próprio dramaturgo belga — que, como vimos, enxergava em *Solness, o construtor* um dos arquétipos do "teatro estático"

---

35 Tereza Menezes, *Ibsen e o novo sujeito da modernidade*, São Paulo, Perspectiva, 2006, pp. 54 e 57.
36 Gustavo Rubim, "Ibsen e os regressos", in: *Peças escolhidas*, v. I, Lisboa, Cotovia, 2006, p. 353.
37 Não é o caso, então, de se contrapor por completo ao argumento de Gustavo Rubim, sobretudo porque as peças tardias de Ibsen, à diferença do ideário simbolista, não valorizam o abstrato; por outro lado, apresentam expressiva carga simbólica, em forte abertura para o sugestivo e o indeterminado, também apreciados por aquela corrente estética, de modo que se verifica alguma dose de exagero no descarte de qualquer parentesco do último Ibsen com o primeiro Maeterlinck.

—, faz-se necessário reconhecer que é menos evidente a aproximação do autor norueguês a Fernando Pessoa, cujas referências a ele, aliás, não eram as mais lisonjeiras[38]. Em contrapartida, assim como, à primeira vista, as peças de Shakespeare pouco se aparentam às de Pessoa, sendo possível, porém, investigar os meios de articulação interna de textos como *Hamlet* ou *A tempestade* e verificar como ressoam em *O marinheiro*, por exemplo[39], lançar um olhar mais atento sobre o último Ibsen poderá trazer à luz alguns temas e dispositivos análogos aos mobilizados na modalidade teatral imaginada pelo escritor português.

De acordo com o modelo de análise proposto por Peter Szondi, as peças tardias de Ibsen apresentam uma tendência à interiorização que resulta em assimetria responsável pela subtração da potência dramática daqueles textos[40]. Tal

---

38 Conhecem-se, atualmente, duas breves menções a Ibsen por Pessoa, ambas centradas no menosprezo da capacidade de o dramaturgo norueguês "criar personagens tão inteiramente verdadeiras, perante a própria psiquiatria, como Shakespeare, cuja época não tinha a ciência, mas cujo espírito tinha a intuição". Sob este aspecto, um dos apontamentos chega a qualificar o autor de *Espectros* como um "artista de terceira ordem" em comparação ao de *Rei Lear*, "artista de primeira ordem". Cf. Fernando Pessoa, *Apreciações literárias de Fernando Pessoa*, ed. Pauly Elen Bothe, Lisboa, Imprensa Nacional-Casa da Moeda, 2013, pp. 63 e 261. Destaque-se, enfim, que a comparação adquire ainda mais significado se nos lembrarmos de que, à época, Ibsen era costumeiramente referido como um "Shakespeare *bourgeois*".
39 Seguindo sugestão colhida de um breve ensaio de Antonio Tabucchi, busquei, em um dos capítulos de minha dissertação de mestrado, analisar mais detalhadamente em que consistiria a "gramática de Shakespeare", que, segundo o crítico italiano, estaria por trás de *O marinheiro*. Para tanto, propus a análise comparativa desse e de outros dramas estáticos de Pessoa com as já mencionadas duas peças do dramaturgo inglês. Cf. Flávio Rodrigo Vieira Lopes Corrêa, "O teatro de Pessoa e a gramática shakespeariana", *in*: *O teatro da escrita em Fernando Pessoa*, *op. cit.*, pp. 120-159.
40 Cf., em particular, a seguinte passagem: "Em Ibsen, ao contrário [de *Édipo Rei*], a verdade mora na interioridade. [...] Isso significa que sequer é possível sua direta representação dramática. [...] Mas assim mesmo, ela continua ali um corpo estranho. Pois, por mais que se ligue a uma ação presente (em duplo sentido), ela permanece confinada no passado e na interioridade. É justamente esse o problema da forma dramática em Ibsen", *in*: Peter Szondi, *Teoria do drama moderno [1850-1950]*, trad. Raquel Imanishi Rodrigues, 2ª ed., São Paulo, Cosac Naify, 2011, pp. 37-38.

como considera Jean-Pierre Sarrazac, no entanto, a crítica szondiana, em seu anseio de desvelar uma crise definitiva da forma dramática no último quarto do século XIX, passa ao largo da contribuição fundamental do teatro ibseniano: o advento de uma "dramaturgia da subjetividade" que se apoia sobre a ação do passado no interior das personagens, justamente o núcleo das ressalvas elaboradas pelo autor da *Teoria do drama moderno*[41].

Assim é que, sob a perspectiva do estudioso francês, a contradição assinalada por Szondi configura não uma anomalia, mas uma mudança de paradigma: não obstante suas peças, a partir de *O pato selvagem* (1884), ainda conservarem a aparência de um drama burguês, Ibsen forja, nas entranhas de seus textos, a conversão do drama doméstico em drama íntimo: "ele transforma a cena, quase à sua revelia, em uma tela sobre a qual serão projetados os cenários fantasmáticos e as pulsões inconscientes de suas personagens"[42].

Bastante representativo de semelhante mudança de paradigma é *O pequeno Eyolf* (1894), antepenúltimo drama de Ibsen e um daqueles que menos têm sido comentados por seus críticos[43]. Praticamente destituída de ação no sentido ao qual o público da época estava acostumado, esta

---

41 Jean-Pierre Sarrazac, *Théâtres intimes*, op. cit., p. 20.
42 *Ibidem*, p. 17.
43 John Gassner, por exemplo, no estudo que consagrou à dramaturgia do autor, faz uma única menção ao texto: "À medida que Ibsen mergulhou na mistificação e não conseguiu dotar a peça de ação dramática, um vigoroso tema perdeu-se em *O pequeno Eyolf*". Cf. "Ibsen, o viking da dramaturgia", in: *Mestres do teatro*, v. II, trad. e org. Alberto Guzik e J. Guinsburg, 2ª ed., São Paulo, Perspectiva, 1996, p. 32. Recorde-se, ainda, que o texto sequer é referido por Peter Szondi na sua *Teoria do drama moderno*, em que, a certa altura, são evocadas "as mais importantes" peças tardias do autor. Cf. *ibidem*, p. 33. Por outro lado, George Steiner situa a peça, junto com *Solness, o construtor*, *John Gabriel Borkman* e *Quando nós, os mortos, despertarmos*, "em meio aos picos do drama". Curiosamente, porém, *O pequeno Eyolf* é a única peça, dentre essas quatro, a não ser comentada de forma mais detida no parágrafo em que se encontra tal declaração. Cf. George Steiner, *A morte da tragédia*, trad. Isa Kopelman, São Paulo, Perspectiva, 2006, p. 169.

peça obedece a uma dinâmica menos orientada por eventos externos do que internos: passando-se mais na mente das personagens do que nos fatos que elas provocam, é no interior de sua psique que se desenrola a ação dramática[44]. Sob tal perspectiva, portanto, é lícito integrá-la à tradição do *theatrum mentis* aqui desenhada.

Dividido em três atos, o texto apresenta apenas seis personagens, sendo protagonistas o casal Alfred e Rita Allmers, pais do pequeno Eyolf do título. Cumpre destacar, ainda, a enigmática Mulher dos Ratos, figura de feições alegóricas que faz uma única aparição. Exceção feita aos primeiros lances do primeiro ato, no qual elas são introduzidas, raramente vemos em cena mais do que duas personagens. No segundo ato, inclusive, quando tal tendência atinge o ápice, não dura mais do que meia página o instante em que quatro delas se fazem presentes ao mesmo tempo, sendo todo o restante dedicado à contraposição de apenas duas figuras.

Este artifício, depurado na peça referida, já estava previsto em *Rosmersholm* (1886), uma das explícitas inspirações de Strindberg ao elaborar o princípio do "combate de cérebros", para o qual deu forma dramática, pela primeira vez, em *O pai* (1887). Mas se, para o dramaturgo sueco, importava, em suas apregoadas "vivissecções"[45], mergulhar na psique dos indivíduos representados para exibir os mecanismos que induziam, em situações cotidianas, o cérebro mais forte a se impor sobre o mais fraco, Ibsen, em *O pequeno Eyolf*, parece menos interessado, relativamente a seu colega escandinavo, em compensar o déficit de ação exterior por meio do recurso a enfrentamentos verbais que confiram algum dinamismo à cena. Bem ao contrário, as palavras trocadas entre os pares de enunciadores que

---

44 Tereza Menezes, *Ibsen e o novo sujeito da modernidade*, op. cit., pp. 63 e 70.
45 Cf. August Strindberg, "Les 'Vivisections", *in*: *Théâtre cruel et théâtre mystique*, trad. Marguerite Diehl, Paris, Gallimard, 1964, pp. 86-92.

se revezam no palco acentuam a impressão de que nada acontece, na medida em que se constituem primordialmente de meditações existenciais e de análises, pelas personagens, de seus próprios estados de alma. Dito de outro modo, tais diálogos põem em evidência o componente *estático* deste drama.

Ainda que se verifique uma tendência ao estatismo na peça de Ibsen, não estamos ainda, é verdade, no território explorado por Fernando Pessoa em *O marinheiro*, texto que se ajusta muito bem à premissa de que "arte moderna é arte de sonho"[46]. De fato, sem suficiente delineamento individual, as personagens, ali, se confundem umas com as outras; além disso, situada, segundo informa a rubrica de abertura, em "um quarto que é sem dúvida num castelo antigo", a peça, na verdade, desperta a sensação de transcorrer em espaço antes evanescente do que concreto; a atmosfera onírica, enfim, se infiltra em todas as camadas do drama e se afirma não mais como elemento temático, mas estrutural.

É este, possivelmente, um dos aspectos que distinguem de forma mais efetiva o drama estático pessoano em relação àquele concebido por Maeterlinck em peças como *Os cegos* (1890), *A intrusa* (1890) e *Interior* (1894), habitualmente avizinhadas àquela publicada em *Orpheu*. Concebidas à luz do fundamento do "trágico cotidiano", as três instalam o componente transcendental em situações sociais claramente delimitadas, o que não ocorre em *O marinheiro*: um grupo de cegos à espera do retorno de seu guia, que, no entanto, se acha morto em meio a eles; familiares que aguardam a recuperação da mãe que deu à luz um bebê e descansa em quarto contíguo, vindo a falecer no final da peça; um velho e um estrangeiro que observam ao longe, pela janela da

---

[46] Fernando Pessoa, *Páginas de estética e de teoria e crítica literárias*, ed. Georg Rudolf Lind e Jacinto do Prado Coelho, 2ª ed., Lisboa, Ática, 1973, p. 153.

casa, uma família que desconhece a morte por afogamento da pequena filha.

Faz-se perceber, nas três peças do dramaturgo belga mencionadas acima, uma personagem "enigmática, invisível, mas presente em toda parte, que se poderia chamar de personagem sublime"[47], aparentada à morte ou, se preferirmos, à fatalidade, à Fortuna. Pessoa recorre a expediente similar, mas o amplifica: não apenas um rastro fatal ronda o trio de donzelas que vela o cadáver de uma quarta, mas, perto do desfecho, uma "quinta pessoa", igualmente intangível, se insinua por entre elas e, à medida que dela tomam consciência, mais cresce nelas a intuição de que não passam de criações do imaginário, destituídas de fisionomia exterior, conformando apenas sonhos que outro alguém sonha[48]. À diferença dos dramas maeterlinckianos, então, as protagonistas de *O marinheiro* pressentem não corresponder a seres de carne e osso, de modo que não se demarca com clareza a fronteira entre o que é material e o que é incorpóreo, entre sonho e sonhador, vida e morte.

A peça de Ibsen também exibe em seu centro uma presença espectral, aparentando estar, nesse sentido, mais próxima de Maeterlinck do que de Pessoa. Salta à vista, por certo, o fato de que tanto *Interior* quanto *O pequeno Eyolf*, compostas no mesmo ano, envolvem mortes por afogamento: invisível na peça do autor belga, a fatalidade é corporificada pelo norueguês na figura da Mulher dos Ratos, que, ao fim do primeiro ato, atrai o filho dos Allmers para as águas do fiorde em cujas margens se situa a propriedade do casal.

---

47 Maurice Maeterlinck, "Préface", *in*: *Théâtre*, v. I, Bruxelas, Lacomblez, 1901, p. XVI.
48 O problema da "quinta pessoa" é trabalhado em detalhe por Caio Gagliardi na parte final de sua "Introdução", *in*: Fernando Pessoa, *Teatro do êxtase*, São Paulo, Hedra, 2010, pp. 38-45. O tópico é também referido por Renata Soares Junqueira em seu "Sobre o teatro-música ou Simbolismo e Modernismo em *O marinheiro* de Fernando Pessoa", *in*: *Transfigurações de Axel: leituras de teatro moderno em Portugal*, São Paulo, Editora Unesp, 2013, pp. 87-99.

Em *O pequeno Eyolf*, a estranha figura da Mulher dos Ratos, então, desempenha parte das funções da sublime personagem maeterlinckiana, sendo responsável pela instalação de uma atmosfera nebulosa no ambiente tipicamente burguês retratado por Ibsen. Poderíamos até mesmo, aliás, sentir-nos tentados a enxergar nesta personagem não mais do que uma projeção da mente do casal protagonista. Efetivamente, se em Maeterlinck o intangível assumia ares de fatalidade, encurralando as personagens em cena, aqui ele assume a forma de uma pulsão inconsciente. Isso porque a mãe de Eyolf — a passional Rita —, tendo já afirmado, em uma discussão com seu marido Alfred, desejar nunca ter posto o filho no mundo, uma vez que isto a teria tornado menos esposa do que mãe, chega ao fim do primeiro ato praticamente ansiando pela morte da criança, ambição logo reprimida por ela, sem que a pronuncie de modo explícito[49].

Assim, não é fruto do acaso o enxerto, por Ibsen, da morte de Eyolf em seguida à insinuação de que seu desaparecimento constitui aspiração involuntária de Rita. É evidente, portanto, a sugestão de que a morte do menino corresponde ao cumprimento de um desejo inconsciente de sua progenitora. Sob este viés, aquela estranha personagem, que não retorna à cena, representa menos um ser de carne e osso do que uma ferramenta para a consumação dos anseios mais íntimos e inconfessados da mãe do garoto — e nesse ponto já estamos mais próximos d'*O marinheiro* de Pessoa do que do *Interior* de Maeterlinck, tendo em vista que as falas das três veladoras, ao se confundirem umas com as outras, transmitem a impressão de que aquelas

---

[49] Cf. o seguinte diálogo: "RITA — (...) Ah! Eu quase desejaria que... Bom! || ALLMERS — (Com um olhar ansioso.) — O que você poderia desejar, Rita?... || RITA — (Num arroubo, afastando-se dele.) — Não, não, não, não quero dizer. Não vou dizer! || ALLMERS (Aproximando-se dela.) — Rita! Eu suplico em nome da sua felicidade e da minha, não se entregue aos maus pensamentos" (Henrik Ibsen, *O pequeno Eyolf*, trad. Fátima Saadi e Karl Erik Schøllhammer, São Paulo, Editora 34, 1993, p. 34).

figuras não correspondem a indivíduos dotados de constituição corpórea palpável, à semelhança do que Ibsen, embora com outros recursos, também havia elaborado em sua Mulher dos Ratos.

Na forma do drama interior, tal como praticado pelo dramaturgo norueguês, interessam, em síntese, menos os fatos eventualmente exibidos ou evocados em cena do que o impacto que provocam no íntimo das personagens, as quais, ao dialogarem, acabam externando zonas obscuras da psique, dimensão em que reinam a desordem, o aleatório e o indeterminado. É neste sentido que podemos nos referir aos dramas tardios do autor como psicológicos, pois deixam "vir à tona 'os espectros', os conteúdos rechaçados para fora do campo da consciência que voltam através de outros mediadores"[50].

5. Reverberações do *theatrum mentis* no século XX

Embora as tenha levado até o limite em sua última peça, *Quando nós, os mortos, despertarmos* (1899), Ibsen manteve praticamente intactas as aparências de um drama burguês. No entanto, já na mesma época o teatro da mente havia encontrado formas menos convencionais de expressão na obra de outros dramaturgos europeus, tendo alguns deles chegado mesmo a explorar o motivo de modo mais literal. A seguinte proposta de leitura d'*O marinheiro* por Caio Gagliardi nos permitirá prosseguir nessa direção:

> À medida que a leitura avança [...] O diálogo se enfraquece a ponto de se remodular em uníssono, e as três vozes convergem, finalmente, num monólogo. A partir de então, a leitura já não é a de um drama que se passa na torre de um castelo, mas dentro da mente humana. Das veladoras, embora ainda identificadas como enunciadoras, resta

---

50 Tereza Menezes, *Ibsen e o novo sujeito da modernidade*, op. cit., p. 73.

apenas o espectro, e a peça, como que nos convidando à releitura, permite entrever sua imagem latente: de uma única personagem em conversa consigo mesma. Eis o espaço primordial desse drama[51].

A sugestão de que o espaço primordial d'*O marinheiro* é não a torre de um castelo, mas a mente humana, é especialmente produtiva para uma abordagem da peça que a situe além do imaginário simbolista e, ao mesmo tempo, não ignore esse mesmo quadro. A escritora francesa Rachilde, por exemplo, qualificou sua peça *A senhora Morte* (1891) como um "drama cerebral em três quadros", sendo que o segundo deles se desenrola inteiramente no cérebro de um moribundo. Dois anos depois, o terreno aberto por esta dramaturga foi explorado por outro autor vinculado ao Simbolismo francês: Saint-Pol Roux adverte que seu drama *O epílogo das estações humanas* (1893) se passa menos na sala de uma torre do que no interior de um imenso crânio; já em *As personagens do indivíduo* (1894), temos acesso ao diálogo entre um Velho e um Rapaz que, no final da peça, revelam ser a mesma pessoa. Nem mesmo Maeterlinck escapa à tendência: a personagem principal de seu *Os três justiceiros*, de publicação póstuma, é a consciência de Salomão e as figuras do título, diferentes instâncias da consciência desta personagem.

Se é certo que algumas das peças referidas esbarram na verborragia e no excesso de alegoria[52], elas já apontam para o deslocamento do drama da esfera intersubjetiva (o diálogo entre os indivíduos) para a intrassubjetiva (o diálogo do

---

51 Caio Gagliardi, "Introdução", *in*: Fernando Pessoa, *Teatro do êxtase*, op. cit., p. 23.
52 Joseph Danan, "Monodrama (polifônico)", *in*: Jean-Pierre Sarrazac (org.), *Léxico do drama moderno e contemporâneo*, trad. André Telles, São Paulo, Cosac Naify, 2012, p. 113. Sarrazac, por sua vez, se refere à peça de Rachilde e à de Maeterlinck como "curiosidades do teatro simbolista". Cf. *Théâtres intimes*, op. cit., p. 80.

indivíduo consigo mesmo), deslocamento esse que não parece estranho a *O marinheiro* de Pessoa.

Semelhante propensão a um teatro da mente, já manifesta no Simbolismo de língua francesa, não se restringe, é claro, a esta corrente estética, e suas reverberações se fazem sentir ainda ao longo do século XX. O responsável por algumas das realizações mais radicais de tal tendência é August Strindberg, que, assim como Pessoa, não concebia o "eu" como uma entidade estável e coesa. O autor sueco encontrou meios diversificados de concretização do "teatro da mente", dentre os quais se destacam suas "peças de câmara", desenvolvidas no âmbito do Teatro Íntimo de Estocolmo, a exemplo da *Sonata dos espectros* (1907).

Strindberg foi ainda referência inquestionável para a dramaturgia de Eugene O'Neill, que, em seu *Estranho interlúdio* (1928), busca assimilar a técnica romanesca do monólogo interior e se esforça em dar dimensão verbal à interioridade de suas criaturas, trazendo-a para a superfície do diálogo. Ainda nos Estados Unidos — e já depois de Pessoa —, veremos um Arthur Miller cogitar intitular sua conhecida *Morte de um caixeiro-viajante* (1949) como *O interior da mente dele*, isto é, o interior da mente do protagonista, Willy Loman. Tal procedimento seria explicitamente assumido por ele em uma peça posterior: a rubrica inicial de *Depois da queda* (1963) informa que a peça se desenrola na mente, no pensamento e na memória de Quentin, o protagonista.

A maior parte desses textos possivelmente não foi lida por Pessoa — refiro-me, é claro, àqueles publicados até a morte do escritor. Enfatizo, porém, que não tenho o objetivo, sequer a pretensão, de rastrear matrizes ou influências. O que proponho, ao esboçar essa tradição do "teatro da mente", é o estabelecimento de ecos não entre autores, mas entre textos. Tal procedimento, acredito, há de contribuir para possibilidades mais estimulantes de leitura d'*O marinheiro*, situando a peça para além do lugar-comum da comparação com o Simbolismo.

O drama de não-ser de Jorge de Sena*

Daiane Walker Araujo

> Mas jamais nos descobriríamos como um não-ser
> que se realiza, se não tivesse havido este ser,
> chamado Fernando Pessoa, que se desrealizou.
>
> Jorge de Sena[1]

Em setembro de 1977, Jorge de Sena encerrava o Simpósio Internacional sobre Fernando Pessoa, realizado na Brown University, EUA, com uma comunicação que, pela importância do escrito, traduz a sua última grande homenagem

---

* Este artigo é um excerto do quinto capítulo de minha dissertação de mestrado *Jorge de Sena e a recusa dialética ao fingimento pessoano* (USP, 2017), orientada pelo Prof. Dr. Caio Gagliardi. Ali, propus-me a antologizar poemas de Jorge de Sena em que se identificam diálogos intertextuais com Fernando Pessoa. O excerto em questão recupera a última de cinco partes temáticas em que esta antologia foi dividida.

1 Jorge de Sena, *Fernando Pessoa & cia. heterónima: estudos coligidos 1940-1978*, 3ª ed., ed. Mécia de Sena, Lisboa, Edições 70, 2000, p. 206. As referências a essa obra serão aqui indicadas pela sigla FPCH.

ao poeta: "Fernando Pessoa: the man who never was"[2]. Naquele que seria o penúltimo ano de sua vida, Sena selava a sua reconciliação com João Gaspar Simões — "o indiscutível decano dos estudos pessoanos"[3] —, vindo de Portugal, por indicação sua, para realizar a abertura dos trabalhos[4]. O clima de superação de antigas divergências reflete-se, igualmente, no teor entusiasta da conferência, em que se evidenciam a larga e profunda vivência de Sena com o poeta de *Mensagem* e as diversas camadas de sentido, decantadas pelo correr do tempo, pelas quais o crítico percorreu a *complexidade* do universo poético pessoano[5].

Uma vivência que, além de poética e intelectual, foi também humana. Não apenas porque Sena relembra, ali, que Pessoa fora vizinho de sua tia-avó Virgínia, em cuja casa se esbarravam, por vezes, sem nunca terem sido apresentados; mas, sobretudo, pelo que esse desencontro representou para o seu entendimento do que terá sido a *inexistência* do poeta enquanto sujeito social: "O facto de eu ter conhecido Pessoa sem na realidade o ter conhecido impressiona-me

---

2 Traduzido, pelo autor, como "Fernando Pessoa: o homem que nunca foi" (FPCH, pp. 347-370).

3 *Ibidem*, p. 347.

4 Em carta de Jorge de Sena a George Monteiro, então diretor do Center for Portuguese and Brazilian Studies da Brown University, lê-se a indicação de Gaspar Simões como presença indispensável ao evento: "Quanto a Portugal, devo dizer — embora já há várias décadas não tenha contactos pessoais com ele — que me parece extremamente injusto não convidar, antes de qualquer outra pessoa, o Dr. João Gaspar Simões que é, de facto, neste mundo, quer o queiramos quer não, o decano dos estudos pessoanos e, além disso, o crítico que pela primeira vez — há quase cinquenta anos — proclamou Pessoa como o grande poeta que o próprio Pessoa estava e não estava seguro de ser" (Jorge de Sena e João Gaspar Simões, *Correspondência 1943-1977*, org., estudo intr. e notas Filipe Delfim Santos, Lisboa, Guerra & Paz, 2013, pp. 219-220).

5 Já em 1944, Sena reconhecia a complexidade de Pessoa e o desafio que esta impunha à sua compreensão: "V. não foi um mistificador, nem foi contraditório. Foi complexo, da pior das complexidades — a sensação de vácuo dentro e fora" ("Carta a Fernando Pessoa", *in*: FPCH, p. 19). Essa constatação terá sido o princípio pelo qual Sena orientou a complexidade da sua própria crítica sobre o poeta.

como excelente fonte de inspiração para uma análise desse Pessoa"[6]. A hipótese do ensaio, que procura atingir com radicalidade a experiência de desrealização da entidade civil Fernando António Nogueira Pessoa, Sena defende-a do ponto de vista da anulação total do *homem* que Pessoa, afinal, nunca fora:

> Na vida chamada privada [...], como eu o vi, e como testemunharam todos os que o conheceram, família, amigos, companheiros, etc., ele era capaz de ser um homem agradabilíssimo, cheio de encanto e bom humor [...] — mas este papel era também um outro "heterónimo" que o defendia da intimidade fosse de quem fosse, enquanto lhe permitia tomar um discreto lugar na festa *normal* da vida quotidiana[7].

A ideia, que aqui atinge uma formulação-limite do que teria sido a *heteronímia total* em Fernando Pessoa — a sua própria *pessoa* sendo também um heterônimo —, figurava no horizonte de Jorge de Sena desde a "Carta a Fernando Pessoa" (1944), em que concebia o ortônimo como não "menos heterónimo do que qualquer deles"[8].

Para Sena, Pessoa experimentou uma morte em vida, voluntária, terrível e libertadora, "um suicídio exemplar, executado a frio, durante vinte e cinco anos de poesia [...], um suicídio heterónimo a heterónimo, nos descampados da alma"[9]. Do vácuo de si mesmo, sobre cujo abismo tão repetidamente o poeta se debruçou, Sena vislumbra "a mais mortalmente séria criação poética, que efectivamente era. *Mortal*, de facto. Porque, num sentido afim do aniquilamento místico, implicava a morte do 'eu', sacrificado à criação de todas as virtualidades que houvesse nele"[10]. O

---

6 FPCH, p. 355.
7 *Ibidem*, p. 358.
8 *Ibidem*, p. 20.
9 *Ibidem*, p. 206.
10 *Ibidem*, pp. 356-357.

crítico vai mesmo aproximá-lo a um Cristo, que se sacrificara "na cruz de ser palavras, palavras, palavras... por amor da humanidade"[11], o sacrifício devendo ser entendido como "a total rendição ao aniquilamento individual e à multiplicação das personalidades, com que ele se 'salvou' perdendo-se"[12].

Essa fuga absoluta à cristalização em um "eu" unitário, pela qual Pessoa teria aniquilado a própria existência, foi absorvida por Jorge de Sena como libertação de todo convencionalismo poético e moral, por meio da qual também a sua personalidade poética movimentou-se, dialeticamente, por caminhos que, não poucas vezes, foram contraditórios entre si. Se Pessoa conferiu uma moldura estética (artificial, para Sena) à desrealização da sua pessoa humana — o expediente heteronímico —, Sena assumiu o seu "não-ser" como transfiguração estética da experiência vivida, mas consciente de que "jamais nos descobriríamos como um não-ser que se realiza, se não tivesse havido este ser, chamado Fernando Pessoa, que se desrealizou"[13]. A sensação de *não-ser* e a experiência de *morte em vida* não são, assim, apenas constatações de Sena sobre o fazer poético pessoano; elas foram tematizadas e vivenciadas por si no interior de sua própria poesia, experiência a qual foi testemunhada em numerosos diálogos intertextuais, como destacaremos a seguir.

O drama da negação de si mesmo, em virtude dos desdobramentos do sujeito diante da consciência de ter consciência, sobressai-se no poema "VI" (24.8.1965)[14] da sequência "For whom the bell tolls, com incidências do 'cogito' cartesiano", de *Peregrinatio ad loca infecta* (1969):

---

11 *Ibidem*, pp. 368-369.
12 *Ibidem*, p. 369, n. 21.
13 *Ibidem*, p. 206.
14 Jorge de Sena, *Poesia 1: obras completas*, ed. Jorge Fazenda Lourenço, Lisboa, Guimarães, 2013, p. 513. As referências a essa obra serão aqui indicadas pela sigla P1.

VI

Penso que penso: e, assim pensando, sou.
Mas, sendo por pensar, eu sou quem pensa,
e, porque penso, de pensar não sou.
Eu penso apenas o que aflui em mim
do que pensado foi por outros que
nem sangue deles me nas veias corre.
E quanto de pensar se fez ideia
nega-me e ao mundo, não como aparência,
mas como imagem da realidade.
Real não é o que penso ou que imagino,
nem quanto o que essa imagem representa.
Real é tudo, menos eu pensando,
ou quanto de pensar-se o real é feito.
Deste não-ser que pensa eu tenho a voz.

Há algo na sonoridade do início do poema que, de imediato, merece destaque: "**Pen**so que **pen**so: e, assim pen**sa**ndo, **sou**./ Mas, sendo por **pen**sar, eu **sou** quem pensa,/ e, porque **pen**so, de **pe**nsar não **sou**". A insistência na reiteração das sílabas "pe" e "so" ou "sou" provoca um eco, aparentemente não gratuito, que traz para a cena do poema o espectro do poeta-símbolo do não-ser: **Pessoa**. Curiosamente, esse mesmo expediente parece ter sido empregado em um poema da *Mensagem*: "**Baste a** quem **basta** o que lhe **basta/** O **basta**nte de lhe **basta**r!"[15], no qual a repetição sonora evoca a figura do mito que subjaz à obra: D. **Sebastião**[16].

Num poema em que o intertexto com John Donne ("For whom the bell tolls" é um verso do célebre poema "No man is an island") e René Descartes está patenteado desde o

---

15 Fernando Pessoa, *Mensagem*, org. Caio Gagliardi, São Paulo, Hedra, 2007, p. 44.
16 Essa leitura do poema de *Mensagem* é de autoria de Caio Gagliardi, proferida no curso "Fernando Pessoa: autoria e ironia" (Universidade de São Paulo, 2012) e ainda não publicada em artigo.

título, Jorge de Sena parece ter buscado a presença indireta de Fernando Pessoa — não apenas pela emulação do procedimento sonoro, mais, ainda, pela sintaxe enfaticamente pessoana e, sobretudo, pelo caráter analítico do poema —, para fundamentar uma concepção própria relativa ao binômio *ser* e *pensar*. Como salienta Fernando J. B. Martinho, o poema retrata uma "desesperada refutação"[17], seja da ideologia da irmandade entre os homens, professada por Donne, seja da afirmação da existência individual através do ato de pensar, defendida por Descartes. "Quanto a Pessoa", diz o crítico, "entra por outra porta: a do pensamento não como consolação, fundamento de certeza, mas doença"[18].

Se, para Descartes, pensar é a condição da existência, a angústia de Pessoa encerra um axioma invertido: penso logo não existo. Jorge de Sena, alinhando-se à recusa da lógica cartesiana de ser por pensar, põe em relevo o desdobramento da sua consciência — "Penso que penso" — e assume uma perspectiva própria à lógica pessoana — "porque penso, de pensar não sou". O pensamento, por sua vez, implica a negação do ser, uma vez que o afasta da vida inconsciente, exterior e quotidiana. Pela consciência dobrada sobre si mesma, o sujeito assiste à sua própria morte, pois, seguindo o raciocínio de Pessoa, "viver é não pensar./ Se alguém pensasse na vida, /Morria de pensamento"[19]. No poema de Sena: "E quanto de pensar se fez ideia/ nega-me e ao mundo, não como aparência,/ mas como imagem da realidade".

Cabe ainda, no poema de Sena, uma lógica muito sua, de que o discurso do poeta vem de um fluxo contínuo do que outros poetas já pensaram, o que implica mais uma camada

---

17 Fernando J.B. Martinho, "Uma leitura dos sonetos de Jorge de Sena", *in*: Eugénio Lisboa (org.), *Estudos sobre Jorge de Sena*, Lisboa, Imprensa Nacional-Casa da Moeda, 1984, p. 184.
18 *Ibidem*, p. 183.
19 Fernando Pessoa, *Poesia 1931-1935 e não datada*, ed. Manuela Parreira da Silva, Ana Maria Freitas e Madalena Dine, Lisboa, Assírio & Alvim, 2006, pp. 161-162.

de negação do seu eu: "Eu penso apenas o que aflui em mim/ do que pensado foi por outros que/ nem sangue deles me nas veias corre"[20].

Pela abstração do pensamento, o sujeito desrealiza o mundo em que vive e a própria vida, deslocada para a irrealidade do universo das representações. Numa afirmação de dicção caeiriana, o poeta proclama: "Real é tudo, menos eu pensando". O poema se encerra com uma proposição de impessoalidade, em que a inexistência do poeta assume-se como uma voz alheia a si, mas sob seu domínio: "Deste não-ser que pensa eu tenho a voz". A mesma voz que Octavio Paz assinala como o signo da "outridade" em um fazer poético pautado na crítica do sujeito da escrita: "O poeta desaparece atrás de sua voz, uma voz que é sua porque é a voz da linguagem, a voz de ninguém e de todos. Seja qual for o nome que demos a essa voz [...], é sempre a voz da *outridade*"[21].

De uma perspectiva dramática e desalentada, entreveem-se, no poema de Sena, as aporias do poeta consciente, que se sente dissolver pela ação do pensamento, mas, ao mesmo tempo, reconhece a impossibilidade de não pensar. O pensamento de Sena, entretanto, figura mais como um ato de resistência frente à "sem-razão" do mundo, do que como construção imaginada de uma realidade de sonho.

---

20 Essa concepção aparece em outros poemas, tais como "Os trabalhos e os dias": "Na mínima coisa que sou, pôde a poesia ser hábito./ Vem, teimosa, com a alegria de eu ficar alegre,/ quando fico triste por serem palavras já ditas/ estas que vêm, lembradas, doutros poemas velhos" (P1, p. 88); e "Quanto mais tempo passa...": "Quanto mais tempo passa menos creio/ ou sinto de poesia. Quase toda/ é só palavras que mesmo sobrevivem/ séculos — para o nada ainda hoje dito./ [...]/ — o certo é que só poucos versos não/ são entre nós memória repetida/ de outros humanos hábeis em dizer/ do que o silêncio sabe: uma alegria/ em tudo sem esperança, uma amargura/ em tudo o que não foi ou que não houve" (Jorge de Sena, *Poesia 2: obras completas*, ed. Jorge Fazenda Lourenço, Lisboa, Guimarães, 2015, pp. 640-641. As referências a essa obra serão aqui indicadas pela sigla P2).
21 Octavio Paz, *Os filhos do barro: do Romantismo à vanguarda*, trad. Ari Roitman e Paulina Wacht, São Paulo, Cosac Naify, 2013, p. 163.

A dissolução do ser, em favor de uma voz reagente à miséria do mundo, surge como a única maneira de o poeta atingir aquilo mesmo que o nega: a vida, os outros, o mundo fora do seu "eu". Pensar apresenta-se, nesse sentido, não como a "doença" que estaria no núcleo do "drama em gente" pessoano, mas antes como uma estrutura inelutável, pela qual o poeta compromissado com o mundo abre caminhos de salvação, de fuga a qualquer espécie de alienação. Porque, mais do que Pessoa, sabe-se que foi Jorge de Sena quem sacrificou-se "por amor à humanidade"[22].

Mas Jorge de Sena está cansado do *seu* sacrifício humano. No poema que segue e encerra a sequência de "For whom the bell tolls...", afirma se tratar de "Uma voz que não crê nem em si mesma", "Uma voz como o vento do deserto", "Um eco distantíssimo das cinzas/ em que arderiam deuses, se os houvesse"[23].

Essa experiência de morte em vida — e o desgosto de reconhecer inócua a sua *servidão*[24] poética — encontra-se no centro da reflexão do poema "Quem muito viu" (1961)[25], também de *Peregrinatio ad loca infecta*:

> Quem muito viu, sofreu, passou trabalhos,
> mágoas, humilhações, tristes surpresas;
> e foi traído, e foi roubado, e foi
> privado em extremo da justiça justa;
>
> e andou terras e gentes, conheceu
> os mundos e submundos; e viveu
> dentro de si o amor de ter criado;
> quem tudo leu e amou, quem tudo foi —

---

22 FPCH, p. 369.
23 P1, pp. 513-514.
24 Menção ao livro *40 anos de servidão* (1979), reunião de poemas de Sena publicada postumamente com organização de Mécia de Sena.
25 P1, pp. 485-486.

não sabe nada, nem triunfar lhe cabe
em sorte como a todos os que vivem.
Apenas não viver lhe dava tudo.

Inquieto e franco, altivo e carinhoso,
será sempre sem pátria. E a própria morte,
quando o buscar, há de encontrá-lo morto.

O poema se organiza em torno da dicotomia tudo/nada, relativa, de um lado, à experiência de ter vivido *tudo* ("quem tudo foi"), de outro, à constatação de não saber *nada* ("não sabe nada"). Nessa espécie de autorretrato do poeta, Sena sumariza a sua existência no mundo, repartida por "terras e gentes", mas é levado a concluir que a totalidade só pode ser alcançada fora da vida: "Apenas não viver lhe dava tudo". O universo da criação poética representa o espaço em que a experiência empírica é convertida em conhecimento sobre o mundo. É, portanto, a negação da vida do poeta enquanto homem: na medida em que este se afasta da esfera contingente, o seu ser é anulado pela criação em linguagem.

Álvaro de Campos, como o poeta que almejou "Sentir tudo de todas as maneiras", fará, na "Tabacaria", o inventário do seu próprio fracasso: "Falhei em tudo", "Vivi, estudei, amei, e até cri,/ E hoje não há mendigo que eu não inveje só por não ser eu"[26]. Jorge de Sena, por sua vez, declara que "Quem muito viu, sofreu, passou trabalhos", "não sabe nada, nem triunfar lhe cabe", irmanando-se ao heterônimo no sentimento de desolação face aos desdobramentos de uma vida sem triunfos.

É de se destacar que essa tensão dialética entre o tudo e o nada, a vida e o não-ser, encontra-se na gênese da criação poética do protagonista de *Sinais de fogo*. Quando Jorge ouve uma voz ciciando-lhe qualquer coisa menos

---

[26] Fernando Pessoa, *Poesia de Álvaro de Campos*, ed. Teresa Rita Lopes, 2ª ed., Porto, Assírio & Alvim, 2013, pp. 321 e 324.

que palavras, percebe, nessa cadência sonora, a base de "um tudo" que é o próprio nada — o espaço vazio do ser e da criação:

> *Um tudo que não eram as coisas*, nem as memórias, nem os sentimentos, nem as culpas, nem as amarguras, nem a vida, nem a morte, nem o mundo, nem o amor, nem a saudade, nem a frustração de tudo ter sido ou não sido; *que não eram também as ideias das coisas*, ou a noção de memória com que a memória se reconhece, ou a imagem mental dos sentimentos ou das culpas ou das amarguras, nem era a sensação de estar vivo ou de ter visto ou ter sentido a morte, nem era a ideia de saudade ou de perdidas não coisas. *Um tudo que, sendo nada*, era ele mesmo o valor de que tudo dependia. [...] e era como se eu, *não sabendo de mim, não desejando nada, não pensando em nada*, nunca me tivesse sentido tão duramente lúcido. Foi quando li palavras que não sentira ter escrito, num papel que não sabia ter procurado[27].

Glosando o famoso verso de Pessoa — "O mito é o nada que é tudo"[28] —, o narrador, protagonista e poeta, reduz a sua matéria poética a um nada, uma vez que não se trata nem das *coisas*, nem de uma *ideia* sobre as coisas, tampouco de um pensamento sobre si mesmo. Percebe-se, então, "duramente lúcido"; consciente de que a criação consiste em inventar um universo à parte do real empírico e da experiência imaginada, embora não alienado deles.

À luz disso, pode-se dizer que o poema "Quem muito viu..." aponta para uma síntese entre o que terão sido os extremos da vivência poética de Camões e de Pessoa, conforme Sena as concebeu: "Na noite do não-ser, no limbo da imaginação, na margem da beira-mágua de onde

---

27 Jorge de Sena, *Sinais de fogo*, ed. Mécia de Sena, 4ª ed., Lisboa, Edições 70, 1984, p. 423, grifos nossos.
28 Fernando Pessoa, *Mensagem*, op. cit., p. 47.

fitava o nada, exactamente nos antípodas de onde Camões fitara tudo, atingiu ele [Pessoa], por isso mesmo, a própria essência da poesia"[29]. Como Camões, Sena fitou e viveu tudo, mas foi "não sabendo de mim, não desejando nada, não pensando em nada" que pôde dar vazão à sua poesia. Esse nada pelo qual Pessoa revelou a essência do ser-se poeta, pois, como dirá Sena, "Pessoa pode ser comparado a uma sucessão de caixas chinesas, a última das quais contém o nada que nós e o mundo somos, um nada que é o tudo"[30].

Note-se como essa concepção sobre o "nada" apresenta-se no poema "Epitáfio" (8.1.1953)[31]:

Epitáfio

De mim não buscareis, que em vão vivi
de outro mais alto que em mim próprio havia.
Se em meus lugares, porém, me procurardes
o nada que encontrardes
eu sou e minha vida.

[...]
O nada contemplei sem êxtase nem pasmo,
que o dia a dia
em que me via
ele mesmo apenas era e nada mais.

Por isso fui amado em lágrimas e prantos
do muito amor que ao nada se dedica.
Nada que fui, de mim não fica nada.
E quanto não mereço é o que me fica.
[...]

---

29 FPCH, p. 205.
30 *Ibidem*, p. 358.
31 P1, pp. 237-238.

Se Pessoa fitou o nada à beira-mágoa, com a visão terrífica da ausência de uma verdade transcendente como garantia de salvação, o nada contemplado por Sena já foi rebaixado do plano das interrogações metafísicas para o rés-do-chão da existência quotidiana: "O nada contemplei sem êxtase nem pasmo,/ que o dia a dia/ em que me via/ ele mesmo apenas era e nada mais". Sena adverte-nos, portanto, que, do seu "eu" e da sua vida exteriores, não há que se encontrar, senão o nada. Nesse sentido, o poeta assume que, para atingir um "outro mais alto que em mim próprio havia" — o poeta que habitava em si —, fora preciso negar a sua existência empírica. Enquanto inscrição do que o *homem* terá representado em vida, o epitáfio de Sena configura, assim, uma análise da sua própria inexistência: "Nada que fui, de mim não fica nada".

A ideia de *morte em vida* vem, portanto, juntar-se à concepção de não ser nada, como conclui o poema "Quem muito viu...": "E a própria morte,/ quando o buscar, há de encontrá-lo morto". Estes versos, por sua vez, ecoam a imagem do *poeta morto* pela qual Sena definiu o aniquilamento da personalidade pessoana: "Pessoa morreu, quando já os heterónimos o tinham morto"[32]. A desrealização de si mesmo, como Sena a realizou, alude à mesma concepção de sacrifício do homem, pela qual o crítico compreendeu a criação heteronímica, mas não para ceder o lugar a criaturas que organizassem uma multiplicidade de visões de mundo; antes, para abranger uma visão de mundo totalizante de um "outro mais alto", em que a personalidade do poeta dilui-se para assumir as vozes da humanidade.

No poema "Tríptico do nada" (11,15.1.1953)[33], o poeta assume o caráter de *fingimento* de sua vida exterior: "Outros que vivam a sua vida: eu vejo/ como vivem a minha./ Outros que a tenham nesse dia a dia,/ eternidade a prazo,/ em que

---

32 FPCH, p. 206.
33 P1, pp. 235-237.

fingi que a tinha". O poeta é aquele que *vê* como vivem a sua vida; aquele que *finge* viver um dia a dia; em outras palavras, é "uma personalidade que analisa a sua inexistência, *precisamente porque as outras lhe existem*"[34], como dirá Sena sobre Pessoa. O trecho final do poema retoma a ideia de morte em vida:

> III
>
> Morri. Que nesta procissão tão natural de mortos
> ida connosco e onde vamos —
> subitamente e entre objectos vagos,
> uns rostos encontrei, que eu tinha sido,
> outros que ainda sou, e mais alguns,
> meus conhecidos, que também serei.
>
> Olhámo-nos todos mutuamente. E sob
> as rugas e a ilusão, cabelos e palavras,
> e mesmo até certos olhares de infância,
> reconheceram-me tal qual os conheci.
>
> (Substância do mundo, inerte e velocíssima:
> como ela sou enfim,
> morto que estou e com o amor em mim.)

Eduardo Lourenço associa a ideia de morte, em Jorge de Sena, a uma experiência-limite pela qual o poeta procurou contrapor a falta de sentido da existência humana à busca de uma verdade, ainda que precária e parcial. A morte representa a nudez total do poeta, despojado de todas as ilusões convencionais; a transparência de um sujeito que se esvazia para desvelar, não o mistério, mas a própria substância do mundo: "*une mort qui n'est plus comme, souvent, chez Pessoa, une sorte de voile cachant la vraie*

---

34 FPCH, pp. 271-272, grifos do autor.

vie, mais la mort sans fard, miroir sans complaisance et résumé parfait du destin humain"[35]. Para Sena, entretanto, a "verdadeira vida" de Pessoa era o nada, sendo a sua morte em vida (a criação heteronímica) a configuração última da sua mais funda experiência. O suporte artificial dessa desrealização não implica qualquer insinceridade ou vontade de encobrir a realidade. O que Sena procurou fazer, em sua poesia, foi excluir o artifício e centralizar a pulverização do sujeito no interior de uma única personalidade. Na procissão de sua própria morte, o poeta observa a pluralidade do seu ser: "uns rostos encontrei, que eu tinha sido,/ outros que ainda sou, e mais alguns,/ meus conhecidos, que também serei".

Se a crítica pessoana de Jorge de Sena reverte-se como testemunho de um autor que procurou analisar e interpretar o processo de dissolução do "eu" de Fernando Pessoa, considerado dos mais abrangentes ângulos — literário, filosófico, esotérico, psicológico —, a sua poesia acresce-se à necessidade da "destruição total, a eliminação absoluta do que, no caminho do conhecimento é, ao mesmo tempo, a impossibilidade do conhecer pleno e a condição mesma de conhecer-se: aquele 'eu' último, subjacente a todas as pluralidades de que, por eliminação, se faz o nosso eu exterior e superficial"[36]. Ciente de que o seu "não-ser" poético transcendia as limitações de um "eu exterior e superficial", atingindo alturas maiores do que as limitações da vida quotidiana e da personalidade unitária, Sena realiza, em sua poesia, o testemunho de uma assimilação do drama constituinte da poética pessoana.

A recusa à personalidade unitária e à vida fora da poesia; o não-ser que se faz pela consciência da consciência

---

35 Eduardo Lourenço, "Evocation de Jorge de Sena", *in*: *L'enseignement et l'expansion de la Littérature Portugaise en France: Actes du Colloque, Paris, 21-23 nov. 1985*, Paris, Fondation Calouste Gulbenkian-Centre Culturel Portugais, 1986, p. 183.
36 FPCH, p. 157.

e pela análise da própria inexistência; o sacrifício aí implicado "por amor da humanidade" — essas noções que, da perspectiva de Sena, ocupam o centro do "drama em gente" pessoano, e que, agora, vemos se adensar na poesia do próprio Sena, não foram, entretanto, vividas sem uma dose de melancolia, cansaço e desolação. É na poesia de Álvaro de Campos que Sena identifica o comentário depressivo da dor de não existir: "Campos era, de diversos modos, o refúgio da emoção, a morada do sentir-se a tragédia de não-ser-se, como um ser sentiria. Os seus versos eram livres, como o espírito dele"[37]. Para Campos, como para Sena, a felicidade pertence ao homem cotidiano, que não tem preocupações com as responsabilidades do fazer poético:

> Feliz o homem marçano,
> Que tem a sua tarefa quotidiana normal, tão leve ainda que pesada.
> Que tem a sua vida usual,
> Para quem o prazer é prazer e o recreio é recreio.
> Que dorme sono,
> Que come comida,
> Que bebe bebida, e por isso tem alegria[38].

Na última década da produção poética de Sena, algo semelhante ao lamento do "engenheiro aposentado"[39] adensa a dramaticidade inerente ao não-ser e à dor de pensar. Observe-se o poema "Pouco a pouco" (27.10.1971)[40]:

---

37 *Ibidem*, p. 368.
38 Fernando Pessoa, *Poesia de Álvaro de Campos*, 2013, op. cit., p. 339.
39 Termo empregado por Teresa Rita Lopes (2013) para definir a última produção poética de Álvaro de Campos (1931-1935). Em uma carta (inédita) de Sena a Adolfo Casais Monteiro, datada de 30.12.1947, Sena identificava-se como "bicolega" de Álvaro de Campos, por serem ambos engenheiros e poetas.
40 P1, pp. 587-588.

Pouco a pouco me esqueço, e não sei nada.
Assim será a morte, e o que da morte
é sono e dor aguda que me crispa plácido
em sonhos dissolvidos sem anseio ou mágoa.

Este ficar de longe, num cansaço;
o ouvir das vozes como outrora infância;
o estar-se imóvel mais, e devagar
perder, um após outro, o gosto a um gesto
mesmo pensado nesta horizontal
que alastra entre o passado e coisa alguma.
Este não ter senão a solidão
como silêncio e treva finalmente aceites.

A vida tão vivida e desejada,
o ser como o fazer, o sexo em tudo visto,
as coisas e as palavras possuídas,
tudo se não dissolve mas se afasta

alheio e sem saudade. Nem repouso
ou calmo abjurar da fúria amarga.
Apenas não sei nada, não recordo nada,
já nada quero, e aos outros deixo tudo.

Imenso em sua fraqueza, o poema retoma a ideia de morte, associada ao esquecimento de si mesmo e da experiência vivida. Tudo "se afasta// alheio e sem saudade". O poeta se recolhe em sua solidão, num cansaço de sentir a dor dos seus "sonhos dissolvidos". A infância, tema caro a Fernando Pessoa, surge como um eco de vozes de um outrora (agora?) "que alastra entre o passado e coisa alguma". Inquieto, mas sem "abjurar da fúria amarga", o poeta expõe a nostalgia de ter sido e se retira para o nada, como quem renuncia a própria poesia: "Apenas não sei nada, não recordo nada,/ já nada quero, e aos outros deixo tudo". No reverso dessa conclusão, ressoam os versos pelos quais Álvaro de Campos introduzia a sua "Tabacaria": "Não sou nada./ Nunca serei nada./ Não posso querer ser nada./ À parte isso, tenho em mim todos os sonhos do mundo"[41].

O drama da consciência infeliz aparece, igualmente, no poema "Que sentido há nesta vida..." (28.9.1970)[42], no qual se evidencia um diálogo intertextual com o poema "Ela canta, pobre ceifeira", de Pessoa ortônimo:

> Que sentido há nesta vida e que beleza nela?
> E quando ainda que houvesse quem para entendê-los?
> Porque tudo quanto dizem não é um nem o outro,
> e os que se calam calam-se porque não entendem.
>
> Felizes os que cantam sem pensar, só encantados
> pelo próprio canto e a finura dele, esquecidos
> de como nada dizem e que ninguém os ouve.
> Ou quantos não cantam sequer e apenas grunhem
>
> a sua raiva de que haja quem saiba e todavia cante
> sem felicidade alguma do desgosto inútil
> de viver-se — e de cantar-se por-
> que não vale a pena ou viver ou cantar.

O poema da ceifeira, a que Sena dedicou especial atenção nos anos 1960, pelo que ali se podia inferir do processo criativo de Pessoa, na comparação de diferentes versões do poema, é considerado, pelo crítico, como a expressão simbólica mais acabada do "culto de inconsciência (*nos outros*)"[43], que teria servido enquanto contrapartida dialética ao drama de pensar, vivido pelo poeta. No poema de

---

41 Fernando Pessoa, *Poesia de Álvaro de Campos*, 2013, *op. cit.*, p. 320.
42 P2, pp. 620-621.
43 FPCH, p. 224.

Sena, a "alegre inconsciência"[44] da ceifeira de Pessoa é retomada não mais como constatação daquilo que o poeta não é, nem pode ser, tampouco para colocar em primeiro plano o drama de ser consciente; representa, antes, um ataque àqueles que não têm consciência da própria inconsciência.

Note-se a ironia do poeta ao dividir os "felizes" entre "os que cantam sem pensar, só encantados/ pelo próprio canto e a finura dele, esquecidos/ de como nada dizem e que ninguém os ouve" — ou seja, *os que cantam e não têm consciência*, os quais poderíamos alinhar aos poetas alienados da sua responsabilidade ética de *dizer* algo sobre o mundo, voltados para uma "poesia pura" e para o culto da elaboração estética; e os que "não cantam sequer e apenas grunhem/ a sua raiva de que haja quem saiba e todavia cante" — ou seja, *os que não cantam e sentem raiva dos que cantam e têm consciência*, os quais, que, pelo fato de não cantarem, provavelmente dizem respeito aos críticos que não compreendem a criação estética comprometida; e, por fim, os que sabem e todavia cantam "sem felicidade alguma do desgosto inútil/ de viver-se — e de cantar-se", e aqui temos a situação do poeta, sendo *o que canta e tem consciência* da inutilidade da vida e do próprio canto.

A métrica do poema integra a perspectiva irônica e crítica de Jorge de Sena: enquanto as primeiras duas estrofes organizam-se em versos de treze sílabas (com alguma imperfeição nos encontros vocálicos), por si só considerados "bárbaros" pelos tratados de versificação, a partir do oitavo verso verifica-se uma quebra de ritmo no poema, pela introdução de um metro de doze sílabas, justamente no momento em que se faz menção àqueles que não cantam. Já na última estrofe, centralizada no poeta que vive o drama de ser consciente, vê-se uma alteração completa no

---

44 Fernando Pessoa, *Poesia 1918-1930*, ed. Manuela Parreira da Silva, Ana Maria Freitas e Madalena Dine, Lisboa, Assírio & Alvim, 2005, p. 229.

metro, com uma sequência de versos de quinze, treze, dez e onze sílabas. O poeta está nos dizendo que ele, embora saiba cantar, não escreve poesia para isso. O seu discurso será rude e prosaico — mas livre, como os versos de Álvaro de Campos[45].

Finalmente, esse "desgosto inútil" de cantar o mundo sem que haja quem o compreenda, e a consequente sensação de estar isolado no pensamento especulativo, traduzem-se num cansaço em que o poeta se recolhe no seu esgotamento mental, sem, contudo, ser capaz de parar de pensar. No poema "É tarde, muito tarde da noite" (22.12.1970)[46], que aqui encerra as nossas aproximações entre Sena e Pessoa, vemos a queixa do poeta diante da exaustão das tarefas do homem cotidiano, "com a sua banalidade", porém com a desvantagem da consciência infeliz. A vida pesa, na medida em que reclama uma inteireza do sujeito de ação, quando o que o poeta deseja é dissolver-se inteiramente na sua criação:

> É tarde, muito tarde da noite,
> trabalhei hoje muito, tive de sair, falei com vária gente,

---

45 Ainda uma curiosidade importante sobre o metro e a sua função estética, segundo Sena. No ensaio sobre "Ela canta, pobre ceifeira", Sena identifica a recorrência do verso octossilábico na poesia de Pessoa (de que o poema da ceifeira é expressão exemplar) e chama a atenção para a sua consciência crítica do metro, manifestada nos versos: "Ridículo? É claro. E todos?/ Mas a consciência de o ser fi-la **bas-/ tante** clara deitando-a a rodos/ Em cinco quadras de oito sílabas" (*Obra poética*, org., intr. e notas Maria Aliete Galhoz, Rio de Janeiro, Nova Aguilar, 1972, p. 519, grifos nossos). A separação da palavra "bastante", pela qual o poeta arranja uma rima para a palavra "sílabas", revela, para Sena, que Pessoa "é mais 'artista' (no bom e no mau sentido tradicional da palavra) do que o 'puro poeta' que a crítica que lhe iniciou a glória pretendeu ver nele" (FPCH, p. 223). Ora, no poema "Que sentido há nesta vida...", Sena se vale do mesmo recurso de separação de sílabas de um verso para o outro: "de viver/ se — e de cantar-se **por-/ que** não vale a pena ou viver ou cantar". Mas, ao mesmo tempo que expõe a sua consciência do metro, nega-se, propositadamente, enquanto artista, a desestruturar a métrica e o ritmo do poema.
46 P2, pp. 629-630.

voltei, ouço música, estou terrivelmente cansado.
Exactamente terrivelmente com a sua banalidade
é o que pode dar a medida do meu cansaço.
Como estou cansado. De ter trabalhado muito,
ter feito um grande esforço para
depois interessar-me por outras pessoas
quando estou cansado demais para me interessarem as pessoas.
É tarde, devia ter-me deitado mais cedo,
há muito que devera estar a dormir.
Mas estou acordado com o meu cansaço
e a ouvir música. Desfeito de cansaço
incapaz de pensar, incapaz de olhar,
totalmente incapaz até de repousar à força de
cansaço. Um cansaço terrível
da vida, das pessoas, de mim, de tudo.

[...]

Eu estou cansado de não me dissolver
continuamente em cada instante da vida,
ou das pessoas, ou de mim, ou de tudo.
Qu'ai-je à faire de l'éternel? I live here.
Non abbiamo confusion. E aqui é que
morrerei danado de cansaço, como hoje estou
tão terrivelmente cansado.

Na análise do seu cansaço, Sena reabre o espaço interno do devaneio, volta-se para dentro de si e para a amargura dos seus esforços contínuos, mas sem romper com o pensamento e com a vida. É nessa vida, aliás, que o poeta almeja a sua dissolução: "Eu estou cansado de não me dissolver/ continuamente em cada instante da vida,/ ou das pessoas, ou de mim, ou de tudo". Porém são essas esferas contingentes que provocam, ao mesmo tempo, a sua dissolução em um cansaço banal: "Desfeito de cansaço,/ [...]/ Um cansaço terrível/ da vida, das pessoas, de mim, de tudo". Num dilema insolúvel entre o desejo de dissolver-se numa poesia sustentada na imanência da vida — e não na fuga para a crença no transcendente e nas suas eternidades — e o cansaço terrível de se ver consumido pelas banalidades do dia a dia, o poeta experiencia algo do puro cansaço que Álvaro de Campos repousou nestes versos:

> O que há em mim é sobretudo cansaço —
> Não disto nem daquilo,
> Nem sequer de tudo ou de nada:
> Cansaço assim mesmo, ele mesmo,
> Cansaço.
>
> [...]
>
> Há sem dúvida quem ame o infinito,
> Há sem dúvida quem deseje o impossível,
> Há sem dúvida quem não queira nada —
> Três tipos de idealistas, e eu nenhum deles:
> Porque eu amo infinitamente o finito,
> Porque eu desejo impossivelmente o possível,
> Porque quero tudo, ou um pouco mais, se puder ser,
> Ou até se não puder ser...
>
> E o resultado?
> Para eles a vida vivida ou sonhada,
> Para eles o sonho sonhado ou vivido,
> Para eles a média entre tudo e nada, isto é, isto...
> Para mim só um grande, um profundo,
> E, ah com que felicidade infecundo, cansaço,
> Um supremíssimo cansaço,
> Íssimo, íssimo, íssimo,
> Cansaço...[47].

---

47 Fernando Pessoa, *Poesia de Álvaro de Campos*, 2013, *op. cit.*, pp. 523-524.

Nesse cansaço por ter amado "infinitamente o finito" e "impossivelmente o possível", Jorge de Sena sentiu a dor de ser consciente em um mundo em que nem a vida nem o sonho foram-lhe bastantes. Dividido entre viver tudo e não ser nada, o poeta experimentou dramaticamente o ideal da sua poética do testemunho, atravessando a noite do "não-ser" para vir a ser na sua poesia, numa síntese dialética com ressonâncias de um verso de Pessoa: "E tal qual fui, não sendo nada, eu seja!"[48].

---

48 Idem, *Poesia 1918-1930*, *op. cit.*, p. 429.

Genialidade e autoria: Pessoa--Shakespeare ou um Shakespeare pessoano*

Alex Neiva

Pessoa redigiu, entre 1910 e 1917, os fragmentos que compõem o projeto "A Questão Shakespeare-Bacon". Esses textos estão reunidos em *Escritos sobre génio e loucura*, organizados por Jerónimo Pizarro, e tratam do problema da autoria e da análise do gênio. Em apontamento sobre a genialidade de Shakespeare, Pessoa concebe o poeta inglês como supremo poeta despersonalizado. Pessoa considera Shakespeare uma espécie de Deus invisível da criação, cujas fronteiras entre o homem e a obra são incertas e dão margem à especulação sobre a autoria. A questão Shakespeare--Bacon não apenas versa sobre a discussão da existência do ator William Shakespeare, mas trata fundamentalmente

---

* Este texto é uma versão revisada do capítulo da dissertação de mestrado *A exaltação do gênio: um estudo sobre a construção do* ethos *em Fernando Pessoa*, defendida, sob orientação do Prof. Dr. Caio Gagliardi, na FFLCH — USP, em 2015.

de saber se o ator era autor da monumental criação literária a si atribuída. Uma questão que se coloca para Pessoa é o que faz Shakespeare tão invisível que não possa existir fora da realidade dos seus textos. E por que não se poderia atribuir à figura empírica do autor a obra sobre a qual assenta sua assinatura? Trata-se, pois, de uma espécie de teoria da conspiração que suscita a possibilidade de as obras atribuídas ao ator de Stratford-upon-Avon terem sido produzidas por outro escritor ou por um grupo de escritores. Tal teoria foi muito discutida no século XIX e acompanhada com notável interesse por Pessoa.

Não é acidental o fato de que essa discussão tenha surgido no século em que mais se cultivou a idolatria a Shakespeare, momento em que, inclusive, ele chegou a ser comparado a um deus, como Pessoa observa: *"Shakespeare is posited as a god; it is not strange that Shakespeare of Stratford should fail in the part"*[1] [Shakespeare é posto como um deus; não é de se estranhar que Shakespeare de Stratford falhasse nesse papel][2]. A desconfiança sobre a autoria se deu porque muitos críticos da tese stratfordiana (caracterizada pela defesa da correspondência entre o Shakespeare ator e o Shakespeare autor), entre eles Whitman, Henry James, Mark Twain e Freud, julgavam a vida que Shakespeare de Stratford levava — a de um burguês rústico e pouco letrado — incompatível com aquela que era esperada por seus leitores, a saber, a de um nobre e "homem de gênio".

> [...] *It has been claimed that Shakespeare of Stratford, being a not very well educated man, could not write works witch no one has ever shown to be the product of learning or culture. It has been claimed that Shakespeare of Stratford, being a middle class man, cannot have written works which show a familiarity with the inner life of princes and nobles, which, in*

---

1 Fernando Pessoa, *Escritos sobre génio e loucura*, op. cit., p. 352.
2 As traduções, quando não indicadas, são minhas.

any case, no sort of work, sort of a rhymed Debrett, can show. It has been claimed that Shakespeare of Stratford, being involved in sordid litigation, cannot be the author of works which show a great power of expression and a great sensibility to intuition[3].

[Alega-se que o Shakespeare de Stratford, sendo um homem não muito bem-educado, não poderia escrever obras que ninguém nunca provou ser o produto de aprendizagem ou cultura. Aponta-se que o Shakespeare de Stratford, sendo um homem de classe média, não poderia ter escrito obras que mostram uma familiaridade com a vida interior de príncipes e nobres, que, em qualquer caso, e em nenhum tipo de obra, como uma espécie de Debrett rimado, poderia mostrar. Afirma-se que o Shakespeare de Stratford, envolvido em litígios sórdidos, não pode ser o autor de obras que mostram um grande poder de expressão e uma grande sensibilidade à intuição.]

Pessoa leu e escreveu muito sobre o debate a respeito da autoria em Shakespeare, tema que se constitui, em termos quantitativos, na maior parte de seus escritos sobre o poeta inglês. Aliada a essa preocupação, está a análise da genialidade sob uma perspectiva psicológica. O interesse de Pessoa pelo tema é evidente em muitos momentos, sendo possivelmente esta a declaração que, com certa ironia, o sintetize: "*I read Shakespeare only in relation to the Shakespeare Problem. The rest I know already*" [Eu leio Shakespeare apenas em relação à Questão Shakespeare, o resto eu já sei]. Além de ter-se ocupado desde cedo da referida questão, em sua biblioteca pessoal encontra-se uma extensa bibliografia a esse respeito, com anotações e comentários do poeta: Rev. W. Begley, *Bacon's Nova Resuscitatio or The Unveiling of his Concealed Works and Travels* (1905); G.

---

3 Fernando Pessoa, *Escritos sobre génio e loucura*, op. cit., pp. 352-353.

Greenwood, *The Shakespeare Problem Restated* (1908); H. C. Beeching, *William Shakespeare Player, Playmaker, and Poet: a Reply to Mr. George Greewood* (1909); G. Greenwood, *In re Shakespeare Beechin v. Greenwood: Rejoinder on Behalf of the Defendant* (1909); W. Smedley, *The Mystery of Francis Bacon* (1912); J. M. Robertson, *The Baconian Heresy* (1913) e outros.

Apesar do fascínio de Pessoa pelo tema, há poucos estudos que analisam a questão. Um artigo pioneiro, de João Almeida Flor, escrito em 1984, defende a ideia de que Pessoa procura conciliar a visão dos partidários da autoria em Shakespeare, relacionada ao ator de Stratford (tese stratfordiana), com a daqueles que atribuem à obra shakespeariana outra autoria, sendo nomes como Francis Bacon, Edward de Vere, William Stanley e Christopher Marlowe frequentemente apontados como candidatos bastante prováveis (tese antistratfordiana)[4].

Da argumentação favorável à tese antistratfordiana, Pessoa recorre a elementos de natureza biográfica para compor um quadro que evidencia a impossibilidade de se atribuir a autoria a Shakespeare. Um deles se refere à suposição de que o ator de Stratford não teria dado a devida importância a sua obra ao permitir que atores a publicassem de modo fragmentado. Além disso, pesa a hipótese de que duas de suas três filhas não teriam sido alfabetizadas: "D'onde parece dever-se concluir que o melhor modo de ser analphabeto podendo não o ter ficado, é ter por pae o maior poeta do mundo"[5].

Pessoa descreve o caráter do poeta, parafraseando os biógrafos, como o de um burguês estúpido, mesquinho e absolutamente indiferente a tudo que fosse intelectual.

---

[4] João Almeida Flor, "Fernando Pessoa e a questão shakespeariana", *in*: David Mourão-Ferreira *et al.* (orgs.), *Afecto às letras: homenagem da literatura portuguesa contemporânea a Jacinto do Prado Coelho*, Lisboa, Imprensa Nacional-Casa da Moeda, 1984, pp. 276-283.

[5] Fernando Pessoa, *Escritos sobre génio e loucura*, *op. cit.*, p. 346.

Numa espécie de *puzzle* típico do romance policial, levanta hipóteses para a solução do enigma, expediente comum aos seus contos de raciocínio e aos casos da série *Quaresma*. O tipo de argumentação empregada por Pessoa na questão "Shakespeare-Bacon" está próximo ao raciocínio dedutivo que seu personagem, o investigador Abílio Quaresma, utiliza na investigação de seus casos. Pessoa projetou diferentes títulos a seu estudo: "The Person of Shakespeare: a Study in Trascendental Detective", "The Person of Shakespeare: a Study in the Higher Detective" e "The Person of Shakespeare: a Detective Study"[6].

Considerando o projeto como peça de um estudo investigativo, pode-se afirmar que a premissa de que parte o poeta se relaciona à noção de "função-autor", pois reconhece que pronunciar o nome "Shakespeare" é como uma "firme vontade de não querer dizer nada com isso"[7]. A função-autor, desse modo, fornece subsídios para se pensar a leitura de Pessoa sobre Shakespeare a partir de uma relação especular, na qual Pessoa cria o seu próprio Shakespeare e pode se reler a partir dele.

A famosa conferência de Foucault, "O que é um autor", de 1969, surge no contexto das discussões sobre a dissolução da autoria. Segundo Foucault, haveria poucos fundadores de discurso. A maior parte do que se diz e do que se ouve, do que se faz e do que se critica, em ciência e literatura, seria uma espécie de repetição de grandes esquemas interpretativos, dos quais os de Freud, Nietzsche e Marx seriam os exemplos maiores, bem como a figura do intelectual público. Também na literatura, a pessoa do autor (como sujeito empírico), com a sua autoridade moral, dilui-se na sua função impessoal, assim como a obra se desfaz na ideia de escritura, sistema de citações, paráfrases e inter-remissões que desconstroem o mito do texto original, reduzindo-o a um problema de *copyright*.

6 *Ibidem*, p. 342.
7 *Ibidem*, p. 348.

A recusa da problemática unidade entre autor e obra levou Foucault a abandonar a ideia de que o nome do autor se confunde com o nome próprio. A presença do autor como criador contrasta com o decifrador, glosador ou compilador, o que impõe uma reflexão a respeito da identificação do nome à obra e da própria materialidade do objeto. Ao tratar da função-autor, Foucault faz menção justamente à questão Shakespeare-Bacon como exemplo de modificação no funcionamento do nome do autor:

> se descubro que Shakespeare não nasceu na casa que hoje se visita, eis uma modificação que, evidentemente, não vai alterar o funcionamento do nome do autor. E se ficasse provado que Shakespeare não escreveu os *Sonnets* que são tidos como dele, eis uma mudança de outro tipo: ela não deixa de atingir o funcionamento do nome do autor. E se ficasse provado que Shakespeare escreveu o *Organon* de Bacon simplesmente porque o mesmo autor escreveu as obras de Bacon e as de Shakespeare, eis um terceiro tipo de mudança que modifica inteiramente o funcionamento do nome do autor. O nome do autor não é, pois, exatamente um nome próprio como os outros[8].

Shakespeare é, pois, um nome que carrega consigo tantas significações que já nada se pode dizer a respeito da pessoa que está por trás da assinatura. É como se, de maneira exemplar, Shakespeare potencializasse o drama da impessoalidade da própria obra. Por seu turno, à medida que reflete sobre a questão da autoria, Pessoa lança luzes sobre o fenômeno da heteronímia, numa espécie de investigação pirandelliana de personagens à procura de um autor. Pessoa, *persone* (ninguém), ou o poeta sem biografia, como

---

8 Michel Foucault, "O que é um autor?", in: *Estética: literatura e pintura, música e cinema*, org. e seleção de textos Manuel Barros da Motta, trad. Inês Autran Dourado Barbosa, 2ªed., Rio de Janeiro, Forense Universitária, 2006, pp. 272- 273.

o identifica Octavio Paz⁹, é também a síntese shakespeariana da função-autor.

Ainda com respeito à questão da autoria em Shakespeare, considera-se como primeiro candidato o pensador inglês do século XVI Francis Bacon. Em um texto inacabado, intitulado "William Shakespeare, Pseudonymo", Pessoa afirma:

> "William Shakespeare" será, literariamente, puro pseudonymo? Será parcialmente pseudonymo, dada, por exemplo, uma sublime construção alheia sobre bases de uma frouxa ou incerta dramatização adjectivável propriamente como shakespeareana? E no caso de ser pseudonymo, totalmente ou em parte, a quem pertence a essencial paternidade sublime dos dramas e dos poemas de "Shakespeare"? A interrogação é n'este sentido. E como — consoante do decorrer d'este esboço constará — o mais cotado pelo raciocínio para Shakespeare-poeta seja o philosopho Francis Bacon, resulta que é por "questão Shakespeare-Bacon" que este magno problema literário é geralmente conhecido[10].

Em 1915, o poeta escreve uma carta a Alfred Barley, autor de um artigo sobre Bacon em *Modern Astrology*, pedindo detalhes sobre o horóscopo do filósofo. O pedido, segundo Pessoa, não se refere apenas ao seu interesse pela questão Shakespeare-Bacon, mas, sobretudo, à pretensão de entender, com base no horóscopo de Bacon, a sua capacidade de escrever em diferentes estilos e a sua faculdade de transpersonalização[11]. Pessoa afirma, nessa mesma carta, que é um escritor com características semelhantes a Bacon: "*I am an author, and have always found impossible to write in my own personality; I have always found myself, consciously or*

---

9 Cf. Octavio Paz, "O desconhecido de si mesmo: Fernando Pessoa", *in*: *Signos em rotação*, São Paulo, Perspectiva, 1972.
10 Fernando Pessoa, *Escritos sobre génio e loucura, op. cit.*, p. 344.
11 Idem, *Correspondência 1905-1922, op. cit.*, p. 169.

unconsciously, assuming the character of someone who does not exist, and through whose imagined agency I write"[12] [Eu sou um autor e sempre achei impossível escrever em minha própria personalidade; sempre encontrei, consciente ou inconscientemente, maneiras de assumir o caráter imaginado de alguém que não existe e projetá-lo naquilo que escrevo].

Um dos principais elementos apontados pelos defensores de Bacon como autor da obra shakespeariana consiste no conhecimento jurídico que, nela, se evidencia. O argumento de legalidade, segundo o qual apenas um conhecedor de leis poderia escrever a obra de Shakespeare, é extremamente forte, porque tanto Bacon quanto outros candidatos que Pessoa apresenta, como Lord Campbell, Lord Penzance e Richard Grant White, são juristas. Por influência dos partidários dessa tese, como Walter Begley, Pessoa constrói sua reflexão em torno dos mais díspares e controversos argumentos que relacionam elementos biográficos de Bacon à obra de Shakespeare:

> Trata-se do philosopho e estadista Francis Bacon. Era, como se sabe, advogado e jurisconsulto; era, como também se sabe, tido por a figura mais eminente e brilhante d'aquella sociedade; e era, como também se pode ficar sabendo, desde que se leia os dois documentados volumes do Rev. Walter Begley, conhecido como pederasta[13].

O argumento da questão sexual é significativo, pois reflete uma posição idêntica à que Pessoa tem sobre Shakespeare. Dentre as inúmeras passagens em que isso aparece, pode-se destacar aquela segundo a qual os sonetos shakespearianos teriam um conteúdo homossexual. Pessoa comenta:

---

12 *Ibidem*, p. 169.
13 *Idem, Escritos sobre génio e loucura, op. cit.*, p. 349.

O outro ponto [...] é inútil querer considerar como não assente, farta-se d'elle o inquieto pasmo do leitor imparcial dos assombrosos sonetos. É a inversão sexual do poeta. O mysterioso inspirador da mais intensa e complexa poesia amorosa que se tem escripto seria tudo, mas não era mulher, como n'um momento de horrorosa, posto que moralíssima, alienação mental de crítico, o poeta Coleridge quis, desculpando, persuadir os outros que se tinha persuadido a si que acreditava. Pouco importa que o "Sr. W.H." fosse William Herbert, Conde de Pembroke, como querem muitos, um actor William Hughes (cuja existência, aliás, por enquanto não consta de documento algum), como outros, e em especial Oscar Wilde, opinam, ou um indivíduo cujas iniciaes não sejam senão literariamente W.H. O caso e o sexo d'esse indivíduo[14].

Pessoa cita Coleridge e Oscar Wilde para reiterar a sua defesa da homossexualidade do Eu poético dos sonetos de Shakespeare, já que seu inspirador seria uma figura masculina. Em seguida, apresenta uma anedota do diário de John Manningham que relata que o ator Shakespeare teve um breve romance com uma mulher durante a apresentação da peça *Ricardo III*, fato esse posto em dúvida por estudiosos do poeta inglês[15]. Em outro fragmento, Pessoa faz referência à anedota sobre a sexualidade do poeta:

[...] o que consta da vida sexual de Shakespeare — uma anecdota quasi-indecente e o facto de que o seu primeiro filho nasceu cinco mezes apenas após a data de um casamento que parece ter sido forçado — não impugna a sua normalidade de macho. Tal é a desgraça do candidato tradicional a

---

14 *Ibidem*, p. 347.
15 Cf. Mariana Gray de Castro, "Fernando Pessoa and the 'Shakespeare Problem'", *Journal of Romance Studies*, 9.2, 2009, p. 16. *Academic OneFile*.

poeta que até o que não tem de vergonhoso lhe é prejudicial à candidatura[16].

Se tomada como verdadeira a afirmação de que o autor das obras de Shakespeare é um jurista, e que o ator de Stratford não o é, bem como a afirmação de que o autor do soneto é homossexual, como Pessoa reivindica, e que Shakespeare de Stratford não, segundo a anedota de Manningham, não se pode afirmar que haja coincidência de autoria entre o ator de Stratford e o autor da obra shakespeariana, sendo, nesse caso, Francis Bacon o candidato mais provável. Tal é a linha argumentativa de Pessoa. Segundo Pizarro, a perspectiva da questão sexual deve ser considerada, sobretudo, em se tratando de um poeta que escreveu em carta a João Gaspar Simões que "não precisou do Freud para conhecer, pelo simples estylo literário, o pederasta e o onanista, e dentro do onanismo, o onanista praticante e onanista psychico"[17]. O pesquisador ressalta o fato de que nos envelopes referentes à controvérsia está um texto de Ricardo Reis cujo título é "A arte moderna produto de masturbação", o qual ecoa um apontamento em que Pessoa afirma: "O desdobramento do eu é um phenomeno em grande número de casos de masturbação"[18].

Seja como for, "a inversão" de Shakespeare era só um dos aspectos da questão e é provável que Pessoa passado algum tempo tenha desistido de lhe conceder maior importância, como desistiu, mais tarde, de incluir a defesa da homossexualidade de António Boto. Mas este ponto preocupou-o na altura, nomeadamente entre 1912 e 1913, quando também se ocupou do estilo das obras de Oscar Wilde[19].

---

16 Fernando Pessoa, *Escritos sobre génio e loucura*, op. cit., p. 348.
17 Jerónimo Pizarro, *Fernando Pessoa: entre génio e loucura*, Lisboa, Imprensa Nacional-Casa da Moeda, 2007, p. 156.
18 *Ibidem*, p. 156.
19 *Ibidem*, p. 157.

Ana Maria Freitas, em verbete intitulado "Shakespeare-Bacon", no *Dicionário de Fernando Pessoa e o Modernismo português*, conclui que Pessoa era defensor da hipótese de Francis Bacon como verdadeiro autor da obra shakespeariana. Essa tese é corroborada por inúmeros escritos e pela correspondência de Pessoa, destacando-se a carta enviada a William Smedley, autor de *The Mystery of Francis Bacon*, em que o poeta se dizia um *"obscure student of the Bacon-Shakespeare controversy"* [obscuro estudante da controvérsia Shakespeare-Bacon] que buscava solucionar o problema através de uma análise psicológica que provaria que as mentes de Bacon e Shakespeare eram correspondentes[20]. Ressalte-se ainda a carta que Pessoa enviou a Herbert Jenkins, autor de *The Great Shakespeare Camouflage* (1918), em que defende Bacon como "o verdadeiro Shakespeare"[21].

Esse não é, entretanto, um ponto em comum acordo na fortuna crítica pessoana. Na tese "Fernando Pessoa's Shakespeare", Mariana Gray de Castro relativiza a associação de Pessoa à argumentação antistratfordiana, ressaltando o fato de que, desde o final de 1880, foram publicados inúmeros artigos e livros favoráveis à autoria de Bacon, o que levou Pessoa a simpatizar com a hipótese, mas que isso não seria suficiente para corroborar a associação:

> *Pessoa's alignment with the discourse of the day does not prove he was a Baconian. Moreover, despite his interest in Bacon as the best alternative candidate for the Shakespearean authorship, he was ultimately unconvinced by the Baconian case, declaring in one unpublished piece: "we are* not *led to the conclusion that the poet Bacon was 'Shakespeare'"* (76-34; Pessoa's emphasis.) *He was equally unswayed by the case for any other candidate: judging from the marginalia in*

---

20 Ana Maria Freitas, "Shakespeare-Bacon", *in*: Fernando Cabral Martins (coord.), *Dicionário de Fernando Pessoa e do Modernismo Português*, São Paulo, Leya, 2010, p. 801.
21 *Ibidem*, p. 801.

his copy of Abel Lefranc's books championing Rutland, Pessoa lost interest in the Rutland theory before he reached the second volume[22].

[O alinhamento de Pessoa com o discurso corrente não prova que ele era baconiano. Além disso, apesar de seu interesse em Bacon como a melhor alternativa de candidato à autoria de Shakespeare, ele não foi convencido pelo caso baconiano, declarando em um texto não publicado: "não somos levados a concluir que o poeta Bacon era 'Shakespeare'" (76 -34; ênfase de Pessoa). Ele igualmente não defendeu qualquer outro candidato: a julgar pela marginália das cópias de seu livro de Abel Lefranc, que defende Rutland, Pessoa perdeu o interesse na teoria de Rutland antes mesmo de chegar ao segundo volume.]

Não há evidências de que Pessoa assuma um posicionamento claro frente à questão da autoria em Shakespeare; o que ele faz é apresentar as diferentes facetas da discussão:

Tencionamos, n'este opúsculo, versar este problema, e apontar qual nos parece ser o seu estado actual. Como o candidato mais votado para autor da obra Shakespeareana é Francis Bacon, e como, por certo — pelas razões que no decurso da nossa exposição serão apontadas — este é quem mais argumentos tem em seu favor, o nosso exame da questão recahirá sobre a controvérsia Shakespeare-Bacon, propriamente dita. Buscaremos expôr qual nos pareça o estado actual d'ella.

Como o que especialmente queremos é tornar o problema lúcido para o leitor, não o encararemos chronologicamente, mas

---

22 Mariana Gray de Castro, *Fernando Pessoa's Shakespeare*, Londres, 2010, tese (doutorado em filosofia), Departamento de Estudos Portugueses e Brasileiros, King's College London, p. 75.

seguindo o méthodo que mais logicamente concatene os seus elementos componentes. Assim ser-nos-há possível dar aos interessados que o ignorem uma noção concreta e completa de até onde chegou, hoje, o problema Shakespeare-Bacon.

1. Dúvidas com respeito a Shakespeare.
2. Argumentos a favôr de Bacon (e Rutland).
3. Contra-argumentação Shakespeareana.
4. ☐[23]

Para Mariana Gray de Castro, este trecho deixa antever que o poeta pretendia seguir o texto inacabado "William Shakespeare, pseudônimo", em que defende outros candidatos à autoria da obra shakespeariana e ainda apresenta argumentos a favor da identificação entre Shakespeare ator e autor (item 3: contra-argumentação shakespeareana)[24]. Em outro fragmento sobre a questão, Pessoa chega a ridicularizar alguns pressupostos da tese conspiratória, sobretudo a ideia de que somente um nobre poderia escrever a obra de Shakespeare. *"From this primary attitude it is but a step to that which makes it compulsory that the author of the Shakespeare plays be a son of Queen Elizabeth, for it is a known fact that the greatest geniuses have been princes"*[25] [A partir desta atitude primária está-se a um passo de tornar obrigatório que o autor das peças de Shakespeare seja um filho da Rainha Elizabeth, pois é um fato conhecido que os maiores gênios foram príncipes].

De fato, não se pode afirmar que Pessoa seja um defensor da tese stratfordiana, tampouco um fervoroso partidário daqueles que defendem a não correspondência entre Shakespeare ator-autor; o que há, em concordância com o que afirma Mariana Gray de Castro, são postulações de uma

---

23 *Ibidem*, pp. 76-77.
24 *Ibidem*, p. 77.
25 Fernando Pessoa, *Escritos sobre génio e loucura, op. cit.*, p. 353.

poética do *reductio ad absurdum*. No *Livro do desassossego*, Pessoa-Bernardo Soares afirma que "a *reductio ad absurdum* é uma das minhas bebidas prediletas"[26]. Este posicionamento crítico consiste em abordar uma mesma questão sobre diversas perspectivas e construir modelos sucessivos e concorrentes a partir de hipóteses dadas. Relaciona-se ainda à máxima pessoana do "fingir é conhecer-se", enquanto possibilidade de apreensão das contradições reais, numa espécie de movimento dialético a partir da unidade dos opostos, da sinceridade-fingimento:

> Tornamo-nos esfinges, ainda que falsas, até chegarmos ao ponto de já não sabermos quem somos. Porque, de resto, nós o que somos é esfinges falsas e não sabemos o que somos realmente. O único modo de estarmos de acordo com a vida é estarmos em desacordo com nós próprios. O absurdo é o divino.
> Estabelecer teorias, pensando-as paciente e honestamente, só para depois agirmos contra elas — agirmos e justificar as nossas acções com teorias que as condenam. Talhar um caminho na vida, e em seguida agir contrariamente a seguir por esse caminho. Ter todos os gestos e todas as atitudes de qualquer coisa que nem somos, nem pretendemos ser, nem pretendemos ser tomados como sendo[27].

Ainda que os escritos de Pessoa sobre a questão Shakespeare-Bacon sejam uma espécie de síntese que põe em evidência as discussões da crítica literária do final do século XIX, esses textos seguem uma lógica própria cujo ponto de convergência está na poética pessoana da pluralidade. A defesa de um ponto de vista stratfordiano ou antistratfordiano deve ser pensada à luz dessa questão.

---

26 Idem, *Livro do desassossego*, org. Richard Zenith, São Paulo, Companhia das Letras, 2013, p. 286.
27 *Ibidem*, p. 62.

A respeito das diversas facetas da polêmica da autoria em Shakespeare, destacam-se fragmentos em que Pessoa ressalta a incompatibilidade da biografia de Shakespeare com a genialidade implícita em sua obra. Para corroborar essa afirmação, Pessoa faz referência a Coleridge como um expoente da interpretação de natureza biográfica:

> *The primary argument put forth in doubt of the identity of William Shakespeare of Stratford and the Shakespeare of literature is that there is no conformity between his genius, as shown in this works, and his life, in so far as it is known to us. Coleridge's "I cannot marry his life to his verse" is the typical, and the often cited, statement in this respect*[28].

[O argumento principal que põe em dúvida a identidade de William Shakespeare de Stratford e o Shakespeare da literatura é que não há nenhuma conformidade entre sua genialidade, mostrada em sua obra, e sua vida, tal como passou a ser conhecida por nós. A esse respeito, há a típica e bastante citada declaração de Coleridge: "Não consigo relacionar a sua vida com o seu verso".]

Nota-se que Pessoa identifica tal argumento romântico (a biografia determina a obra) como advindo de Coleridge. Ora, seria de se perguntar se a biografia de Pessoa, ou se pelo menos alguns momentos dela, poderia determinar sua obra. Tomando o pressuposto de Coleridge, que em sua *Biographia literária* postula a necessidade de identificação entre sujeito e objeto para se chegar ao conhecimento da verdade filosófica do eu (como consciência de si), poderia se afirmar que a genialidade da obra pessoana não se coadunaria com a vida apequenada de um tradutor de correspondências comerciais. Segundo Mariana Gray de Castro, a frase que Pessoa atribui a Coleridge seria de Emerson.

---

28 *Ibidem*, p. 353.

No texto original, Emerson escreve que Shakespeare "*was a jovial actor and manager. I cannot marry this fact to his verse*" [era um ator jovial e um homem de negócios. Eu não consigo relacionar este fato com os seus versos][29]. O equívoco de atribuição de autoria da frase suscita a discussão sobre os mecanismos de apropriação de autoria:

> *To quibble over the misattribution of Emerson's phrase to Coleridge may seem petty, but it reveals that Pessoa is here more interested in his chosen line of argument — namely, that a famous Shakespearean critic should call the attribution of Shakespeare's writings into question — than in fidelity to its source. It is an ironic coincidence, if Pessoa is not aware of the fact, that Emerson should be one of the chief proponents of reading as a creative activity*[30].

[Pode parecer mesquinho discutir a atribuição incorreta da frase de Emerson a Coleridge, mas ela revela que Pessoa está mais interessado na linha argumentativa do autor — ou seja, que um famoso crítico shakespeariano traga a atribuição dos escritos de Shakespeare para a discussão — do que na fidelidade à sua fonte. É uma coincidência irônica, se Pessoa não estiver consciente do fato, que Emerson seja um dos principais defensores da leitura como uma atividade criativa.]

Pessoa estaria pouco preocupado com a correta citação da autoria (daí a possível confusão entre Coleridge e Emerson) e mais interessado na exposição argumentativa da questão Shakespeare-Bacon. É como se, usando a metáfora do romance policial, Pessoa estivesse arregimentando provas para arquitetar uma futura novela "policiária", na

---

29 Emerson, *Works*, pp. 193-194, *in*: Mariana Gray de Castro, *Fernando Pessoa's Shakespeare*, op. cit., p. 66.
30 *Ibidem*, p. 67.

qual o enredo versaria sobre o percurso de decifração da autoria em Shakespeare.

Outro exemplo dessa remissão criativa está na citação, por Pessoa, do crítico John Bright: "e como John Bright pode dizer, no seu habitual estylo incisivo, quem acredita que Shakespeare de Stratford escreveu o *Hamlet* ou o *Lear* é uma besta"[31]. Tal passagem foi extraída do livro do crítico antistratfordiano Greenwood: "*I am quite sure the man Shakespeare neither did nor could, and how John Bright came to say, in the vigorous style that was usual in him, 'Any man who believes that William Shakespeare of Stratford wrote* Hamlet *or* Lear *is a fool'*"[32] [Estou seguro de que o homem Shakespeare não fez e nem poderia, e como John Bright chegou a dizer, no estilo vigoroso que lhe era habitual, "qualquer homem que crê que William Shakespeare de Stratford escreveu *Hamlet* ou *Lear* é um tolo"]. Pessoa foi menos generoso ao traduzir *fool* [tolo] por "besta", optando por uma conotação mais negativa. Este expediente revela o modo combativo presente em muitos dos escritos de Pessoa sobre a questão Shakespeare-Bacon[33].

É perceptível, a essa altura, que esses escritos estão relacionados menos ao desejo de descobrir quem é o verdadeiro autor por trás da obra do que propriamente ao de discutir a questão da invisibilidade do gênio: "*The assumption, from which this problem took its birth, seems to be that Shakespeare of Stratford lived a life considered incompatible with the life which is to be expected, by the expectors [sic], from a man of genius*"[34] [A suposição a partir da qual este problema nasceu parece ser a de que Shakespeare de Stratford viveu uma vida considerada incompatível com a vida que é de se esperar, pelos espectadores [sic], de um homem de gênio].

---

31 Fernando Pessoa, *Escritos sobre génio e loucura, op. cit.*, p. 346.
32 George Greenwood, *The Shakespeare Problem Restated*, p. 203, *apud* Mariana Gray de Castro, *Fernando Pessoa's Shakespeare, op. cit.*, p. 67.
33 *Ibidem*, p. 67.
34 Fernando Pessoa, *Escritos sobre génio e loucura, op. cit.*, p. 352.

Ainda com respeito aos homens de gênio, o poeta faz menção à invisibilidade de duas figuras que tiveram a sua existência histórica questionada: Homero e Jesus Cristo. Pessoa identifica Cristo, Homero e Shakespeare como os maiores enigmas da humanidade:

> Entre os vários problemas históricos que teem erguido atráz de si uma poeira de interesse, há trêz que, quer em virtude da sua importância histórica, quer por via da sua importância literária, teem, mais do que os outros, conseguido apaixonar e prender. O primeiro — e sem dúvida o mais importante, quer porque pertence ao mais importante e íntimo de todos os phenomenos sociaes, porque seja o de, por isso, interesse mais geral — é o problema da historicidade da figura de Jesus Christo.
> O segundo — de interesse mais limitado, porque corra num campo de erudição fatalmente restricta — é o chamado "problema" ou "questão" "de Homero".
> O terceiro — de um interesse mais geral, porque os livros que o tratam são mais acessíveis a um largo público, e porque as obras discutidas são das mais conhecidas em toda a Europa — é o problema da autoria da obra Shakespeareana, ou, pelo menos, parte d'ella, para os que não admittem S[hakespeare] como autor[35].

O interesse de Pessoa pela invisibilidade de Homero, Cristo e Shakespeare se relaciona a sua própria invisibilidade, a qual evidencia uma espécie de cisão entre o *ethos* do escritor como homem de gênio e a sua imagem reversa, a do sujeito empírico. Tal constatação tornou-se um lugar-comum para a crítica pessoana, a ponto de Jorge de Sena afirmar, em um ensaio intitulado "The Man Who Never Was" ["O homem que nunca foi"], que Pessoa sacrificou

---

35 *Idem apud* Mariana Gray de Castro, *Fernando Pessoa's Shakespeare, op. cit.*, p. 82.

sua existência real, tal como Cristo, "*on the cross of being words, words, words*" [na cruz de ser palavras, palavras, palavras][36].

Essa imagem de uma obra em vida, ou a de um poeta que se sacrifica, serviu para alçar Pessoa à condição de gênio, de um mestre-escritor que está por trás de uma sociedade de autores, ortônimo e heterônimos, e que trata de ocultar a sua própria identidade, pois, também aqui, tal como no caso de Shakespeare, nomear-se como "Pessoa" é uma "firme vontade de não querer dizer nada com isso"[37]. Uma das principais evidências está na discussão da crítica pessoana a respeito das atribuições dos escritos de Pessoa a outros heterônimos, ou, até mesmo, de alguns fragmentos do *Livro do desassossego* a Caeiro, Campos ou Reis[38].

O nome do autor "Pessoa", como também os dos seus heterônimos, opera como uma realidade vazia na qual a construção do sentido só é possível pela confrontação entre elementos biográficos e poéticos (sobretudo nos textos acerca dos heterônimos escritos por Pessoa, Reis e Campos) e a análise de poemas. É justamente através da junção e do confronto dos diversos *ethé* ficcionais que se pode juntar as peças desse quebra-cabeças que é a função-autor. Ressalte-se, no entanto, que essa é uma operação dificílima, pois o discurso literário é, por natureza, instável. Em Pessoa, tal instabilidade mimetiza a própria noção do fingimento, não como algo nocivo ou desleal, mas, paradoxalmente, como possibilidade de (auto)conhecimento.

---

36 Jorge de Sena, "The Man Who Never Was", *in*: *The Man Who Never Was: Essays on Fernando Pessoa*, ed. George Monteiro, Rhode Island, Gávea-Brown, 1982, p. 31.
37 Fernando Pessoa, *Escritos sobre génio e loucura*, *op. cit.*, p. 348.
38 A ideia de que o ortônimo não passa de outro heterônimo é de Jorge de Sena: "a obra dita ortónima não é, de certo modo, menos heteronímica que a dos heterónimos propriamente ditos", "Lado a lado com os heterónimos, o Pessoa ele mesmo não é menos heterónimo do que eles", *in*: *Fernando Pessoa & Cia. heterónima: estudos coligidos 1940-1978*, ed. Mécia de Sena, Lisboa, Edições 70, 3ª ed., 1982, pp. 217, 372-373.

Para Pessoa, Shakespeare é uma figura da modernidade enquanto representante da impotência da construção. Segundo Rita Patrício: "Quando Reis afirma que 'Shakespeare é a maior falência de todos os tempos' está a apresentá-lo, ao contrário, como a maior promessa de todos os tempos"[39]. A noção de gênio surge, então, como um expediente crítico privilegiado para se pensar a condição de invisibilidade e estranhamento do escritor: "... O Grande Shakespeare que é toda a gente e o Homero impessoal que, como talvez o próprio Homero, é um grande indivíduo que não é ninguém"[40]. O gênio é uma figura limiar, que está numa posição medial entre o humano e o divino.

O gênio pessoano é aquele que está no grau máximo da escala da despersonalização e cria em torno de si uma comunidade de autores que dialogam e se criticam, tal como se dá com o *drama em gente heteronímico*. Trata-se, assim, de "um sistema de talentos", um "gênio plural" que reúne em si a universalidade, um conjunto genial de aptidões[41]. Segundo Suzuki, "sem pretender alcançar a grandeza homérica, cada autor moderno tem de nele se espelhar e produzir, de seu ponto de vista particular, uma totalidade, um 'sistema de fragmentos'"[42].

A interpretação pessoana sobre o gênio de Shakespeare reside na consideração sobre o processo impessoal de criação dramática e toma como ponto de partida a união entre a concepção romântica de gênio e o ideal de invisibilidade da autoria:

---

39 Rita Patrício, "Shakespeare e Pessoa", *in*: Jerónimo Pizarro (org.), *Fernando Pessoa: o guardador de papéis*, Lisboa, Texto Editores, 2009, p. 86.
40 Fernando Pessoa, *Escritos autobiográficos, automáticos e de reflexão pessoal*, ed. Richard Zenith, colab. Manuela Parreira da Silva, trad. Manuela Rocha, São Paulo, A Girafa, 2006, p. 360.
41 Cf. Márcio Suzuki, *O gênio romântico*, São Paulo, Iluminuras-Fapesp, 1998, p. 236.
42 *Ibidem*, p. 237.

Suponhamos que um supremo despersonalizado como Shakespeare, em vez de criar o personagem de Hamlet como parte de um drama, o criava como simples personagem, sem drama. Teria escrito, por assim dizer, um drama de uma só personagem, um monólogo prolongado e analítico. Não seria legítimo ir buscar a esse personagem uma definição dos sentimentos e dos pensamentos de Shakespeare, a não ser que o personagem fosse falhado, porque o mau dramaturgo é o que se revela. Por qualquer motivo temperamental que me não proponho analisar, nem importa que analise, construí dentro de mim várias personagens distintas entre si e de mim, personagens essas a que atribuí poemas vários que não são como eu, nos meus sentimentos e ideias, os escreveria. Assim têm estes poemas de Caeiro, os de Ricardo Reis e os de Álvaro de Campos que ser considerados. Não há que buscar em quaisquer deles ideias ou sentimentos meus, pois muitos deles exprimem ideias que não aceito, sentimentos que nunca tive. Há simplesmente que os ler como estão, que é aliás como se deve ler[43].

Tomando como hipótese a explicação do mito Pessoa, assume-se que a *coterie* pessoana tem seu centro no mestre Caeiro, mas não se pode identificar uma fonte comum entre os diferentes sentimentos e ideias que cada heterônimo exprime, pois a "autoria do gênio" só pode ser atribuída a partir da rubrica de um autor. É preciso considerar ainda que a exaltação do gênio se dá pela ocultação dos mecanismos que evidenciam as condições de produção da obra literária.

Com relação à impessoalidade em Pessoa e Shakespeare, pode-se afirmar que tal ideia reforça a construção do drama e potencializa o enigma da criação, pois trata do entrelaçamento entre ficção e realidade:

---

43 Fernando Pessoa, *Obra poética*, op. cit., p. 198.

Afirmar que estes homens todos diferentes, todos bem definidos [os heterônimos] que lhe passaram pela alma incorporadamente, não existem — não pode fazê-lo o autor destes livros; porque não sabe o que é existir, nem qual, Hamlet ou Shakespeare, é que é mais real, ou real na verdade[44].

Assumir como ficção o dado de realidade é postular que o autor é também uma *persona*, e opera no espaço literário como um mediador interessado entre as expectativas do leitor e o *ethos* de escritor. A heteronímia é um palco exemplar em que os diferentes *ethé* evidenciam as fissuras da criação, revelando uma realidade especular a partir de uma autoria de terceiro grau. Os diferentes autores são criações de um único autor que, por sua vez, desconfia até mesmo de sua própria existência real. Esse jogo de espelhamentos é que justifica o interesse de Pessoa pela questão Shakespeare-Bacon, já que, nela, também há construções desse tipo: autores anônimos sob a assinatura de um só autor. Pessoa faz menção a essas sociedades de escritores ocultos em carta a Woodward, um dos estudiosos de Bacon e autor de *The Early Life of Lord Bacon* (1902):

> *I am most interested in the controversy round the identity of the author of the Shakespearean works, and in the curious arguments put forth in favour of those works having been written by Fra[ncis] Bacon, or by a society of dramatists or of authors under his guidance, or (as in the latest, and French, attribution) by Lord Derby. The attribution to the Earl of Rutland (by Celestin Demblon) seems to me inacceptable [sic]*[45].

[Estou bastante interessado na polêmica que ronda a identidade do autor das obras de Shakespeare, e nos curiosos

---

44 Idem, *Páginas íntimas e de autointerpretação*, op. cit., p. 95.
45 Idem apud Mariana Gray de Castro, *Fernando Pessoas's Shakespeare*, op. cit., p. 83.

argumentos que atribuem a essa obra a autoria de Francis Bacon, ou a de uma sociedade de dramaturgos ou de autores sob a sua orientação, ou (como na atribuição mais recente e francesa) a de Lord Derby. A atribuição de autoria ao Conde de Rutland (por Celestin Demblon) parece-me inadmissível [sic].]

O ponto de convergência entre Pessoa e a sua leitura sobre a questão Shakesperare-Bacon está justamente na pretensa ausência de identidade e na exaltação da figura do escritor como deus invisível.

> Hoje já não tenho personalidade: quanto em mim haja de humano, eu o dividi entre os autores vários de cuja obra tenho sido o executor. Sou hoje o ponto de reunião de uma pequena realidade só minha.
> Trata-se, contudo, simplesmente do temperamento dramático elevado ao máximo; escrevendo, em vez de dramas em actos e acção, drama em almas. Tão simples é, na sua substância, este fenómeno aparentemente tão confuso[46].

Numa dimensão teleológica, e tomando por base a postulação pessoana do supra-Camões, afirma-se que Pessoa representa a síntese do gênio por conter em si uma coletividade interior: "Assim o génio é o do poeta dramático que abrange e vive caracteres vários, e vive-os fundamentalmente (o que o mero dramaturgo não faz) na sua vida essencial"[47]. A heteronímia como um sistema formado por subjetividades outras só é possível graças à figura tutelar e oculta de um gênio crítico. O gênio anseia por uma totalidade, a um divino ainda não realizado. Trata-se de um devir em permanente construção. Se Pessoa-Campos vê com desconfiança tal figura, isso não diminui a importância dela,

---

46 Idem, *Obra em prosa*, org., intr. e notas Cleonice Berardinelli, Rio de Janeiro, José Aguilar, 1990, p. 92.
47 Idem, *Escritos sobre génio e loucura, op. cit.*, p. 266.

pois a ironia integra o discurso crítico do gênio, como o instrumento de liberdade e (auto)negação de uma consciência lúcida como a de Pessoa. É nesse sentido que a poética do gênio está, então, em consonância com as postulações da poesia pessoana, sobretudo no que se refere à caracterização do gênio como uma espécie de poeta Caeiro, com a sua capacidade de olhar diretamente para as coisas e desenvolver reflexões complexas numa estrutura discursiva aparentemente simples.

> O segundo característico do homem de gênio é ainda uma simplicidade. O primeiro característico era olhar simplesmente para as cousas; e segundo é dizer as cousas simplesmente. Isto parece ser uma defesa da simplicidade e clareza no estylo. Claro que é, propriamente, o contrário. Se o que se tem a dizer é muito complexo, dizê-lo complexamente é que é dizê-lo simplesmente[48].

Assumindo o ideal Caeiro como aquele que postula uma fenomenologia do olhar assentado na "aprendizagem do desaprender", esse gênio se iguala momentaneamente à ideia de Schiller, em *Poesia ingênua e sentimental*, de 1796, segundo a qual o artista se legitima como gênio por "triunfar sobre a arte complexa, por criar uma obra que não parece fruto de sua habilidade técnica, mas tem uma espontaneidade como a das coisas geradas pela natureza"[49].

Além disso, e agora em conformidade com o Pessoa ortônimo, o gênio é aquele que identifica nas pequenas coisas os signos do transcendente:

> Um puxador é tão misterioso como o haver gente-almas-vozes fallando e civilizações que crescem e brilham e passam.

---

48 *Ibidem*, p. 70.
49 Friedrich Schiller, *Poesia ingênua e sentimental*, trad. Márcio Suzuki, São Paulo, Iluminuras, 1991, p. 51.

O puxador de uma porta é Deus por todos os lados do seu estar alli. É uma Revelação. — Tudo isto, é claro, para quem olha simplesmente para as cousas. E esse olhar simplesmente para as cousas é — disse-o — o I° característico do gênio. Como eu o tenho estado a exemplificar parafraseando-o, pode imputar-me a crença de que sou um gênio. Resigno-me a isso sem objecção[50]!

Ao se assumir como gênio, Pessoa está não só antecipando "o prazer da fama futura"[51] como construindo uma justificativa para o supra-Camões, que é uma proposição cultural e profética. O gênio é, pois, uma aposta no futuro: "O mundo está sempre a abarrotar de gênios do casual. Só quando o casual se torna universal pela intensa concentração nele, pela sua extensiva elaboração em consequências e conclusões, se conquista o direito de entrada nas mansões do futuro".

Shakespeare é, para Pessoa, um gênio; porém, um gênio em potência, cujo valor reside na impossibilidade da completude, na valorização da realidade fragmentária da experiência humana.

> Grandes como são as suas tragédias, nenhuma delas supera a tragédia da sua própria vida. Os deuses concederam-lhe todos os grandes dons, salvo um; e esse que lhe negaram foi a faculdade de usar esses grandes dons com grandeza. Destaca-se como o maior exemplo do génio, génio puro, génio imortal e inútil. O seu poder criador quebraram-no em mil fragmentos a tensão e opressão da vida. Não passa dos farrapos de si próprio. *Disjecta membra* disse Carlyle, é o que nós temos de qualquer poeta ou de qualquer homem. Acerca de nenhum poeta ou homem se pode afirmar o mesmo com mais verdade do que acerca de Shakespeare[52].

---

50 *Ibidem*, p. 70.
51 Fernando Pessoa, *Livro do desassossego*, 2013, *op. cit.*, p. 164.
52 *Idem*, *Páginas de estética e de teoria e crítica literárias*, *op. cit.*, p. 303.

Pessoa propõe ainda uma explicação à questão Shakespeare-Bacon a partir de uma análise patológica do gênio, o qual sofreria uma espécie de insânia e seria possuidor de três elementos: habilidade, superioridade e originalidade[53]. O poeta reconhece que o tipo de gênio em Shakespeare é literário, e que sua poesia é do tipo dramático, mas que para produzi-la é preciso ter um temperamento do tipo "histeroneurastênico".

> A poesia dramática, máximo grau da poesia, é, portanto, se a poesia é uma manifestação de hysteria, uma manifestação de alto hysterismo. Mas assim como a poesia ao tornar-se poesia dramática, se transmuda, a hysteria transmuda-se ao tornar-se a hysteria que produz esse gênero de poesia.
> Ora a alta poesia é uma de 3 coisas: (1) loucura hysterica i.e. de nevrose passando para psychose; (2) hystero-epilepsia; (3) hystero-neurasthenia (n-psychastenia).
> Se o gênio é uma loucura de equilíbrio, só pode ser (3), porque loucura hysterica fica exclusa por ser loucura, e hystero-epilepsia egualmente por ser um aggravamento da hysteria no que puramente/ nevrose da mentalidade.
> 4- Sendo Shakespeare um poeta-dramaturgo vejamos se elle é um hystero-neurasthenico, através da sua obra
>
> > (a) O temperamento hystero-neurasthenico.
> > (b) O que deve dar como apontando-se na obra de um poeta.
> > (c) Exame da obra de Shakespeare sob este ponto de vista. Coincidência absoluta[54].

Curiosamente, esse mesmo diagnóstico foi feito por Pessoa em carta a psiquiatras franceses em 1919: *"je suis*

---

53 Idem, *Escritos sobre génio e loucura, op. cit.*, p. 366.
54 *Ibidem*, pp. 370-371.

un hystéroneurasthénique"⁵⁵ [Eu sou um histeroneurastênico]; além disso, na "Carta sobre a gênese dos heterônimos", ele mais uma vez se identifica como histeroneurastênico e abúlico. Essa coincidência de diagnósticos evidencia seu interesse em se assemelhar a Shakespeare. A loucura é mais do que um diagnóstico clínico, pois cumpre uma finalidade literária, que é a de associar ao *ethos* do homem de gênio certa aura de fragilidade, incompreensão e decadência. Para Pizarro, a questão Shakespeare-Bacon pode ser lida como uma tentativa de contornar o preconceito crítico de que "os homens de gênio" seriam figuras aristocráticas e que estariam permanentemente preocupados com a dignidade do estilo e a recepção de suas obras pela posteridade. Como lembra Bernardo Soares, enquanto ajudante de guarda-livros ele tinha "por irmãos os criadores da consciência do mundo — o dramaturgo atabalhoado William Shakespeare, o mestre-escola John Milton, o vadio Dante Alighieri"⁵⁶. Segundo Pizarro:

> O paralelo entre o poeta português e o autor isabelino, ainda que Pessoa não formulasse abertamente, é mais do que evidente: Pessoa define o gênio de Shakespeare como define o seu próprio gênio; a sua autopsicografia coincide com a heteropsicografia de Shakespeare⁵⁷.

Há ainda, nos apontamentos pessoanos, uma curiosa associação da tese de Shakespeare-Bacon com a leitura esotérica do gênio como um iniciado, como aquele que cumpre um ritual de preparação para outra vida. Gênios como Shakespeare cumpririam inconscientemente uma determinação de um destino oculto:

---

55 Idem, *Correspondência 1905-1922*, op. cit., p. 285.
56 Jerónimo Pizarro, *Fernando Pessoa: entre génio e loucura*, op. cit., pp. 158-159.
57 *Ibidem*, p. 158.

O contacto com o oculto pode obnubilar, como pode elucidar. (o gênio e o louco — cf) Otimismo que os ocultistas desrecomendam).
Ex. Shakespeare-Bacon thesis.
O critério material da iniciação. Pode ser-se iniciado de nascença, ou iniciando. O gênio — o grande e verdadeiro gênio — é uma iniciação orgânica e trascendente.
(A associação de idéas e a intelligencia analógica.)
Não creou Deus ao mundo senão só ao mundo que creou.
O passo do Evangelho sobre os que são eunuchos (= iniciados) desde o ventre materno, etc., confirma que pode haver iniciação de Destino, que se pode haver iniciado, e cumprir inconscientemente, ou quase, um destino occulto.
O gênio — ou certo gênio — como iniciação.
Shakespeare
(a preparação em uma vida para a outra)[58].

Evidencia-se aqui a continuidade de um processo de apropriação erudita da figura de Shakespeare que dialoga com as principais linhas de força da poesia pessoana. No poema do "Cancioneiro" que se inicia por "Emissário de um rei desconhecido", o eu-poético se identifica como: "Emissário de um rei desconhecido/ Eu cumpro informes instruções de além,/ E as bruscas frases que aos lábios vêm/ Soam-me a um outro e anômalo sentido...". Ainda que Pessoa coloque em xeque a existência desse Rei — "Não sei se existe o Rei que me mandou./ Minha missão será eu a esquecer/ Meu orgulho o deserto em que em mim estou"—, ele considera a possibilidade de uma origem órfica que preexista ao tempo e ao espaço, evidenciando o destino oculto do gênio: "Mas há! Eu sinto-me altas tradições/ De antes de tempo e espaço e vida e ser.../ Já viram Deus as minhas sensações...".

Outro fator decisivo na leitura de Pessoa está na caracterização de Shakespeare como o inspirado:

---

58 *Ibidem*, p. 74.

Encontramos então essa coisa peculiar chamada inspiração — um termo sem sentido e uma realidade. É esse acidente estranho que desponta, como o dia da noite, da monotonia de Wordsworth. É o estranho brilho que paira sobre os estranhos sonetos que Gerard de Nerval recebeu do além. Blake estendeu a mão e recebeu-a através da cortina. Shakespeare sempre a teve — ele era o seu próprio demónio[59].

Shakespeare possui o seu próprio *daemon*, termo latino que significa gênio, divindade ou espírito e se caracteriza pelo poder de criação. Em *A hora do Diabo*, Maria e o Diabo dialogam do alto de uma ponte "de onde se vê todo o mundo". Maria dará à luz o filho do Diabo que se tornará um poeta e homem de gênio e cujos poemas "têm uma feição estranha e lunar". O Diabo se caracteriza como "o Deus da Imaginação, perdido porque não crio"[60]. Trata-se evidentemente do mestre dos homens de gênio, daquele que tem a função de corromper para iluminar: "Corrompo, mas ilumino"[61].

Eu sou de fato o Diabo. Não se assuste, porém, porque eu sou realmente o Diabo. E por isso não faço mal. Certos imitadores meus, na terra e acima da terra são perigosos como todos os plagiários, porque não conhecem o segredo da minha maneira de ser. Shakespeare, que inspirei muitas vezes, fez-me justiça: disse que eu era um cavalheiro. Por isso esteja descansada: em minha companhia está bem. Sou incapaz de uma palavra, de um gesto, que ofenda uma senhora. Quando assim não fosse da minha própria natureza, obrigava-me o Shakespeare a sê-lo. Mas realmente, não era preciso[62].

---

59 Fernando Pessoa, *Heróstrato e a busca da imortalidade*, org., pref. e notas Richard Zenith, trad. Manuela Rocha, Lisboa, Assírio & Alvim, 2000, p. 56.
60 Idem, *A hora do Diabo*, ed. Teresa Rita Lopes, Lisboa, Assírio & Alvim, 2004, p. 56.
61 *Ibidem*, p. 53.
62 *Ibidem*, p. 45.

O Diabo como a figura tutelar do homem de gênio está associado ao poder de criação e inspiração. Apesar de valorizar o princípio de construção literária (em que pese sua admiração por Milton), Pessoa não se furta em considerar a inspiração como um valor em si. Ao explicar a Gaspar Simões a origem do *Guardador de rebanhos*, Pessoa apresenta os poemas "como o melhor que eu tenho feito" e que estes procedem "de um grau e tipo de inspiração, passe a palavra, por ser aqui exacta que excede o que eu racionalmente poderia gerar dentro de mim"[63]. E o exemplo mais notável dessa suposta natureza inspirada está na carta a Adolfo Casais Monteiro, em que o poeta afirma estar "numa espécie de êxtase cuja natureza não conseguirei definir"[64]. A gênese dos heterônimos se dá por um ímpeto de escrita não consciente: no caso do mestre Caeiro, por "pura e inesperada inspiração, sem saber ou sequer calcular o que iria escrever"; no de Reis, "depois de uma deliberação abstrata que subitamente se concretiza numa ode"; e, finalmente, no de Campos, "quando sinto um súbito impulso para escrever e não sei quê"[65].

Ao eleger como figura central o poeta inspirado, sobretudo, em um texto da importância da "Carta sobre a gênese dos heterônimos", Pessoa está indiretamente evocando a influência decisiva de Shakespeare. Não se trata agora de um supra-Camões, sendo Camões justamente alguém a ser superado, mas de uma figura luminar em quem se espelha. Optar pelo poeta inspirado é não só uma volta às origens da poesia e da própria noção de gênio, como também uma projeção do futuro, numa espécie de leitura profética de Pessoa-Shakespeare como síntese e soma de todos os poetas.

Há alguns estudos que postulam que Pessoa é não só o supra-Camões como também um supra-Shakespeare. George Monteiro, por exemplo, afirma: *"That Pessoa saw*

---

[63] Idem, *Correspondência 1923-1935, op. cit.*, p. 288.
[64] *Ibidem*, p. 343.
[65] *Ibidem*, p. 345.

himself as Portugal's Shakespeare, the 'Super-Camões' of the Quinto Império, *seems to me beyond questioning. [...] 'Super--Camões'? No, Super-Shakespeare"*[66] [Que Pessoa concebeu-se como um Shakespeare de Portugal, o 'Super-Camões' do *Quinto Império* me parece estar além de questionamentos. [...] 'Super-Camões'? Não, Super-Shakespeare"]. Do mesmo modo, Rita Patrício escreve: "O que Pessoa anuncia, sob uma máscara camoniana, é um supra-Shakespeare"[67].

Não se pretende aqui entrar no mérito da comparação qualitativa entre poetas, mas perceber quão fundamental é a projeção de Pessoa em Shakespeare para a questão Shakespeare-Bacon e, mais extensivamente, para a concepção da heteronímia. Segundo Mariana Gray de Castro, Pessoa faz uma leitura sobre Shakespeare que é autorreferencial, por vezes autobiográfica, identificando no poeta inglês as suas próprias qualidades[68].

Rather than Pessoa entertaining the notion that he was a "supra" or a "super" Shakespeare, I venture that Pessoa's kinship fallacy leads him to view Shakespeare, in essentially autobiographical readings grounded in tendentious identifications and selfprojections, as, instead, a super-Pessoa, *a fellow genius and madman who looks much like Fernando Pessoa*[69].

[Ao invés de Pessoa interessar-se pela questão de que ele era um "supra" ou um "super" Shakespeare, atrevo-me a afirmar que a falácia do parentesco entre os poetas o leva a ver Shakespeare em leituras essencialmente autobiográficas baseadas em identificações tendenciosas e autoprojeções. Shakespeare seria um super-Pessoa, um gênio companheiro e louco que se parece muito com Fernando Pessoa.]

66 George Monteiro, "Shakespeare, the 'Missing All'", *Portuguese Studies* 24:4, 2008, p. 38.
67 Rita Patrício, "Shakespeare e Pessoa", *op. cit.*, p. 92.
68 Mariana Gray de Castro, *Fernando Pessoa's Shakespeare, op. cit.*, p. 181.
69 *Ibidem*, p. 181.

A análise da questão Shakespeare-Bacon se configura como uma espécie de espaço crítico privilegiado para a discussão sobre o projeto heteronímico. Trata-se de uma projeção por afinidades, por aspectos comuns, como a universalidade de temas (naquilo que Bloom designa como a "invenção do humano")[70], a inspiração, o destino, a melancolia e, mais especialmente, o aspecto impessoal da criação dramática.

A leitura de Pessoa sobre Shakespeare pode ser entendida, então, como um procedimento de apropriação criativa, a qual se realiza em todas as distintas perspectivas das quais ele se vale. A primeira delas é a biográfica, na qual ocorre uma reinterpretação, à luz de uma experiência pessoal de leitura, dos teóricos da questão Shakespeare-Bacon. A segunda, por sua vez, é a poética, a qual configura a poética shakespeariana como uma espécie de laboratório crítico em que Pessoa discute a natureza do gênio e postula um *ethos* comum entre entre si e o poeta inglês. E, por fim, há ainda a perspectiva psicológica, com a análise do "caso Shakespeare" a partir da semelhança de temperamento entre os poetas.

Todas essas perspectivas convergem para a assunção de um Shakespeare-Pessoa, como um super-Pessoa, no qual o idealizador e o idealizado seriam modelos para a invenção dos heterônimos. Trata-se, pois, de uma complexificação da função-autor, em que se evidencia a fusão entre o *ethos* de Pessoa e o de Shakespeare para a projeção de outro *ethos*, de um Shakespeare-Pessoa, que é resultado da leitura e da apropriação da figura de Shakespeare e fundamenta a poética do gênio.

---

70 Cf. Harold Bloom, *Shakespeare: a invenção do humano*, Rio de Janeiro, Objetiva, 2000.

Caeiro, Khayyám e a poética da indiferença

Adam Mahler

Introdução

Um poeta, multiplicado: em Londres, Umar Ibn Ibrahīm al--Khayyām Nīshāpurī mudou o nome para Omar Khayyám e o seu misticismo sufi para esteticismo inglês, graças ao seu tradutor icónico, Edward FitzGerald. A harmoniosa canção de indiferença embriagada do par, publicada pela primeira vez em 1859 como *The Rubáiyát of Omar Khayyám, Rendered into English Verse by Edward FitzGerald*, tornou--se um hino para a época vitoriana. Em St. Louis, quase cinco décadas mais tarde, Khayyám de FitzGerald inspirou um T.S. Eliot de catorze anos a escrever quadras "melancólicas" e "ateístas"[1] depois do *Rubáiyát* (embora, na idade adulta, Eliot viesse a se distanciar do poeta, devido ao artifício sedutor e à superficialidade moral que viu no poema de

---

1 T.S. Eliot, "The Art of Poetry nº 1", entrevista a Donald Hall, *The Paris Review*, v. 21, primavera/verão 1959.

Khayyám)². E, em Lisboa, onde poucos o conseguiam ler em inglês[3], Khayyám falou através das traduções e imitações de Fernando Pessoa, um poeta bilíngue que tinha as suas próprias tendências automultiplicativas e, como Eliot, sentimentos contraditórios sobre o poeta persa de FitzGerald.

De fato, na altura em que *Rubáiyát* atingiu o seu pico comercial e de crítica no fim do século XIX, a voz de Khayyám não só tinha reverberado; tornara-se uma presença permanente nas vidas dos seus leitores, com a criação de "clubes de jantar" de Omar Khayyám, tanto na Inglaterra como nos EUA[4]. O amplo apelo do poema parece ter encorajado a sua constante evolução para novas edições, paródias e imitações. O feitiço de Khayyám era tão forte, escreve Pessoa, "que tua voz ainda nos encanta/ Quando não diz aquillo que disseste"[5]. Leitor sensível e crítico complexo, Pessoa tinha noção da versatilidade do idioma poético de Khayyám. Escreveu sobre e depois do poeta persa com variedade apropriada, pois a voz singular de Khayyám era, como a de Pessoa, intrinsecamente plural — polivalente, mas centrada em um conjunto bem definido de temas principais; multivocal, mas coerente na sua procura por uma mensagem

---

2 Vinnie-Marie D'Ambrosio escreve que "*FitzGerald exists under the parodic mask of Omar Khayyám in 'The Love Song of J. Alfred Prufrock'; in his own self — an old, embittered, and skeptical recluse — in 'Gerontion'; and rises, resolved, to archetypal size as Tiresias in* The Waste Land" (pp. 58--59). Enquanto que as dificuldades de Pessoa parecem ter sido muito menos dramáticas, a incapacidade do poeta — e de dois dos seus heterónimos — de aceitar a influência de Khayyám aponta inteiramente para uma afinidade interessante entre os dois escritores (Vinnie-Marie D'Ambrosio, *Eliot Possessed: T.S. Eliot and FitzGerald's Rubáiyát*, Nova Iorque, New York University Press, 1989, p. 13).

3 Fernando Pessoa, *Poemas ingleses*, ed. Jorge de Sena, Lisboa, Ática, 1974, p. 15.

4 Adrian Poole *et al.* (eds.), *FitzGeralnd's Rubáiyát of Omar Khayyám: Popularity and Neglect*, Nova Iorque, Anthem Press, 2013, p. 9. Doravante citado como *Popularity and Neglect*, com números de página.

5 Fernando Pessoa, *Rubaiyat*, in: Maria Aliete Galhoz, *Edição crítica de Fernando Pessoa*, v. 1, Lisboa, Imprensa Nacional-Casa da Moeda, 2008, p. 52. Doravante citado como *Rubáiyát FP*, com números de página.

universal. Os dois escritores se unem, além disso, pelos seus poemas inquisitivos, orientados filosoficamente, que lidam abertamente com questões ontológicas e, de forma mais discreta, com a natureza e o propósito da produção literária. Enquanto que ecos de Khayyám podem ser encontrados em muitos dos heterónimos de Pessoa, o objetivo deste ensaio é encontrar afinidades omarianas, se não exatamente influências, no trabalho de Alberto Caeiro.

"O QUE ESCREVE PROSSEGUE": A CONCESSÃO DE ESCRITA DE KHAYYÁM E CAEIRO

The Moving Finger writes and having writ
Moves on: nor all your Piety nor Wit
Shall lure it back to cancel half a Line,
Nor all your Tears wash out a Word of it[6].

O dedo mobil escreve, e, tendo scripto,
O que escreve prossegue, nem ha grito
De fé ou dor que o faça dar emenda
Nem volta atraz a ver o que foi dicto[7].

Essas linhas, que constituem a eminência imaginativa (*"imaginative eminence"*[8]) de *Rubáiyát*, segundo Harold Bloom, aparecem em todas as quatro edições de FitzGerald e foram traduzidas por Pessoa nas margens da sua versão reeditada de 1879 do *Rubáiyát*. Embora a quadra de FitzGerald esteja sem dúvida familiarizada com a tradição abraâmica (o seu *"Moving Finger"* corresponde à mão

---

6 Omar Khayyám, *Rubáiyát of Omar Khayyám: a Critical Edition*, ed. Christopher Decker, trad. Edward FitzGerald, Charlottesville, University Press of Virginia, 2008, p. 106. Doravante citado como *Rubáiyát OK*, com números de página.
7 *Rubáiyát FP*, p. 66.
8 Harold Bloom, "Introduction", in: Edward FitzGerald, *The Rubáiyát of Omar Khayyám: Bloom's Modern Critical Interpretations*, Langhorne, Chelsea House Publishers, 2004, p. 4.

do Destino ou da Deidade)[9], a escrita indiferente que descreve é secularmente interpretada por Pessoa e espelhada no trabalho do seu guardador de ovelhas fictícias, Alberto Caeiro. Para Caeiro, no que toca ao Khayyám de FitzGerald, a indiferença nobre é uma resposta emocional à evanescência da vida na terra, bem como uma defesa estética contra ela. De forma importante, a noção de indiferença dos dois poetas aplica-se até às suas próprias composições poéticas. Os poetas se desfazem de qualquer apego pessoal ao seu trabalho. Tal indiferença à personalidade acaba por assegurar a longevidade da sua poesia, uma vez que, segundo a sua perspetiva, apenas uma experiência estética ou desapegada se pode provar verdadeira com a passagem do tempo.

No entanto, antes de podermos analisar o papel da indiferença na poesia de Alberto Caeiro e Omar Khayyám, devemos olhar mais atentamente para a tradução de Pessoa do *rubai* citado acima. A leitura religiosa que se adapta à versão de FitzGerald pode ser considerada secundária na tradução de Pessoa por várias razões. Em primeiro lugar, a Deidade monoteísta que a quadra evoca não concorda facilmente com a religião como está incorporada na poesia de Pessoa. De fato, Pessoa, cujas crenças religiosas pessoais desafiam a categorização fácil, encontra a base para a expressão poética com maior frequência — e mais famosamente — em um paganismo grego modificado[10]. Ricardo Reis, o "Horácio grego que escreve em português"[11] ("Carta a Casais Monteiro") de Pessoa, relembra a metáfora de FitzGerald em "Os jogadores de xadrez", um poema situado

---

9 No seu estudo sobre a possível influência do Islão no trabalho de Pessoa, F. Boscaglia liga o "*Moving Finger*" de FitzGerald à Deidade antropomorfizada que fez parte do misticismo sufista, o qual, deve notar-se, entrou na herança literária ibérica anos antes de as traduções de FitzGerald terem sido publicadas, durante as conquistas muçulmanas de Al-Andalus e Al-Gharb.
10 Fernando Pessoa, "Prefácio às 'Odes'", *in*: Teresa Rita Lopes (ed.), *Pessoa por conhecer, op. cit.*, p. 323.
11 *Idem*, "Carta a Casais Monteiro", *in*: *Poesia completa de Ricardo Reis*, São Paulo, Companhia das Letras, 2010, p. 181.

numa guerra não especificada na Pérsia antiga, país de origem de Khayyám. O *"Moving Finger"* de FitzGerald pertence a uma sequência curta sobre o Destino e o jogo que inclui uma alusão ao *Chequer-board* da vida — uma metáfora para a passagem do tempo, um jogo que o homem nunca pode ganhar[12]. Surpreendentemente, no poema de Reis, o tabuleiro de xadrez oferece aos jogadores um alívio da morte e destruição na cidade envolvente, e a mão indiferente pertence a cada jogador de xadrez. À medida que a cidade envolvente inicia uma violência quase de desenho animado, os dois homens se enfrentam em um jogo de xadrez, sendo o seu lazer sem restrições uma expressão de resistência — ou, mais provavelmente, de resignação — face às leis da Natureza e do Destino belicoso. A noção do jogo como contrapartida ao Destino também é, como veremos, uma componente importante do trabalho de Caeiro.

Em segundo lugar, a tradução de Pessoa de Khayyám parece reescrever a mão da deidade como a mão do indivíduo que escreve. A peculiar — e secular — teoria da personalidade de Pessoa informa a sua tradução da quadra de FitzGerald. Como se o dedo desencarnado de FitzGerald, independente do escritor, não estivesse suficientemente despersonalizado, Pessoa introduz um elemento adicional de fragmentação: o pronome relativo *o que*. É certamente possível que Pessoa tenha feito a sua escolha simplesmente por razões de métrica. Afinal, o ritmo do texto original ocupa uma posição privilegiada nas traduções de Pessoa[13]. As suas interpretações de poemas com paisagens sonoras distintas — por exemplo, "The Raven", de Edgar Allan Poe, que Pessoa publicou, em tradução portuguesa, como "O corvo" pela *Athena: Revista de Arte* (n. 4, 1925) — foram

---

12 Maria Helena Nery Garcez, "Uma faceta ortônima *non despicienda*", *op. cit.*, pp. 32-36.
13 Augusto de Campos, "Uma redescoberta: traduções de Fernando Pessoa", *Pessoa Plural*, n. 7, primavera 2015, p. 6.

faturadas como "ritmicamente conforme com o original"[14]. Não é surpresa que Pessoa tenha aproximado o pentâmetro iâmbico de FitzGerald-Khayyám em português com um decassílabo[15]. No entanto, uma variante de linha revela que Pessoa já tinha conseguido uma tradução metricamente concordante e mais literal do seu *rubai*[16]. Assim, Pessoa, como verdadeiro mestre da abnegação, optou pelo *o que* devido à eficiência alarmante com que esvazia o pessoal — ou pelo menos aquilo que dele resta — da linha de FitzGerald. Tal como Caeiro objetifica o que observa, abstraindo-se de qualquer sistema de valores ou significado, Pessoa separa o sujeito poético do escritor, dessa forma negando ao sujeito poético uma personalidade unitária e, parece, empatia básica. Enquanto que a pessoa que escreve pode ser movida por gritos de dor e fé, *o que escreve prossegue*, imperturbado como os jogadores de xadrez no poema de Reis. A rendição de Pessoa, omitindo os segundos pronomes pessoais de FitzGerald e das suas *Tears*, indica a tendência do sujeito poético de conceber e representar o sofrimento humano em termos abstratos.

Mesmo que o texto de FitzGerald tenha uma dimensão religiosa, a sua poesia valoriza e mobiliza a indiferença de uma forma semelhante à da poesia de Alberto Caeiro. Comecemos por notar que a indiferença de Khayyám se estende para além do que o rodeia, para as próprias composições do poeta que ele não reivindica abertamente como parte do seu legado. A situação do poema de Khayyám é frequentemente sobre beber. O esquecimento está como que incorporado. O chamamento frequente para beber vinho,

---

14 Edgar Allan Poe, "O corvo", trad. Fernando Pessoa, *Athena: Revista de Arte*, 1925, p. 27.
15 Patricio Ferrari, *Meter and Rhythm in the Poetry of Fernando Pessoa*, Lisboa, 2012, dissertação (PhD), Universidade de Lisboa, p. 45.
16 *Rubáiyát FP*, p. 122.

ecoado por Pessoa nos seus criativos rubais[17], parece preparado para eliminar o sentido de identidade do poeta. O poeta embriagado pode mal lembrar-se de onde está, muito menos daquilo que diz: "*Indeed, indeed, Repentance oft before/ I swore — but was I sober when I swore?/ And then and then came Spring, and Rose-in-hand/ My thread-bare Penitence apieces tore*"[18]. Também há a crença implícita do poeta de que a poesia, como a história, só é escrita uma vez e daí para a frente repetida[19]. Escreve numa quadra que Pessoa mais tarde imita:

> *I sometimes think that never blows so red*
> *The Rose as where some buried Caesar bled;*
> *That every Hyacinth the Garden wears*
> *Dropt in her Lap from some once lovely Head*[20].

> Com seus cavallos imperiaes calcando
> Os campos que o labor steve lavrando,
> Passa o Cesar de aqui. Mais tarde, morto,
> Renasce a herva, nos campos alastrando[21].

Que louros tem o poeta, se as maiores figuras da história mundial nos são passadas como pouco mais de uma alusão?

Caeiro não só resiste ao título de poeta, mas também repudia a própria poesia. Na abertura do seu mais longo e celebrado trabalho, "O guardador de rebanhos", Caeiro admite que "Ser poeta não é uma ambição minha./ É minha

---

17 *E.g.*: "O exforço dura quanto a fé./ Mas quanto a quem não é dura o quê?/ Ah, bebe, bebe, bebe, até esqueceres/ O como, donde, aonde, onde e porquê" (*Rubáiyát FP*, p. 22).
18 *Rubáiyát OK*, p. 81.
19 Erik Irving Gray, *The Poetry of Indifference: from the Romantics to the Rubáiyát*, Amherst, University of Massachusetts Press, 2005, pp. 104-105. Doravante citado como Gray, com números de página.
20 *Rubáiyát OK*, p. 142.
21 *Rubáiyát FP*, p. 37.

maneira de estar sozinho"²². A rejeição do poeta da sua própria ambição e da tradição literária como compreendida por outros escritores — cujas vozes parece ignorar, uma vez que escreve para se sentir "só" — segue-se pela afirmação de que é incapaz de compreender os próprios versos. Diz escrever poesia como que "Olhando para o meu rebanho e vendo as minhas ideias,/ Ou olhando para as minhas ideias e vendo o meu rebanho,/ E sorrindo vagamente como quem não compreende o que se diz/ E quer fingir que compreende"²³. A sua descrição, quase rememorativa do primeiro encontro de alguém que aprende uma língua com um nativo, desmente o nível da arte de Caeiro e a amplitude da sua imaginação. No entanto, Caeiro afirma que as suas palavras são essencialmente vagas e que, como a história como é concebida por Khayyám, se degeneram com cada repetição, aptas apenas a ser recicladas e reutilizadas no intervalo de várias linhas²⁴.

Caeiro entra em uma solidariedade ainda maior com Khayyám ao enfraquecer a presunção central do seu poema nas duas primeiras linhas ("Eu nunca guardei rebanhos/ Mas é como se os guardasse")²⁵. Khayyám visualiza regularmente uma realidade alternativa nos seus poemas, apenas para na linha final conceder que a sua visão é pouco mais que uma hipótese gramatical. Por exemplo, em uma das raras instâncias em que a sua poesia é abertamente sensual, Khayyám exclama: *"Ah! Love! Could you and I with Him* [o "stern Recorder", i.e., o Destino] *conspire/ To grasp this sorry Scheme of Things entire,/ Would not we shatter it to bits*

---

22 Fernando Pessoa, *Poemas de Alberto Caeiro*, ed. João Gaspar Simões e Luiz De Montalvor, Lisboa, Ática, 1946. p. 21. Doravante citado como "Guardador", com números de canto. Outros poemas desta edição serão citados como *Poemas AC*, com números de página.
23 "Guardador", I.
24 Daniel Schenker escreve que os provérbios de Khayyám *"are created sufficiently void of meaning to be recyclable in any number of contexts"* (*Popularity and Neglect*, p. 67).
25 "Guardador", I.

— and then/ Re-mould it nearer to the Heart's Desire!"[26]. A esperança do poema de uma nova união, já limitada pelas formas conjuntiva e condicional, é-nos apresentada nos termos mais hesitantes e apenas relativamente: a felicidade do casal está *mais próxima* de perfeita. Da mesma forma, a proposta do poeta à amada no verso anterior — que reescrevam as leis do destino ("*make the Stern Recorder otherwise/ Enregister, or quite obliterate*") — é altamente ambígua, graças ao advérbio não especificado *otherwise* e ao polivalente *quite* que modera e intensifica *obliterate* em igual medida. A proposta do poeta desempenha, de certa forma, uma função secundária como apelo da variedade do "Tudo menos isto".

À primeira vista, o objetivo do repúdio e qualificação quase constantes dos dois poetas é nebuloso. Embora a abnegação seja uma característica essencial de toda a escrita pessoana, Pessoa reconhece que o caso de Khayyám é agudo e chama-o, juntamente com o seu admirador e impulsionador Swinburne, de enviado do *ideal caótico*. Escreve em sua defesa de António Botto:

> O caótico, se o fôr deveras, fará uma só coisa — suicidar-se-á no momento em que conceba, em plenitude e sinceridade, o seu ideal noturno [...]. Para o caótico, que acha a vida nada, o ideal está em não existir; a perfeição para ele consistirá na inconsciência[27].

Claro, o suicídio do poeta caótico é, à boa maneira omariana, uma possibilidade gramatical remota, que nos é apresentada em uma rede de formas conjuntivas e quase condicionais. Khayyám, sabemos, não se irá suicidar e por isso precisa encontrar outra maneira de lidar com as exigências da existência. Em uma espécie de suicídio

---

26 *Rubáiyát OK*, p. 110.
27 Fernando Pessoa, "António Botto e o ideal estético creador" (posfácio), in: António Botto, *Cartas que me foram devolvidas*, Lisboa, P. Guedes, 1932. Doravante citado como "Botto Estético Creador".

figurativo, no entanto, o poeta abandona o seu "Eu" — matando a sua especificidade, por assim dizer — e indica a sua resignação perante poderes fora do seu controlo. A voz poética de Khayyám possui uma delicadeza de cartão; embora a sua voz seja distinta, podia pertencer a qualquer pessoa em quase qualquer período de tempo. A qualidade vaga, desencarnada da sua voz impede as forças temporais e naturais que ameaçam silenciá-lo ou apagar a sua individualidade.

A palavra-chave aqui é *impedir* — a visão artística discreta do poeta persa é, de fato, um mecanismo de sobrevivência. Para compreender a natureza do consolo de Khayyám, podemos virar-nos para um fragmento não publicado do poeta persa, o único que Pessoa escreveu em inglês. Escreve: *"Omar drank because that was all that was left, as another, struck with paralysis, might look on things, for sight had been left to him — not to see for sight's sake but for life's sake"*[28]. O homem paralisado foi roubado da sua potencialidade pelo Destino de uma forma mais conspícua que o Khayyám de FitzGerald. No entanto, em uma tentativa de sobrevivência, esse homem olha para o mundo à sua volta[29]. Estamos, claro, muito longe do sentido dos românticos de uma harmonia ou recuperação através da união com a natureza. O homem paralisado, ao contrário do Coleridge ferido em "This Lime-Tree Bower My Prison", não voltará a andar com a ajuda oportuna da imaginação solidária[30]. E Khayyám não encontrará na bebida a verdadeira libertação do fardo do seu entendimento, encapsulado

---

28 *Rubáiyát FP*, p. 75.
29 Pessoa leu Walter Pater e traduziu *La Giaconda* para a editora Athena (1925). Vale a pena ler o olhar indiferente de Pessoa à luz da conclusão de *The Renaissance*, de Pater, que advoca a apreensão passiva da beleza como meio para vivificar os sentidos (Maria Teresa Malafaia, "Fernando Pessoa and the Reception of Pater in Portugal", *in*: Stephen Bann (ed.), *The Reception of Walter Pater in Europe*, Londres, Thoemmes Continuum, 2004, pp. 216-227).
30 William A. Ulmer, "The Rhetorical Occasion of 'This Lime-Tree Bower my Prison'", *in*: *Romanticism*, v. 13, n. 1, 2007, p. 15.

pela alusão de Soares a Severus no seu fragmento sobre Khayyám: "*Omnia fui, nihil expedit*" [Fui tudo, nada vale a pena][31]. Nenhum dos homens voltará a ser uno, se alguma vez o foi. Ambos, no entanto, poderão encontrar alívio na experiência estética do seu ambiente. Mantêm um vestígio da sua especificidade ao simplesmente absorver o que conseguem ver e reclamar a sua subsistência ao ser testemunhas — sobrevivem ao ver como só eles conseguem. Para ser mais preciso, Khayyám bebe para alterar a sua perceção e para contrariar a sua compreensão terrível que, escreve Pessoa no mesmo fragmento, "*comes at the end of all weariness and is the only thing between us and the wish for death*"[32]. Como FitzGerald diz na sua introdução ao *Rubáiyát*, Khayyám só pode "*soothe the Soul through the Senses into Acquiescence with Things as he saw them, than to perplex it with vain disquietude after what they might be*"[33]. O poeta pode esperar apenas apreender uma beleza invulgar apesar da desordem e escuridão. O olhar indiferente e impessoal de Khayyám produz de fato um registo duradouro, se ligeiramente embriagado, da sua vida na terra: *The Rubáiyát*. A "*sight... for life's sake*" do homem paralisado está, após uma inspeção mais próxima, relacionada ao credo estético: a arte pela arte. O poema de Khayyám, maioritariamente amoral e desinteressado na expressão de ideais elevados, consegue preservar uma ideia do seu autor — a sensibilidade de Khayyám.

A referência à visão preservativa do homem paralisado também ressoa com a poesia de Alberto Caeiro, que famosamente descreve o próprio olhar como "nítido como um girassol"[34]. O girassol pode ser lido como símbolo da relação complexa entre a abnegação do poeta e a sua sobrevivência, pois o olhar passivo do poeta é a sua subsistência. Diz:

---

31 *Rubáiyát FP*, p. 78.
32 *Ibidem*, p. 75.
33 *Rubáiyát OK*, p. 6.
34 "Guardador", II.

"Creio no mundo como num malmequer,/ Porque o vejo"[35]. Aqui Caeiro exibe um entendimento quase whitmanesco do universo. Os objetos que contempla têm uma dimensão subjetiva — uma vida interior — e contêm multitudes. O "Eu" do poeta, esvaziado da sua própria vitalidade, contempla e tenta conter as vidas conflituosas das coisas. O que muitos descreveram como a alta serenidade de Caeiro é, acontece, indiferença suprema. Caeiro reconhece a sua abnegação como uma qualidade preservativa. Descreve a dor que outros poetas registam na sua tarefa — reunir o material poético. Em um verso do seu longo poema, Caeiro refere-se a Cesário Verde, o poeta português que lamenta a invariabilidade do poema — as restrições que um verso acabado pode colocar na sua *visão poética* — mas que é, no entanto, animado a escrever, presumidamente na esperança de poder preservar uma beleza invulgar: "Mas andava na cidade como anda no campo/ E triste como esmagar flores em livros/ E pôr plantas em jarras"[36].

Para Caeiro, no entanto, não pode haver essa dor — porque, assegura-nos, não tem nada a ganhar, não tem preocupações conspícuas com o seu legado poético. Caeiro mostra-nos a forma como, nas primeiras estrofes do seu poema, nas quais o seu epíteto poético é apresentado como uma possibilidade remota, comprometida, claro, pela gramática da sua linha: "Nunca guardei rebanhos/ Mas é como se os guardasse"[37]. A sua vida emocional é-nos dada, de forma semelhante, na forma de um símile: "Eu fico triste como um pôr do sol/ Para nossa imaginação"[38]. A abundância de símiles como esse é um precursor do negativismo ontológico que vem com a expressão total no trabalho de Soares: Caeiro é semelhante a muitas coisas, mas no entanto é nada. Pode sentir quase tudo e, no entanto, regista a

35 *Ibidem*, II.
36 *Ibidem*, III.
37 *Ibidem*, I.
38 *Ibidem*, I.

emoção desapaixonadamente: "A minha tristeza é sossego/ Porque é natural e justa/ E é o que deve estar na alma"[39]. A abnegação que caracteriza esse corpo de versos tem um propósito: o poeta é libertado do peso da sua própria ambição e das limitações que lhe são impostas pela sua própria mortalidade. Caeiro pode indiscriminadamente "recolher" a vista e as sensações que habitarão a sua poesia e as suas imagens são vívidas, pelo menos relativamente às murchas, chorosas *flores esmagadas* de Verde.

A descrição curiosamente objetiva de Caeiro da sua própria subjetividade leva-nos de volta até onde Pessoa primeiro examina a estética omariana, "António Botto e o ideal estético creador", um importante trabalho teórico sobre poética, incluindo a poética da indiferença. Sobre o olhar desinteressado do poeta, Pessoa escreve:

> Designo por esteta [...] o homem que faz consistir na contemplação da beleza, distinta da criação dela, tôda aquela sua atitude crítica da vida a que chamamos o ideal; e que, por nessa contemplação concentrar o seu ideal todo, não admite nêste nem elementos intelectuais, nem elementos morais, nem, enfim, elementos de qualquer ordem que não seja a contemplativa[40].

Alguns defendem que a definição do esteta contemplativo de Pessoa é desonesta, uma instância de política local, mais do que uma declaração de princípios poéticos. Botto, um poeta abertamente homossexual num ambiente cultural hostil, estava sem dúvida a precisar da defesa retoricamente sofisticada de Pessoa. Anna Klobucka argumentou que o provavelmente celibatário Pessoa, deparado com a tarefa de vingar o seu colega sexualmente experiente, volta-se para um vocabulário crítico adquirido em uma vida

---

39 *Ibidem*, I.
40 "Botto Estético Creador".

passada a ler para conseguir "*bamboozl[e] the uninitiated*"[41], isto é, os detratores de Botto. Adicionalmente, argumenta que a passagem acima e a defesa de Botto por parte de Pessoa como um todo refletem a influência de Pater e da estética vitoriana (um grupo a que se pode dizer que Khayyám pertencia, graças à tradução domesticadora de FitzGerald). Claro, visto que a estética, como abordagem contemplativa "helénica" da escrita de versos, tinha sem dúvida uma qualidade eufemística: um toque de nostalgia, talvez, da pederastia altamente estilizada da Grécia antiga.

Haverá, no entanto, razão para acreditar que Pessoa encontrou no esteticismo um princípio criativo legítimo — e até primário — e que eleva António Botto ao reimaginá-lo como um verdadeiro esteta. Pessoa leu o trabalho de Botto muito à luz da indiferença preservativa descrita acima — e por que não? A indiferença esteticista vitoriana alargada a obras de arte de cariz sexual, como vemos no poema de Khayyám. De fato, o poeta persa concretiza o desejo erótico, despindo-o de sua vitalidade e controvérsia, se apenas para o prologar, escondendo-o à vista de todos[42]. Embora o *Rubáiyát "consistently abjures depth in favor of surface"*, escreve Erik Gray, nenhum tema "*stays submerged for very long*"[43]. Do mesmo modo, Pessoa escolhe Botto como um esteta contemplativo ao estilo do Khayyám de FitzGerald, transformando a memória embelezada de Botto — aquilo a que chama uma "lembrança purificada"[44] — em uma beleza memorável. A experiência cantada de Botto, que de outro modo desvaneceria com a passagem do tempo, torna-se, nas mãos de Pessoa, uma melodia que continuará a

---

41 Anna Klobucka e Mark Sabine, *Embodying Pessoa: Corporeality, Gender, Sexuality*, Toronto, University of Toronto Press, 2007, p. 15.
42 Erik Gray considera a "*lovely head*" de Khayyám (ver acima) um dos muitos exemplos do erotismo escondido de *The Rubáiyát* (*Popularity and Neglect*, p. 35).
43 *Popularity and Neglect*, pp. 28-29.
44 António Botto, *As canções*, Lisboa, Oficina Bertrand & Irmãos, 1941, pp. 342-343.

ser sentida, embora com urgência e intensidade reduzidas. Pessoa apaga a entidade homossexual ao mesmo tempo que também apoia o homoerotismo como um *topos* literário legítimo. Paradoxalmente, embora a sua abordagem arrisque negar a especificidade biográfica e emocional de Botto, tem o potencial de inscrever a mesma na tradição literária.

Claro, um verdadeiro esteta contemplativo não pode defender as suas composições poéticas publicamente — isso seria uma enorme violação da etiqueta da indiferença. Na defesa, Pessoa esforça-se para assegurar o legado do seu colega. No entanto, na sua própria poesia — para ser mais preciso, na poesia dos seus heterónimos — o estabelecimento do seu legado literário é necessariamente mais discreto. Caeiro, por exemplo, considera o seu lugar na tradição literária tão sarcasticamente — e, portanto, tão estrategicamente — como poderíamos esperar, em "A espantosa realidade das coisas". Os críticos locais parecem relutantes relativamente à sua poesia, como nos diz Caeiro:

> Uma vez chamaram-me poeta materialista[45],
> E eu admirei-me, porque não julgava
> Que se me pudesse chamar qualquer coisa.
> Eu nem sequer sou poeta: vejo.
> Se o que escrevo tem valor, não sou eu que o tenho:
> O valor está ali, nos meus versos.
> Tudo isso é absolutamente independentemente da
>
> minha vontade[46].

O abandono da autoria convencional por parte do poeta é, paradoxalmente, autorreferencial. Embora Caeiro negue responsabilidade pelas virtudes da sua poesia, mantém-se possessivo dos "meus versos". A afirmação na linha final

---

[45] Deve notar-se que, num fragmento sobre Khayyám, Soares liga o poeta persa ao *materialismo*, ainda que uma variedade "não vulgar" do mesmo (*Rubáiyát FP*, p. 79).
[46] *Poemas AC*, p. 83.

de que os poemas foram gerados independentemente, aparentemente contra a vontade do poeta, deve ser lida à luz da confissão tímida do poeta cinco linhas antes: admira o epíteto que lhe é dado pelos pares, por muito pejorativo que seja. Como que a piscar o olho, o poeta conclui com uma abnegação que é prosaica, demasiado longa, para sublinhar o seu controlo sobre a sua criação, para revelar a profundidade do seu artifício. Mesmo rejeitando o título de poeta, Caeiro gesticula sutilmente na direção da sua assinatura poética. A forte cesura na quarta linha leva o leitor primeiro a passar apressadamente pela confissão humilde, se apofática, de Caeiro de que nem sequer é um poeta e depois a demorar-se com o triunfante verbo na primeira pessoa, *vejo*, que quando usado intransitivamente, como é o caso, só aumenta o sentido de possibilidade do poeta.

O método básico de construir um legado literário em Khayyám e Caeiro é fixo: o poeta desinveste-se da situação do poema e da composição do poema. Isto requer um certo nível de abnegação, mas em última instância afirma a singularidade da voz do poeta — a sua capacidade de isolar e transmitir beleza. Uma estratégia semelhante é usada no texto de FitzGerald, no qual a indiferença ergue um monumento literário, pois o *Rubáiyát* de FitzGerald, escreve Gray, "*expends most of its energy trying to avoid notice and to accomplish nothing*"[47]. A indiferença de Khayyám é, de novo, uma estratégia defensiva — uma que torna possível aquilo a que Clive Wilmer chamou de "*the simple sufficiency*"[48] da visão de Khayyám, bem como da sua durabilidade.

> *A Book of verses underneath the Bough,*
> *A Jug of Wine, a loaf of Bread — and Thou*
> *Beside me singing in the Wilderness —*
> *Oh, wilderness were Paradise enow!*[49].

47 Gray, p. 93.
48 *Popularity and Neglect*, p. 48.
49 *Rubáiyát OK*, p. 69.

O poeta, ao simplesmente registar aquilo que vê ou "recebe", certifica-se de que o poema continuará disponível. E o "registo" do poeta é, de certa forma, um contraponto às leis desenraizadoras da Existência (como documentadas pelo *"Moving Finger"*). O *Book of Verses* de Khayyám — e podemos assumir com segurança que é o seu *Rubáiyát*; a imagem do poeta deleitando-se na canção da sua musa é icónica e familiar — é o único texto descrito no poema além do "registo" ameaçador do Registador de quem viverá e morrerá. A selva que visualiza está entre as imagens mais exuberantes geradas em um poema escrito, em que as duplas ameaças de dissecação e eliminação se impõem — a localização que Khayyám encontra *"along the strip of Herbage strown/ That just divides the desert from the sown/ Where name of Slave and Sultán is forgot"*[50]. A reclusão do poeta, o seu compromisso fraco com a promoção do seu trabalho, a sua ligação vaga à atmosfera em que escreve a sua poesia — estas são demonstrações engenhosas de indiferença, criadas para superar a frieza mais fatal do Destino, ao libertar o poeta para contemplar friamente, gerir as suas expectativas e experienciar na totalidade o pouco *"left to him"*, usando a linguagem de Pessoa. Os poemas de Caeiro, como vimos, surgem em um ambiente semelhante de fatalismo e contemplação privada. A sua poesia — aquilo a que Caeiro chama, no "Guardador de rebanhos", "a prosa dos meus versos" — não impõe métrica nem consciência nas imagens que contém. O poeta escreve: "Compreendo a Natureza por fora/ E não a compreendo por dentro/ Porque a Natureza não tem dentro"[51]. É o desejo subjacente de viver exclusivamente em um mundo externo ("Omar [...] vive num só mundo, que é externo") e de produzir arte sem a contaminação do apego pessoal que une dois poetas que alegadamente cantaram como

---

50 *Ibidem*, p. 129.
51 "Guardador", XXVIII.

que separados por muitos séculos. Na visão dos nossos dois poetas, essas características certificam-se de que a sua poesia será cantada nos séculos vindouros[52].

---

52 *Rubáiyát FP*, p. 7.

Sobre os autores

ADAM MAHLER (EUA, 1995)
Tradutor em Nova Iorque e licenciado em literatura inglesa e portuguesa pela Yale University. Foi bolsista do Programa Fulbright e da Fundação Gulbenkian. As suas traduções de Camilo Pessanha serão publicadas pela Tagus Press (UMass-Dartmouth), com prefácio de K. David Jackson.

ALEX NEIVA (BRASIL, 1987)
Doutorando em letras junto ao programa de Estudos Comparados de Literaturas de Língua Portuguesa da Faculdade de Filosofia, Letras e Ciências Humanas da Universidade de São Paulo e mestre em literatura portuguesa pela mesma instituição, com a dissertação *A exaltação do gênio: um estudo sobre a construção do ethos em Fernando Pessoa* (Fapesp, 2015). É autor de artigos sobre Fernando Pessoa e José Saramago. Foi membro do grupo de pesquisas Estudos Pessoanos e atualmente integra o grupo de pesquisas Colonialismo e Pós-Colonialismo em Português.

CAIO GAGLIARDI (BRASIL, 1974)
Professor da Universidade de São Paulo na área de literatura

portuguesa, onde coordena o grupo de pesquisas Estudos Pessoanos, doutorou-se na Unicamp com a tese *Fernando Pessoa ou do interseccionismo* (Fapesp, 2005). Realizou investigações de pós-doutorado na Università degli Studi di Roma "La Sapienza" e no Departamento de Teoria Literária e Literatura Comparada da USP. Pesquisa a literatura portuguesa dos séculos XIX e XX e temas relacionados à teoria literária e ao ensino da literatura. As suas publicações sobre Fernando Pessoa compreendem o livro *O renascimento do autor: autoria, heteronímia e fake memoirs* (São Paulo, Hedra, 2018), as edições de *Mensagem* (São Paulo, Hedra, 2007) e *Teatro do êxtase* (São Paulo, Hedra, 2010), uma introdução a *Poemas completos de Alberto Caeiro* (São Paulo, Hedra, 2006), a coedição dos números 4 e 5 da *Revista Estranhar Pessoa* (Lisboa, UNL, 2017), além de duas dezenas de artigos e capítulos a seu respeito.

Daiane Walker Araujo (Brasil, 1987)
Mestre em literatura portuguesa pela Faculdade de Filosofia, Letras e Ciências Humanas da Universidade de São Paulo, com a dissertação *Jorge de Sena e a recusa dialética ao fingimento pessoano* (Fapesp, 2017), onde é também licenciada em letras (português e francês). Recebeu a Bolsa Mérito Acadêmico (2013) para realizar intercâmbio na Université Paris 8 Vincennes-Saint-Denis. É autora de quatro artigos sobre Fernando Pessoa, membro e coeditora do site do grupo Estudos Pessoanos.

Eduardo Lourenço (Portugal, 1923)
Pensador mais influente da cultura, da identidade e da literatura de Portugal, e ensaísta de maior expressão da língua portuguesa. É doutor *honoris causa* pelas Universidades do Rio de Janeiro (1995), de Coimbra (1996), Nova de Lisboa (1998) e de Bolonha (2007) — nesta última empresta seu nome à cátedra de história da cultura portuguesa. Esteve, como pesquisador e professor, em várias cidades

do mundo: Coimbra, Bordeaux, Hamburgo, Heildelberg, Montpellier, Fortaleza, Grenoble, Nice e Vence, onde fixou residência antes de retornar a Lisboa. Entre muitas homenagens e condecorações, recebeu o Prêmio Camões (1996) e o Prêmio Pessoa (2011). De seus cerca de quarenta livros, destacam-se *Tempo e poesia: à volta da literatura* (Porto, Inova, 1974), *O labirinto da saudade: psicanálise mítica do povo português* (Lisboa, Publicações D. Quixote, 1978), *Heterodoxia I e II* (Lisboa, Assírio & Alvim, 1987), *Nós e a Europa ou as duas razões* (Lisboa, Imprensa Nacional-Casa da Moeda, 1988) e *O canto do signo: existência e literatura (1957-1993)* (Lisboa, Presença, 1994). Além dos inúmeros artigos e capítulos, seus livros sobre Fernando Pessoa têm posição de destaque na fortuna crítica do autor português. Publicou a seu respeito: *Pessoa revisitado: leitura estruturante do drama em gente* (Porto, Inova, 1973), *Poesia e metafísica: Camões, Antero, Pessoa* (Lisboa, Sá da Costa, 1983), *Fernando, rei da nossa Baviera* (Lisboa, Imprensa Nacional-Casa da Moeda, 1986) e *O lugar do anjo: ensaios pessoanos* (Lisboa, Gradiva, 2004).

Ettore Finazzi-Agrò (Itália, 1950)
Professor titular de literaturas portuguesa e brasileira na Faculdade de Ciências Humanas da Università degli Studi di Roma "La Sapienza", onde leciona desde 1990, e ex-professor da Università degli Studi di Bologna (1976-1986), é um dos principais pesquisadores da literatura brasileira além-mar. Doutor *honoris causa* pela Universidade Estadual de Campinas, foi professor convidado na Universidade Nova de Lisboa, na Universidade Federal de Minas Gerais, na Universidade Estadual de Campinas, na Universidade de São Paulo, na Universidade Federal do Rio de Janeiro e na Universidade Estadual Paulista. Atua, como professor e pesquisador, na área de literaturas de língua portuguesa, tendo publicado, além de muitos ensaios, livros sobre Clarice Lispector e João Guimarães Rosa e uma obra de revisão da

história da cultura brasileira intitulada *Entretempos* (São Paulo, Edusp, 2013). A uma dezena de artigos que produziu a respeito de Fernando Pessoa, somam-se o livro *O álibi infinito: o projeto e a prática na poesia de Fernando Pessoa* (Lisboa, Imprensa Nacional-Casa da Moeda, 1987) e a edição (intr. e trad.) de *Lettere a Ofelia* (L'Áquila/Roma, Japadre Editore, 1988).

FLÁVIO RODRIGO PENTEADO (BRASIL, 1987)
Mestre em literatura portuguesa pela Faculdade de Filosofia, Letras e Ciências Humanas da Universidade de São Paulo, com a dissertação *O teatro da escrita em Fernando Pessoa* (Fapesp, 2015). Atualmente elabora tese de doutorado na mesma instituição, propondo-se a situar os "dramas estáticos" pessoanos em relação à moderna dramaturgia europeia. Além de artigos sobre Pessoa, publicou trabalhos a respeito de Mário de Andrade, entre eles o livro *Me esqueci completamente de mim, sou um departamento de cultura*, em coorganização com Carlos Augusto Calil (São Paulo, Imprensa Oficial do Estado, 2015). Integra o grupo de pesquisas Estudos Pessoanos.

GEORGE MONTEIRO (EUA, 1932)
Professor emérito do Departamento de Inglês e professor adjunto de estudos portugueses e brasileiros da Brown University, em Providence (EUA), é um dos mais importantes e premiados estudiosos de Fernando Pessoa fora de Portugal. Trabalhou como professor intercambista pelo Programa Fulbright em Literatura Americana no Brasil (São Paulo e Bahia), no Equador e na Argentina, e como professor visitante na UFMG, em Belo Horizonte. Autor de imensa bibliografia, publicou sobre Fernando Pessoa os seguintes livros de ensaios: *As paixões de Pessoa* (Lisboa, Ática, 2013), *Fernando Pessoa and Nineteenth-Century Anglo-American Literature* (Lexington, University Press of Kentucky, 2000), *The Presence of Pessoa: English, American,*

and Southern African Literary Responses (Lexington, University Press of Kentucky, 1998). É também autor de *Stephen Crane's Blue Badge of Courage* (Baton Rouge, LSU Press, 2000), *The Presence of Camões: Influences on the Literature of England, America & Southern Africa* (Lexington, University Press of Kentucky, 1996) e *Critical Essays on Ernest Hemingway's A Farewell to Arms* (Nova Iorque, G.K. Hall & Co., 1994). Traduziu para o inglês Miguel Torga, José Rodrigues Miguéis, Jorge de Sena e Fernando Pessoa, entre outros escritores portugueses. Organizou edições de Elizabeth Bishop, Rodrigues Miguéis, Emily Dickinson e as obras completas de Longfellow, entre muitas. Sobre Pessoa, organizou ainda o livro de ensaios *The Man Who Never Was: Essays on Fernando Pessoa* (Providence, Gávea-Brown, 1982).

JOANA MATOS FRIAS (PORTUGAL, 1973)
Professora auxiliar na Faculdade de Letras da Universidade do Porto — onde se doutorou em 2006 com a dissertação *Retórica da imagem e poética imagista na poesia de Ruy Cinatti* —, membro do Instituto de Literatura Comparada Margarida Losa, membro da Direção da Sociedade Portuguesa de Retórica e investigadora da rede internacional LyraCompoetics. Autora do livro *O erro de Hamlet: poesia e dialética em Murilo Mendes* (Rio de Janeiro, 7letras, 2001) — com o qual venceu o Prêmio de Ensaio Murilo Mendes —, responsável pela antologia de poemas de Ana Cristina Cesar *Um beijo que tivesse um blue* (Vila Nova de Famalicão, Quasi Edições, 2005) e pela antologia *Passagens: poesia, artes plásticas* (Lisboa, Assírio & Alvim, 2016); corresponsável (com Luís Adriano Carlos) pela edição fac-similada dos *Cadernos de poesia* (Prior Velho, Campo das Letras, 2005) e (com Rosa Maria Martelo e Luís Miguel Queirós) pela antologia *Poemas com cinema* (Lisboa, Assírio & Alvim, 2010). Organizou ainda dois números especiais dos *Cadernos de literatura comparada*

e o volume *A Time to Reason and Compare: International Modernism Revisited One Hundred Years After* (Cambridge, Cambridge Scholars Publishing, 2016).

LEYLA PERRONE-MOISÉS (BRASIL, 1936)
Professora emérita da Universidade de São Paulo, desde 1996, onde lecionou literatura francesa na Faculdade de Filosofia, Letras e Ciências Humanas, e professora titular na Pontifícia Universidade Católica de São Paulo (1963--1975), é uma das maiores ensaístas brasileiras. Foi professora convidada na Université Sourbonne "Nouvelle" — Paris 3, na Université de Montréal, na Yale University e na École Pratique des Hautes Études. Coordenou o Núcleo de Pesquisa Brasil-França, do Instituto de Estudos Avançados da USP, de 1988 a 2010. Sua atividade como crítica e ensaísta compreende numerosos capítulos e artigos a respeito de teoria e crítica literárias, literaturas brasileira, francesa e portuguesa, além de mais de uma dezena de livros de sua autoria. Dentre estes, destacam-se *Mutações da literatura no século XXI* (São Paulo, Companhia das Letras, 2016), *Texto, crítica, escritura* (São Paulo, Martins Fontes, 2005), *Inútil poesia e outros ensaios breves* (São Paulo, Companhia das Letras, 2000) e *Altas literaturas: escolha e valor na obra crítica de escritores modernos* (São Paulo, Companhia das Letras, 1998). Recebeu o Prêmio Jabuti de Ensaios (1993), o Officier de L'Ordre des Palmes Académiques (França, 1970 e 1986), o Alejandro J. Cabassa, da União Brasileira dos Escritores (2002), e o Prêmio Fundação Bunge de Crítica Literária (2013). Entre seus trabalhos sobre Fernando Pessoa destacam-se, além de mais de duas dezenas de artigos e capítulos, os livros *Fernando Pessoa: aquém do eu, além do outro* (São Paulo, Martins Fontes, 1991, 1982) e *Le sujet éclaté* (Paris, Petra, 2014).

MARIA HELENA NERY GARCEZ (BRASIL, 1943)
Professora titular de literatura portuguesa e livre-docente

desde 1981 na Faculdade de Filosofia, Letras e Ciências Humanas da Universidade de São Paulo. Realizou pós-doutorados na Biblioteca Nacional (Lisboa, 1985 e 1990) e na Biblioteca da Universidade Gregoriana (Roma, 1990). Sua obra crítica e ensaística, disseminada entre livros, capítulos e artigos, aborda os mais diversificados aspectos da literatura e da cultura portuguesas, com ênfase nos séculos XVI, XIX e XX. Entre seus trabalhos sobre Fernando Pessoa, somam-se mais de vinte artigos e os volumes *Alberto Caeiro, "descobridor da natureza"* (Porto, Centro de Estudos Pessoanos, 1985), *Trilhas em Fernando Pessoa e Mário de Sá-Carneiro* (São Paulo, Moraes/Edusp, 1989), *O tabuleiro antigo: uma leitura do heterônimo Ricardo Reis* (São Paulo, Edusp, 1990), *No tabuleiro pessoano* (São Paulo, Cultor de Livros, 2016) e a edição anotada de *Poemas completos de Alberto Caeiro* (São Paulo, Companhia Editora Nacional/Lazuli, 2007).

Mariana Gray de Castro (Portugal, 1979)
Licenciada e mestre pela Universidade de Oxford, com a dissertação *Oscar Wilde, Fernando Pessoa and the Art of Lying*, doutorada no King's College London, com a tese *Fernando Pessoa's Shakespeare*, e pós-doutorada nas Universidades de Oxford e Lisboa. A sua pesquisa incide sobre as influências inglesas de Fernando Pessoa e já gerou mais de vinte artigos e capítulos em livros, em inglês e português. Lecionou em Oxford e Lisboa. É autora de *Fernando Pessoa's Shakespeare: the Invention of the Heteronyms* (2015), com versão em português (2016), organizadora de *Fernando Pessoa's Modernity without Frontiers: Influences, Dialogues and Responses* (Suffolk, Tamesis, 2013), da antologia *Amo como o amor ama: escritos de amor de Fernando Pessoa* (Lisboa, Divina Comédia, 2018), da peça *A tormenta*, de William Shakespeare (série Pessoa Editor) (Lisboa, Guimarães, 2011), e coorganizadora do *Congresso Internacional Fernando Pessoa III* (Lisboa, Fundação Calouste Gulbenkian, 2017).

Richard Zenith (EUA, 1956)
A poucos o qualificativo de especialista em Fernando Pessoa se ajusta tão precisamente. *Freelancer* que se dedica à escrita, à investigação e à tradução, tem uma vasta produção ensaística sobre o autor e organizou numerosas edições de sua obra, entre as quais o *Livro do desassossego*, cuja edição, conhecida em dezenas de países, é a responsável por popularizá-lo, e *Obra essencial de Fernando Pessoa* (Lisboa, Assírio & Alvim — em sete volumes). É um dos principais divulgadores das literaturas portuguesa e brasileira para o mundo anglófono. Do seu trabalho como tradutor para a língua inglesa, destacam-se seis livros de Pessoa, a lírica de Camões e antologias da poesia de Sophia de Mello Breyner, João Cabral de Melo Neto e Carlos Drummond de Andrade. É ainda autor de poesia dispersa, de um livro de contos, *Terceiras pessoas* (Vila Nova de Famalicão, Quasi Edições, 2003), e de *Fotobiografia de Fernando Pessoa* (São Paulo, Companhia das Letras, 2011). Recebeu a Guggenhein Fellowship (1987), o PEN Award for Poetry in Translation (1999), o Harold Morton Landon Translation Award (2006) e o Prémio Pessoa (2012). Cocurador da exposição *Fernando Pessoa: plural como o universo* (São Paulo, 2010; Rio de Janeiro, 2011; Lisboa, 2012) e curador de *Os caminhos de Orpheu* (Lisboa, 2015), dedica-se atualmente a escrever uma biografia de Pessoa.

Rodrigo Lobo Damasceno (Brasil, 1985)
Coeditor do selo Treme~Terra, publica sobretudo poesia, buscando propor novas formas de produção, edição e circulação de livros. Tem poemas veiculados por revistas como *Modo de Usar & Co.* (SP), *Pitomba* (MA) e *Organismo* (BA), além dos livros *Lances* e *Matagal*, ambos pelo selo Treme~Terra. É também tradutor, já tendo publicado versões de poetas como Cecilia Vicuña, Juan Luis Martinez, Rodrigo Lira, E.E. Cummings, Amiri Baraka e Diane di Prima. Foi membro do grupo de pesquisas Estudos

Pessoanos. Com sua pesquisa acadêmica, também voltada para a poesia, defendeu a dissertação de mestrado *Situação do autor na poesia moderna: Fernando Pessoa e Ezra Pound* (CNPq, 2015) e atualmente realiza doutorado, na mesma instituição, investigando a poesia latino-americana moderna e contemporânea.

RUI GONÇALVES MIRANDA (PORTUGAL, 1982)
Professor assistente em estudos lusófonos na Universidade de Nottinghan (UK), licenciado pela Universidade do Minho e doutorado pela Universidade de Nottingham com a tese *A casa por fabricar: Aspects and Spectres of a "portuguesmente eu" — Reading Fernando Pessoa through Jacques Derrida*. Investiga e publica nas áreas de teoria crítica, poesia e conto, cinema, arte e política em contextos de pós-conflito. As suas publicações incluem a monografia *Personal Infinitive: Inflecting Fernando Pessoa* (Londres, CCCP, 2017), o volume de ensaios *Post-Conflict Reconstructions* (Londres, CCCP, 2013), bem como variados artigos em revistas e capítulos de livros.

tipologia Abril
papel Pólen Soft 80g
impresso pela gráfica Loyola para Mundaréu
São Paulo, fevereiro de 2019